文化人类学简论

A Brief Introduction to Cultural Anthropology

袁同凯 编著

南開大學出版社

天 津

图书在版编目(CIP)数据

文化人类学简论 / 袁同凯编著. —天津：南开大
学出版社，2017.9(2020.9 重印)
ISBN 978-7-310-05449-7

Ⅰ.①文… Ⅱ.①袁… Ⅲ.①文化人类学 Ⅳ.
①C912.4

中国版本图书馆 CIP 数据核字(2017)第 195075 号

文化人类学简论
WENHUA RENLEIXUE JIANLUN

南开大学出版社出版发行
出版人：陈　敬
地址：天津市南开区卫津路 94 号　　邮政编码：300071
营销部电话：(022)23508339　营销部传真：(022)23508542
http://www.nkup.com.cn

北京建宏印刷有限公司印刷　全国各地新华书店经销
2017 年 9 月第 1 版　　2020 年 9 月第 2 次印刷
230×170 毫米　16 开本　16 印张　288 千字
定价：45.00 元

如遇图书印装质量问题，请与本社营销部联系调换，电话：(022)23508339

内容简介

　　文化人类学是研究人类、人类行为与文化的科学，其知识、理论与方法，尤其是人类学整体的、比较的、基于田野调查的和发展的视角为我们进一步认识自身、了解异文化、审视和考察当今社会问题提供了新的思路。

　　本书是作者多年来为本科生和研究生讲授"文化人类学"课程的直接成果。作者在参阅当今人类学界最受欢迎的几本人类学教程之基础上，结合自己多年来的田野研究成果，将文化人类学的基本概念、基础知识及理论与方法用通俗易懂的语言表述给读者，使读者在理解异文化和不同社会的内在逻辑的同时，学会人与人之间相互理解、相互宽容，提高应对现实生活问题的能力。

目　录

第一章　什么是人类学?

　　人类学是一门介于社会科学、人文科学和生物科学之间的研究人类及其文化的科学。"人类学"这个术语源自于希腊文的 anthropos 和 logos, anthropos 意为"man、human", logos 意为"study", 即研究人的学科或关于人的研究或关于人类的学问。人类学旨在寻求解答有关人类的各种问题, 涉及体质、社会、政治、经济、文化、环境等方面, 人类学家试图探求人类何时何地出现在地球上, 为什么会在地球上存在; 人类自从出现在地球上, 如何演进、为何要演进; 现代人类为什么会在体质特征上有所差异, 而这种差异又是如何形成的。人类学家还试图阐释人类社会在观念和行为上的相似性和差异性。[①]

　　从语源学的角度看, 人类学被界定为"研究人的科学"(the study of human beings), 这无疑是正确的。但这一界定似乎太宽泛而包罗万象, 将社会学、心理学、政治学、经济学、历史学、人类生物学甚至哲学和文学等人文学科均囊括在内。毋庸置疑, 上述社会人文学科决不乐意甘当人类学的下属分支学科, 其中多数学科要比人类学的历史更为久远, 而且每一学科都有其不同于人类学的独特之处。[②] 就学科发展史而言, 早期学者大都把人类学界定为专门研究人类躯体的科学, 如早在 1501 年, 德国学者亨德(Magnus Hundt)就用"人类学"这个词作为其研究人体解剖结构和生理著作的书名。1876 年, 法国人类学家托皮纳德(Paul Topinard)在《人类学》(Anthroplogie)一书中认为:"人类学是博物学的一分科, 为研究人及人种的学问。"[③] 1860 年以前, 根据《牛津英语词典》,"人类学"指的是包含了生理学和心理学的、对于人类本质的研究; 1860 年之后,"人类学"表示的是在最广泛意义上的人类的科学。[④] 因此, 在 19 世纪以前, 人类学相当于我们今天所说的体质人类学, 尤其是指对人体解剖和生理学的研究。随着人类学的不断发展, 其定义的范围也在逐步扩展。如美国人类学大师威斯勒(Clark Wissler)将人类学界定为"研究人的科学, 包括所有把

[①] Ember, Carol R. and Melvin Ember (1988). *Cultural Anthropology*, p. 2. New Jersey: Prentice-Hall International, Inc..

[②] Ember, Carol R. and Melvin Ember (1988). *Cultural Anthropology*, p. 2. New Jersey: Prentice-Hall International, Inc..

[③] 林惠祥. 文化人类学 [M]. 北京: 商务印书馆, 2002: 3.

[④] 杰里·D. 穆尔著. 欧阳敏等译. 人类学家的文化见解 [M]. 北京: 商务印书馆, 2009: 11.

人类当作社会的动物（social animal）而加以讨论的问题"。英国著名人类学家马林诺夫斯基（Bronislaw Malinowski）认为，人类学是"研究人类及其在各种发展程度中的文化的科学，包括人类的躯体、种族的差异、文明、社会构造以及对于环境的心灵的反应等问题的研究"。① 颇具权威性的《美国百科全书》把人类学定义为"从生物学的观点和文化的观点来研究人类。涉及把人类当作一个动物那部分的是体质人类学，涉及生活在社会里的人类所创造出来的生活方式那部分称为文化人类学"。可以看出，威斯勒（C. Wissler）、马林诺夫斯基（B. Malinowski）等人的定义在强调对人类体质（如"人类的躯体""种族的差异""把人类当作一个动物"等）方面研究的同时，明确地指出人类学对"社会的动物""文明""社会构造""心灵的反应""生活方式"等文化问题的研究，即人类学是研究人类及其文化或生活方式的科学。马林诺夫斯基（B. Malinowski）在《科学的文化理论》中指出，人类学"必须覆盖所有人文学科最广阔背景中的主要研究对象，那就是文化"。② 美国著名人类学家基辛（Roger Keesing）在《文化人类学》（*Cultural Anthropology*）中说："人类学者借着比较的眼光来看生活方式，企图跨越时空的最大极限，区分哪些特征基于人性和哪些特征源于特定时地和人群。人类学是研究普同性和独特性的学问，研究极端成对比和极度相似的现象，也研究乍看起来不可理解的意义和逻辑。人类学可以说是把不同的生活方式当作一面镜子来研究我们自己本身的学问。"③

可以肯定的是，人类学关注整个人类社会的发展状况。也就是说，一方面，人类学关注人类的过去、现在与未来；另一方面，人类学也关注人类的体质、社会、语言和文化。在许多情况下，一谈到人类学，绝大多数人都会认为人类学是研究化石和前工业社会的文化的学问。事实上，这确实是大多数早期人类学家研究的关注点。但这决不能涵盖人类学的研究范围。人类学是一门研究包括古代的和现代的、简单的和复杂的等所有人类社会的比较学科。大多数社会学科趋向于研究单一的社会，而人类学则以其整体的和跨文化的视角比较各种类型的社会与文化。④

作为一门学科，人类学所固有的特点在于其独特的研究视角，即整体的（holistic）、比较的（comparative）、基于田野调查的（field based）和发展的（evolutionary）视角。对于人类学家来说，"整体"是指人类学家试图从整体上

---

① 林惠祥. 文化人类学 [M]. 北京：商务印书馆，2002：3～4.

② 马林诺夫斯基著. 黄建波等译. 科学的文化理论 [M]. 北京：中央民族大学出版社，1999：23.

③ 基辛（R. Keesing）著. 陈其南校订. 张恭启，于嘉云译. 文化人类学 [M]. 台北：巨流图书公司，2000：13～14.

④ Kottak, Conrad P. （1997）. *Anthropology: The Exploration of Human Diversity*, p. 2. New York: The McGraw-Hill Companies.

审视诸如生物学、经济学和宗教学等学科的研究以及他们自己在田野调查中搜集的类似资料，勾画和展现人类生活的全景。同样，人类学家研究某一特定人群时，其目的也是通过综合该群体生活的方方面面（社会、宗教、经济、政治、语言等）的资料，从而提供一个理解该群体及其生活方式的全景式综合画卷。但是，要从整体上把握人类的本质、人类社会和人类的过去需要对不同人类群体进行比较研究。人类学家早就意识到，不能把他们自己社会的生活模式强加于其他社会。因此，人类学又是一门比较的学科。也就是说，人类学家必须从一个尽可能宽广的视角来考虑人类社会的相似性与差异性，而不能仅仅对一个社会或一种文化进行研究就得出冠以"人类"的结果。人类学者虽然也利用文献资料，但到田野点进行民族志考察几乎是每一位人类学工作者获取资料的最主要途径。人类是极其复杂的高级动物，要想了解其行为、观念及精神世界，仅仅依靠所谓的"科学数据"是难以实现的；只有通过长期的田野工作，即融入当地人的现实生活中，学习他们的语言、参与他们的日常活动、观察他们的社会行为、体验他们的社会生活，才有可能得出接近事实的研究结果。人类学关注世界各地不同时期的人类社会、行为与文化的研究，因而人类学家也热衷于探讨人类的发展史，即从人类进化的角度去探讨人类的行为与文化。他们研究人类的生物进化过程，包括人类的起源、人类的基因种类以及当代人类的遗传基因。部分人类学家还关注文化进化过程，寻求人类通过社会化获得而非基因遗传的行为模式。[①]　人类学还是一门实证科学，应用性很强，文化人类学的分支学科如医学人类学、教育人类学、都市人类学、发展人类学以及新近兴起的行动人类学等等，它们用实地调查的方法对所研究的问题取得第一手经验资料，并与文献资料相结合来进行研究，提出报告和解决问题的意见，对应对现实社会问题具有重要的理论与实践意义。

费孝通先生在谈及学习人类学的目的时说："我学人类学，简单地说，是想学习到一些认识中国社会的观点和方法，用我所得到的知识去推动中国社会的进步。"[②]　当代美国人类学家墨菲（Robert Murphy）说："人类学教给我们如何理解异族文化和不同社会的内在逻辑。如果真能将此课学透，那么，其他群体中看上去不合理的、狂热幻想的、不道德的或是愚蠢透顶的行为，都可看作是合逻辑的甚至是有用的。人类学是对人类状况的一种看法，是对我们自己的生活进行展望并获得变易的方法"。[③]　美国著名教育人类学家斯宾德勒（George

①　Lavenda，Robert H. and Emily A. Schultz（2003）. *Core Concepts in Cultural Anthropology*，pp. 2-3. New York：The McGraw-Hill Companies.

②　费孝通. 学术自述与反思［M］. 北京：生活·读书·新知三联书店，1998：130.

③　罗伯特·F. 墨菲著. 王卓君译. 文化与社会人类学引论［M］. 北京：商务印书馆，2009：11.

Spindler）认为，人类学有助于人们相互理解、相互宽容，有助于提高人们应对现实生活问题的能力。①

在现今社会，社会文化人类学研究的目的主要包括以下几个方面：

首先，消除各民族间的偏见，这是人类学最重要的使命，正如费孝通先生所言："人类学承担着为人类了解自身的文化、认识世界其他民族的文化及为探索不同文化的相处之道提供知识和见解的使命。"② 早在 20 世纪 30 年代，文化人类学家林惠祥就指出：种族偏见（racial prejudice）是世界和平的主要障碍之一，这种偏见的发生是由于各民族之间相互不了解。③每个民族都认为自己的文化和习俗是最好的，而异民族的则是原始的、落后的，从而产生民族中心主义情绪，歧视异民族。人类学研究的目的就是通过翔实的民族志来证明人类的体质与心理在本质上是基本相同的，各民族之间的差异更多的是文化之间的差异，而人类的文化只不过是人们的生活方式而已，是人们适应其特殊生存环境的产物。因此，对于任何一个民族而言，其文化都是实用的和有价值的，外族不应当有任何歧视。有些风俗在外人看来是荒唐可笑的，但在那种环境中却是合理的、有效的。通过人类学跨文化的比较研究，使各民族在"各美其美"的基础上，逐渐达到"美人之美"，最终实现"美美与共，天下大同"。1990 年 12 月，日本人类学家中根千枝教授和乔健教授在东京组织召开"东亚社会研究国际研讨会"，为费孝通先生八十华诞贺寿。在就"人的研究在中国——个人的经历"主题进行演讲时，费老总结出了"各美其美，美人之美，美美与共，天下大同"的十六字"箴言"。"各美其美"是指各个民族都有自己的价值标准，各自有一套自己认为是美的东西。这些东西在别的民族看来不一定美，甚至会觉得丑恶。然而，民族接触的初期还常常发生强迫别的民族改变它们原有的价值标准来迁就自己的情形，能容忍"各美其美"是一大进步。只有在民族间平等地频繁往来之后，人们才开始发现别的民族觉得美的东西自己也觉得美。这就是"美人之美"。这是高一级的境界，是超脱了自己生活方式之后才能达到的境界。这种境界的升华极其重要。再升华一步就是"美美与共"。不仅能容忍不同价值标准的存在，进而能赞赏不同的价值标准，那么离建立共同的价值就不远了。

其次，从弱势族群的立场出发，"向世人说明他们的文化、状况与心理趋向"，为政府决策部门提供"地方性"知识，从而达到各民族共同繁荣和发展的目的，"以免文明人城市人错解了他们的心意，而把自己之所爱硬安到别人的身上，而

---

① Spindler, George（1987）. *Interpretive Ethnography of Education: At Home and Abroad*. Hillsdale, NJ.: L. Erlbaum Associates.

②. 费孝通. 人类学与二十一世纪 [J]. 西北民族研究, 2002（1）: 24.

③ 林惠祥. 文化人类学 [M]. 北京: 商务印书馆, 2002: 18.

且自以为是'人道主义'。"①因此，如果决策者不了解"地方性"知识而凭自己的主观意向来制订发展少数民族社区的相关计划，很可能会达不到预期的效果，有的甚至会事与愿违。中国台湾著名人类学家李亦园曾举过一个非常贴切的例子：从前一位大官到兰屿（台湾）去视察，看到雅美族人所居住的半地下屋以为是落后贫穷，有碍观瞻，所以下令替雅美人盖了一排排的钢筋水泥"国民住宅"，没想到这些"现代化"的住宅都不被土著所喜爱，一间间变成养猪的屋子。……他不知道雅美人的居住房屋构造有适应地理环境、调适气候、表现社会地位等种种功能，而且他们的房屋组合也分住屋、工作屋、凉亭、船屋等类别，不是简单的一小间钢筋水泥屋就可解决问题的。②同样，2006年袁同凯在老挝北部山寨调查时发现，曾有国际非政府组织试图改善蓝靛瑶人村民的卫生环境，他们按照自己的想法和文化观念，给每家都修了一个水泥蹲坑厕所，想以此来改变蓝靛瑶人几百年来在野外方便的习惯，而且深信他们为村民们做了一件很有意义的好事，但他们万万没有想到的是，他们花钱雇人修建的水泥蹲坑不仅没能改变蓝靛瑶人方便的习惯，而且占去了村里的许多土地，至今一个个水泥蹲坑依然裸露在村里，反而更加影响了山寨的容颜，污染了生态环境。实际上，在山寨里，修建茅厕有许多问题，一是一家人都将大小便集中在一个茅坑里，需要人不断清理，而且气味特别大，容易招苍蝇；二是蓝靛瑶人没有用大粪作肥料的传统，他们世代生活在崇山峻岭之中，过着游耕生活，树丛中随处都可以大小便，所饲养的狗和猪是天生的尽职尽责的清洁工，它们会及时地把地面上的粪便处理得干干净净，小便则会渗入泥土里，一点都不会影响村寨周围的环境。实际上，非政府组织修建的那种茅坑，每次用完后还得用水冲洗，村民们哪有那闲工夫。在他们看来，那根本不是人类要做的事情。③

最后，通过对异民族的社会与文化研究来反观我们自己的社会和文化、认识我们人类自身。正如美国人类学家克拉克洪（Clyde Kluckhohn）所说的那样："人类学为人类提供了一面巨大的镜子，使人类能看到自身无穷尽的变化"。④也就是说，在理解他者的同时，完成对我们自身的更好认识。通过比较和研究世界各地不同民族的社会与文化来进一步认识和理解我们自己的社会与文化，可以说是人类学研究最基本的目的。早在20世纪初期，美国文化人类学家米德（Margaret Mead）对萨摩亚（Samoa）青少年教育的研究就为美国本土教育者反

---

① 李亦园. 田野图像——我的人类学研究生涯 [M]. 济南：山东画报出版社，1999：4.

② 李亦园. 田野图像——我的人类学研究生涯 [M]. 济南：山东画报出版社，1999：4.

③ 袁同凯. 蓝靛瑶人及其学校教育——一个老挝北部山地族群的民族志研究 [M]. 北京：中国社会科学出版社，2014：232~233.

④ 马广海. 文化人类学 [M]. 济南：山东大学出版社，2003：24.

思当时学校教育中所存在的问题提供了依据。[①]

第一节　人类学的形成与发展

任何学科的形成都有其特定的社会历史背景，人类学的形成亦不例外。首先，18 世纪中叶法国启蒙运动的兴起为人类学的形成奠定了社会基础，是人类学产生的直接社会根源。18 世纪，随着资本主义的发展，资本主义与封建主义的矛盾日益上升为法国社会的主要矛盾。法国资产阶级为了夺取政权，同劳动人民结成联盟，在意识形态领域发动了一场反封建反宗教的"启蒙运动"。正如英国人类学家埃文斯-普理查德（Edward E. Evans-Pritchard）在《社会人类学》（*Social Anthropology*）中所说的那样，"人类学真正的诞生是在 18 世纪……它是启蒙运动之子"。[②]　其次，18 世纪西方资本主义列强为了拓展殖民地和有效地统治殖民地居民，急需有关殖民地居民生活和文化方面的基本知识。为此，他们出资派遣政府官员、传教士以及不同学科的学者前往殖民地，搜集相关的情报资料。同时，在自然科学界，人们摆脱了宗教世俗观念的长期束缚，这为人类及其文化研究创造了千载难逢的契机。1859 年，英国学者达尔文（Charles Darwin）出版了《物种起源》（*The Origins of the Species*），提出了物种由简单到复杂、由低级到高级发展的进化学说。1863 年，英国学者赫胥黎（Thomas Henry Huxley）出版了《人类在自然界中的位置》（*Man's Places in Nature*），论证了人类源于动物界的观点，向上帝创造了人类的说法提出了挑战。1871 年，达尔文又出版了《人类的由来与性的选择》（*The Descent of Man, and Selection in Relation to Sex*）一书，比较科学地阐述了人类在生物界的位置以及人类与类人猿之间的亲缘关系。[③]　早在 1501 年，德国学者亨德（Magnus Hundt）就用 anthropology 这个词作为其研究人体解剖和生理著作的书名了。但其含义与我们今天所说的 anthropology 的含义有很大差异，主要是指对人体解剖和生理方面的研究。从人类学史的角度来说，人类学学科的形成与早期殖民者、航海家、商人、探险家以及传教士等撰写的有关世界各地尤其是非西方国家的不同民族的民族志资料的积累密不可分，这些反映"落后"民族奇风异俗的材料为人类学的产生奠定了基础，而古典进化论的思想则成了启蒙时期人类学理论的核心架构。

这一时期的人类学研究主要探讨婚姻家庭、亲属制度、氏族部落等人类社

---

① 见袁同凯. 教育人类学简论 [M]. 天津：南开大学出版社，2013：4～5.

② Evans-Pritchard, E. E.（1950）. "Social Anthropology: Past and Present". *Man*，No. 198，p. 118.

③ 王铭铭. 想象的异邦：社会与文化人类学散论 [M]. 上海：上海人民出版社，1998：23.

会文化现象的起源与发展。"许多人类学者试图通过对非洲、北美、太平洋岛屿等地区现存的'原始''野蛮'或'简单'社会文化的研究,探讨人类社会初始阶段的各种制度。他们试图在这些研究的基础上,重构人类过去的历史"。^①如英国早期进化论者麦克伦南(John F. McLennan)对人类婚姻的研究,梅因(Henry J. S. Maine)对古代法律的研究等。^②在英国,达尔文(C. Darwin)等进化论者的思想对斯宾塞(Herbert Spencer)等学者产生了重要影响,在分析人类社会进化时,强调"自然选择"(natural selection)和"适者生存"(survival of the fittest)等观念。^③斯宾塞把社会看作是"超有机的"(superorganic),并认为社会的各个部分是相互联系的有机体,因而不能脱离其情境来研究社会。这一思想后来成为20世纪以马林诺夫斯基为首的功能主义学派和以拉德克利夫—布朗(Alfred R. Radcliffe-Brown)为首的结构—功能主义学派的理论基石。^④功能主义理论的兴起标志着英国社会人类学的形成,而注重文化描述和历史研究以及文化相对论的历史具体主义学派则奠定了美国文化人类学的基础。^⑤

人类学虽然起步较晚,但在进化理论的基础上,以各地民族志为研究材料的早期人类学获得了迅速发展。起初人类学家只以人为研究对象,在泰勒(E. Tylor)之后,文化则成为人类学的核心概念,使人类学成为一门研究人类及其文化的学科。在英国,1896年,泰勒在牛津大学(Oxford University)开始系统地讲授人类学课程。在美国,佛蒙特大学(Vermont University)于1885年开设了人类学基础课程。20世纪初,哈佛大学(Harvard University)设立人类学博士学位。现今,世界上许多大学都设有人类学系或开设人类学课程,人类学已发展成为一门国际性学科。

早在1923年,中国就建立了第一个人类学系——南开大学人类学系。据《南开大学校史资料选(1919~1949)》记载,被学界誉为"中国考古学之父"的李济在美国哈佛大学获得人类学专业博士学位后,于1923年回国,到南开大学担任人类学教授。当年在南开大学的分科中,文科中设有人类学系,开设"人类

---

① 翁乃群. 美英社会文化人类学研究的时空变迁 [M]. 纳日碧力格等著. 人类学理论的新格局. 北京:社会科学文献出版社,2001:60~61.

② Hendry, J. (1999). *An Introduction to Social Anthropology: Other People's Worlds*, p. 8. London: Macmillan Press LTD..

③ Hebding, Daniel E. & Leonard Glick (1992). *Introduction to Sociology*, p. 8. New York: McGraw-Hill, Inc..

④ Hendry, J. (1999). *An Introduction to Social Anthropology: Other People's Worlds*, pp. 8-9. London: Macmillan Press LTD..

⑤ 王铭铭. 想象的异邦:社会与文化人类学散论 [M]. 上海:上海人民出版社,1998:6.

学"和"进化史"两门课。① 由于抗日战争时期南开大学遭到轰炸，许多资料被毁，这个人类学系学生人数不详。1924 年，在该系担任人类学课程的唯一教授李济调到清华大学，中国第一个人类学系就此结束了它短暂的历史。

第二节　人类学的范畴

根据西方尤其是文化人类学的发源地美国人类学界的界定，普通人类学（General Anthropology）包括四个下属分支，即社会文化人类学（Social Cultural Anthropology）、考古人类学（Archaeological Anthropology）、体质人类学（Physical Anthropology）和语言人类学（Linguistic Anthropology）。社会人类学与文化人类学在本质上没有什么区别，只是叫法上的差异。在美国人类学界通用文化人类学，英国人类学界则喜欢使用社会人类学。为了消除这种差异，目前有很多学者采用社会文化人类学来指称社会人类学和文化人类学。"文化人类学"（Cultural Anthropology）这一学科名称为美国人霍尔梅斯（William H. Holmes）于 1901 年首创，此后，美国学者多以"文化人类学"这一名称取代"民族学"。"社会人类学"这一名称为英国人所创，其产生时间晚于"文化人类学"。在美国人创立"文化人类学"这一名称之后不久，英国的牛津大学和伦敦大学也先后采用了"文化人类学"之称。但是在 1908 年，英国著名学者弗雷泽（J. G. Frazer）提出了"社会人类学"这一名称，并在利物浦大学设置了"社会人类学"讲座。此后，英国各大学都把人类学课程称为"社会人类学"，直到现在仍沿用这一名称。社会人类学与文化人类学虽然名称不同，但研究对象和领域是基本相同的，只是侧重点有所不同。美国人类学家拉尔斐·比尔斯认为："如果把文化人类学与社会人类学做一区别，则文化人类学家一般指侧重研究文化传统及其内容者，而社会人类学家则指侧重研究行为和社会相互作用者。"芮逸夫在其主编的《人类学》辞典"人类学"条中称："文化人类学和社会人类学所研究的对象，其实是属于同一园地。"一些美国学者为了整合"文化人类学"和"社会人类学"这两个名称，将其统称为"文化社会人类学"或"社会文化人类学"。② 世界各大学的人类学系根据教师的特长，开设不同的人类学课程。如香港中文大学人类学系主要侧重文化人类学，辅之以考古人类学和语言人类学的课程。

在美国，普通人类学集考古人类学、体质人类学、语言人类学和文化人类

---

① 南开大学校史编写组. 南开大学校史资料选（1919～1949）[M]. 天津：南开大学出版社，1989：175，186. 另参见：王建民. 中国民族学史（下册）[M]. 昆明：云南教育出版社，1998：989.

② 何星亮. 关于"人类学"与"民族学"的关系问题 [J]. 民族研究，2006（5）：47～48.

学四个分支学科为一体是有其历史原因的。20 世纪初，美国人类学因关注北美印第安人的历史和文化而形成一门独立的学科。对印第安人的起源与文化多样性的兴趣，引起人类学家对风俗习惯、社会生活、语言和体质特质的研究。在欧洲，对于考古、语言和体质的研究则发展出独立的学科。[1]

美国人类学包括上述四个分支还有其逻辑性原因。每个分支都有其关注的时间和区域范围。文化人类学家和考古人类学家研究社会和习俗的变迁，体质人类学家研究人类体质的变化，语言人类学家通过研究当代语言来重构人类古代语言之基础。对于进化的兴趣使人类学的四个分支统合在普通人类学的名下。简单地说，进化是人类一代一代在形式上的演变。达尔文把这种形式上的演变称作"渐变演替"（descent with modification）。

普通人类学探讨人类体质、心理、社会和文化，关注它们之间的相互关系。人类学家对某些假设有相同的看法，其中之一便是"人类的本质"不可能从一种单一的文化传统中得出结论。人们常谈论"自然与教养""基因与环境"等问题，但男性和女性的能力、态度和行为是否反映人类体质或文化上的差异？在性别之间是否普遍存在情感和智力上的区别？男性是不是比女性更具进攻性？男性是不是在人类社会普遍占据统治地位？通过探求文化的多样性，人类学的研究表明，男女之间的差异更多地体现在文化训练上而不是体质上，男性和女性、富人和穷人、白人和黑人的智力在生理上并没有什么差异。[2] 例如，2005年 9 月 2 日出版的《自然》杂志上，发表了黑猩猩与人类基因图谱对照的结果。美国华盛顿大学的罗伯特·沃特森博士发现，在构成人类和黑猩猩基因组的 30 亿个碱基对中，只有 4000 万个是有区别的。所有这些区别加起来只占基因组的 4%，也就是说，人类和黑猩猩有 96% 的基因一模一样。我们知道人类和黑猩猩是从大约 600 万年前的共同祖先进化而来的，换句话说，人类和黑猩猩经过了 600 万年的进化才造成了基因上 4% 的差异，那么，现代人——形成于 4 万~5 万年前，在这短短的几万年中，不同人种在基因上的差异会有多大呢？

人类学并不是"象牙塔"中的显学而是一门应用性科学。人类学的资料、视角、理论和方法对于我们发现和解决当代社会问题具有重要的现实意义，越来越多的人类学家参与了诸如大众健康、教育、家政以及经济发展等与人们生活密切相关的事业。如教育人类学对学校教育的研究，把学校视为社会的一部分，从社会的政治、经济、文化等更宽泛的背景下审视学校教育中所存在的问

---

[1] Kottak, Conrad P. (1997). *Anthropology: The Exploration of Human Diversity*, p. 3. New York: The McGraw-Hill Companies.

[2] Kottak, Conrad P. (1997). *Anthropology: The Exploration of Human Diversity*, pp. 3-5. New York: The McGraw-Hill Companies.

题，并从当地人的立场出发来理解和分析这些问题，从而为地方决策机构提供具有参考价值的解决问题的方案和措施。

一、文化人类学

文化人类学家研究社会和文化，描述、分析和阐释社会和文化的相似性与差异性。有鉴于时间和空间的多样性，人类学家关注社会与文化的普世性、一般性和特殊性。一些生理、心理、社会和文化特质具有普世性，由全人类所共享；另一些由部分人类群体所共有，还有一些则仅为个别群体所特有。

文化人类学包括基于田野工作的民族志和基于跨文化比较研究的民族学。民族志是对一个特殊族体、社会或文化的研究，提供一种"民族画面"。民族志者在田野工作中收集材料，对其进行组织、描述、分析和阐释，以论著或电影的形式向人们提供"民族画面"。传统上，民族志工作者在小型社区里生活，研究当地人的行为、信仰、习俗、社会生活以及经济、政治和宗教活动。

人类学的视角往往与关注国家和官方组织或者政治和精英的经济或政治学科有本质上的区别。人类学家传统上往往研究相对贫困和没有权力的群体。民族志工作者常把他们的视线聚焦于那些受歧视的群体，他们经受着饥饿和其他方面的贫困。政治学家研究国家计划项目的发展，而人类学家则从地方层面来研究这些项目的实施。对于了解当代人类社会生活，这两种视角都是必不可少的。

文化并不是孤立存在的。正如博厄斯（Franz Boas）多年以前所指出的那样，相邻部落之间的接触从来没有间断过，而且这种接触范围是相当大的。[①] 通过"世界体系的视角"（world-system perspective）我们可以看到，许多地方文化所反映的是它们各自在更大体系中所占据的经济与政治地位。正如沃尔夫（Eric Wolf）所说的那样，"人类群体通过相互之间的互动而非孤立地建构它们的文化"，乡民现在越来越多地参与区域性的、全国性的甚至世界性的活动。[②]

大众媒体、移民和现代交通加速了文化之间的互动。城市和国家力量如发展代理以及政府、宗教官员和政客等在旅游开发和发展等外衣下日益渗入地方社区。这些地区、国家和国际经济、政治和信息系统在日益影响着人类学家传统上研究的群体。对这些系统的研究已成为当代人类学家关注的主题之一。

民族学调查、解释和比较民族志工作者在不同社会中收集的资料。民族学

① Boas, F. (1940/1966). "The Limitations of the Comparative Method in Anthropology". In Franz Boas, *Race, Language, and Culture*. New York: Macmillan.

② Wolf, E. (1982). *Europe and the People without History*, p. ix. Berkeley: University of California Press. Kottak, Conrad P. (1997). *Anthropology: The Exploration of Human Diversity*, p. 7. New York: The McGraw-Hill Companies.

家试图辨析和解释文化差异性和相似性，其资料不仅来自民族志工作者，而且也得益于重构昔日人类社会体系的考古人类学者。①

二、考古人类学

考古人类学是一门通过残留实物来重构、描述和阐释人类行为和文化模式的学科。考古人类学家不仅满足于分析通过考古发掘而获得的实物遗存的物理形态，还注重把这些实物遗存当作一种文化现象来加以解释。如通过对"potsherds"（陶瓷碎片）类型的研究可以反映出人类掌握技术的程度，而对陶瓷碎片的研究则可以揭示出当地的贸易情况。同时，通过对陶瓷碎片的数量研究可以估算出当地的人口数量和密度。不同地区陶瓷制造与装饰的相似性可以证明不同族群之间的联系，即使用相同陶器的族群可能在历史上有共同的渊源，也可能相互之间有贸易关系或者属于同一个政治体系。

考古人类学家还研究人类的文化生态环境，关注人类利用"人类社会组织和文化价值影响自然"的方式。② 除了重构人类生态类型外，考古人类学家推断文化的传播，比如，各区域的大小和类型以及各区域之间的距离。通过遗址层次（城市、城镇、村落和茅屋）的分析，考古人类学家可以推断出人类社会的类型。考古遗迹可以向人们提供政治和宗教方面的线索，诸如庙宇和金字塔之类为特殊目的修筑的建筑物可以证明古代社会具有招募团队劳动的中央集权的存在。考古发掘工作可以证实许多经济、社会以及政治活动的变迁过程，为我们了解先民的社会生活提供了依据。考古人类学与传统考古学不同，考古人类学不再把描述实物遗存当作发掘的目的，而主张以人类社会关系的过程来解释发掘的实物遗存，也就是要解释过去的事情是如何发生的，而不是简单地证明它们的确发生过。考古人类学的目的是说明"文化过程"，即文化的变化和发展。

尽管考古人类学家以研究史前史闻名，但他们也研究历史甚至现存的文化。如考古人类学家雷斯杰（William Rathje）通过研究现代城市的垃圾来了解现代人的生活。垃圾所告诉我们的是人们做了什么，而不是他们认为他们做的，或他们认为他们应该做的事情，也不是观察者认为他们应该做的。垃圾学（garbology）揭示出，人们的言行之间可能存在很大差距。

---

① Kottak, Conrad P. (1997). *Anthropology: The Exploration of Human Diversity*, p. 7. New York: The McGraw-Hill Companies.

② Bennett, J. W. (1969). *Northern Plainsmen: Adaptive Strategy aned Agrarian Life*, pp. 10-11. Chicago: Aldine.

三、体质人类学

体质人类学是研究人类体质多样性的学科。体质人类学主要关注人类进化和人类群体的体质差异等问题，即探讨人类由最初的类人猿如何发展到今天的这个样子，为什么起源于同一祖先的各个群体之间在体质上会有差异。

早在 1735 年，瑞典学者林奈（Carl Linnaeus）根据地理分布和人种肤色，把全球人类分为四种，即美洲红种、欧洲白种、亚洲黄种和非洲黑种。1775 年，德国学者布鲁门巴赫（Johann F. Blumenbach）进一步分为五种，即高加索人种、蒙古人种、埃塞俄比亚人种、美洲人种和马来人种。但人类学传统上把全球人种分为三种，即蒙古人种（黄色人种）、尼格罗人种（黑色人种）和高加索人种（白色人种）。这三大人种在体质上有明显的外形特征。一般而言，蒙古人种的颧骨比较高，面部扁平，肤色黄，眼球多为黑色和黑褐色，头发也多呈黑色、无卷曲、胡须、体毛较少。尼格罗人种的外形特征为肤色黝黑，头发卷曲，鼻根低矮、宽阔，嘴唇厚实、凸显，口裂宽度大。高加索人种肤色白，头发多呈金黄色，眼球多为碧蓝色和褐色，鼻梁挺直高大，多数人胡须和体毛发达。[①]

体质人类学家发现，人类体质的多样性是由基因和环境因素引起的。相关的环境因素主要有气候的炎热或寒冷、湿度、阳光以及地理纬度和地方疾病等。体质人类学家发现后天的环境会引起基因变异，如具有较高体质基因的人种可能会因为儿童时期的营养不良而成为矮个子。据研究，蒙古眼褶是适应强光的结果。肥厚的单眼皮被认为是美，在通过杀婴控制人口的地区，美学的观点使得单眼皮的婴儿得以存活。而这样的文化习俗很快地影响到人群基因漂流的方向，使蒙古人种中有眼褶的人越来越多。同样，黑色人种大多数生活在热带和赤道地区，其肤色黝黑是紫外线强烈照射的结果。非洲黑人的汗腺比欧洲人和亚洲人发达，在酷热的气候下，黑人的体温自身调节能力要远比黄种人和白种人完善。另外，与其他人种相比，黑人的口裂宽大，嘴唇厚实。这有助于水分散失和冷却吸入体内的空气。[②] 人类体质的变化和文化的变迁是相互关联、相互影响的。如由于自然环境上的差异，我国北方与南方各民族在体质上就存在着显著差异。如北方人的鼻腔通常都比较狭长，而南方人的鼻腔则比较短阔。据体质人类学家的研究，这与气候有密切关系。在寒冷的气候环境中，狭长的鼻腔能使寒冷的空气在进入体内之前，有足够的时间把空气的温度提升到和体温一样高，而在炎热的气候环境中，短阔的鼻腔则易于散热和冷却吸入的空气。肤色所呈现出的地域差异现象，可以说是人类适应环境的最好例子。人类学的

---

① 周大鸣，乔晓勤. 现代人类学 [M]. 重庆：重庆出版社，1990：64～66.

② 周大鸣，乔晓勤. 现代人类学 [M]. 重庆：重庆出版社，1990：65～66.

研究表明，黑色人种大多分布于热带和赤道地区，这是紫外线强烈照射的结果。黑色人种的汗腺比白种人发达，在赤道炎热的阳光下，黑色人种的体温调节要比白种人完善，能很快恢复到正常体温，其皮肤也不会被紫外线灼伤。

人类的适应性很强，尤其是蒙古人种。据调查，西伯利亚的奥米肯是世界上最寒冷的有人居住的村落，那里平时的气温都在零下 43℃左右，最寒冷时可以达到零下 73℃。在这里世代生活着雅库提亚人，他们住在雪屋里，零下 43℃左右时，男人们可以光着膀子在家里干活。与黑色人种能在炽热的阳光下长时间从事体力劳动一样，雅库提亚人视零下 43℃为常温，也是人类适应环境的结果。

在现今人类学界，人们反对人种划分，拒绝使用"人种"这个概念，因为，这个概念从某种意义上说是社会与文化的产物。比如，在南非，日本人被看作是"名誉白人"，而中国人则被视为"有色人种"。正如联合国教科文组织发表的《人种宣言》所指出的那样："人种与其说是一种生物现象，不如说是一种社会神话。"

四、语言人类学

人类学是研究人类的学科，而语言是人类最显著的特点之一，因此，对人类语言的研究无疑是人类学整体的一部分。语言人类学（Linguistic Anthropology）关注语言的起源、形成与变化过程，强调语言在人类发展进程中所承担的角色及语言与文化之间的相互关系。谁也不知道人类是什么时候开始学会讲话的，但我们却知道人类使用发展完善、语法复杂的语言已有数千年的历史了。语言学是研究和分析人类语言的学科，它揭示语言的结构，即不同类型的语言单位，如语言的声音、词的最小意义单位等等，并根据语言规则将这些语言单位组合起来。语言人类学起源于学者对美洲印第安人的文化与语言的研究。早期研究者如杰弗森（Thomas Jefferson）等人开始大量收集美洲印第安人的词汇，并通过研究语言来阐述与史前人类文化相关的问题。早在 19 世纪，鲍威尔（John W. Powell）就发表了有关墨西哥北部印第安人语言的论著。1911年，美国著名人类学家博厄斯出版了《美洲印第安语言手册》第一卷。如果说，鲍威尔的研究还纯属语言学的范畴，那么，到博厄斯时期，对印第安语言的研究已与文化的研究密不可分了。第二次世界大战后，探讨语言与文化或社会关系已被公认是语言人类学的研究内容。

与语言学不同的是，语言人类学往往研究和分析某一特殊语言的习得和表达方式，强调在社会和文化情境的时空跨度中研究语言。可以说，语言学家的兴趣主要在于语言的结构，而语言人类学家的兴趣在于语言的使用、不同语言之间以及语言与社会、文化之间的关系。语言人类学家从不脱离社会文化环境来研究语言，强调语言与社会文化结构之间的依附关系，如探讨世界观、语法类型以及语义领域之间的关系、语言表述对社会化和人际关系的影响、语言与社会群体之间的互动关系等问题。由于语言所起的交际作用和具有的社会价值不尽相同，语言与社会群体之间的关系便需要进行民族志式的深入调查方能理解。一般而言，语言学家无须学习人类学的知识，但作为一个语言人类学家则必须要熟悉一般的语言学知识和掌握语言分析的基本方法。[①]

有些语言人类学家研究语言的共同性，有些通过比较当代语言以重构古代人类语言的历史，还有一些探讨语言的差异以发现各种文化中的感知模式和思维模式。社会语言学家通过研究一种语言的多样性来证明语言是如何反映社会差异的。语言人类学家还发现，语言与人类社会的分层相关，不同的社会群体所使用的语言有所不同。[②]

五、应用人类学

从一般意义上说，应用人类学就是应用人类学的知识和方法来区分、评定和解决实际问题。由于人类学研究范围的广泛性，它在许多方面都有应用性。比如，近些年来发展起来的既关注病源又注重社会文化情境研究的医学人类学（Medical Anthropology）。由于文化的多样性，不同文化对疾病和健康问题有不同的看法。每个社会和族群对不同的疾病、病症以及病因都有不同的诊治和护理方法。应用医学人类学家既懂得生理原理又理解文化现象，既懂理论又善于实践，他们往往充当着公共卫生项目的文化中介的角色，使项目适于当地文化，易被当地人所接受。

其他应用人类学家在一些发展机构工作，评估影响经济发展与变迁的社会文化因素。人类学家是地方文化方面的专家，他们常常能区分影响发展项目成败的特殊社会现象和地方需求。如果不向人类学家咨询地方的实际需求，不从他们那里了解地方文化，往往会造成发展资金的浪费。人类学家应用他们的知识研究环境如何影响人类以及人类行为如何破坏生态环境等问题。人类学家对社区学校教育的民族志研究对政府改善学校教育体系提出了合理建议。总之，应用人类学旨在探求人道的、有效的途径来帮助那些人类学家传统上研究的人类群体，[③] 使他们摆脱被边缘化和受主流社会歧视的境地。

---

① Salzmann, Zdenek（1998）. *Language, Culture, and Society: An Introduction to Linguistic Anthropology*, pp. 3-5. Boulder: Westview Press.

② Kottak, Conrad P.（1997）. *Anthropology: The Exploration of Human Diversity*, p. 9. New York: The McGraw-Hill Companies.

③ Kottak, Conrad P.（1997）. *Anthropology: The Exploration of Human Diversity*, p. 10. New York: The McGraw-Hill Companies.

第三节　人类学与相关学科的关系

　　人类学的研究内容决定了它与其他社会学科科际之间的关系。人类学的研究为我们应对当今世界的困境奠定了科学的基础。不同肤色、不同语言、不同生活方式的族群如何和平相处？对于此类问题人类学提供了综合性的答案。

　　人类学是人文学科中最富科学性的学科，又是社会科学中最具人文色彩的学科。作为一个全方位探讨人类和文化的学科，人类学和许多社会学科及人文学科都有相交之处。如上所述，人类学与其他人文学科的主要区别之一就在于它的整体性，即集人类体质、社会、文化、语言、历史和现代为一体的视角，而这一视角也不可避免地将人类学与其他人文学科紧密地联系起来。

　　文化人类学与其他社会和人文学科有着明显的联系。解释人类学把文化视为文本，[①] 人类学家的任务就是阐释文本，这就使得人类学与人文学科和历史学科联系在了一起。越来越多的历史学家开始阐释作为文本的历史叙述，关注其产生的文化意义和社会情境。科际间的合作，相互借用彼此的观念和方法是当代社会学界的大趋势。[②]

一、文化人类学与社会学

　　文化人类学和社会学的关系非常密切，二者都关注社会关系、社会组织和社会行为等问题。但是，它们传统上所研究的社会类型不同：社会学家起初关注西方工业社会，而人类学家则比较注重对非工业社会的研究。由于所研究的社会类型不同，各自发展出不同的资料收集和分析方法。研究大型复杂社会时，社会学家主要依靠问卷方法和其他定量方法。多年以来，抽样和统计方法一直是社会学收集资料的基本方法，而在人类学中却很少使用统计方法。

　　传统民族志者一般以小型无文字的群体为研究对象，正如马尔库斯（George Marcus）和费希尔（Michael Fischer）所言："民族志是一种研究过程，在这一过程中民族志者密切地观察、记录和参与另一种文化的日常生活，即田野工作经历，然后描述这一文化，强调描述的细节。"[③] 这就是人类学的主要方法——参与观察（participant observation），即参与所观察、描述和分析的事件。随着科

---

　　① Geertz, Clifford (1973). *The Interpretation of Cultures*. New York: Basic Books. Geertz, Clifford (1983). *Local Knowledge*. New York: Basic Books.

　　② Geertz, Clifford (1983). *Local Knowledge*. New York: Basic Books.

　　③ Marcus, G. E. and M. M. J. Fischer (1986). *Anthropology as Cultural Critique: An Experimental Moment in the Human Sciences*, p. 18. Chicago: The University of Chicago Press.

际间交流的增多，人类学和社会学趋于向着同一方向发展。随着当代世界体系一体化的发展，社会学家开始关注第三世界和那些曾一度为人类学家所独占的领域。而工业化的蔓延，也使得许多人类学家把研究视线转向诸如乡村的衰落、城市生活以及大众媒体在创造民族文化模式等方面的作用和角色。人类学家和社会学家还在种族、族群性、社会阶层、性别以及当代大众文化等主题上有共同兴趣。①

二、人类学与政治学、经济学

政治学和经济学主要研究人类行为的某些特殊领域，它们和社会学一样，主要关注当代社会。在民族志工作者从事研究的小型社区，政治和经济与社区的其他方面密切相关，是社会秩序中不可分割的一部分，而不像现代社会中政治和经济是完全独立的体系。人类学的研究拓展了我们对政治体系的理解，通过研究无政府社会中冲突的表述和裁决，人类学家发现在非工业化社会里，法律和犯罪在文化上并不是普遍的。

人类学的研究表明，不同的文化有不同的指导人们行为的利益动机。人类学家对比较经济学的贡献在于，人类学研究证明，在乡民社会中是法则而不是利益动机推动着经济的发展。民族志和跨文化的比较研究证明，经济学和政治学基于西方国家的研究问题是可以置于更宽广的视野中去考察的。

三、人类学与人文学科

人文学科研究艺术、文学、音乐、舞蹈和创造性表述的其他形式。传统上，这些学科关注高雅的"艺术"（fine arts）以及"文化"人必备的知识。人类学家一直在延伸有教养的、得体的、有品位的精英意义上的文化定义。对于人类学家来说，文化不仅仅限于精英或任何单一社会阶层所独有。通过濡化，人类在一代代学习和传播文化的社会过程中，人人都可以获取文化。这一观点有助于我们进一步研究包括高雅艺术、精英艺术、通俗和民间艺术以及大众创造性表述在内的人文科学。

四、人类学与心理学

与社会学家和经济学家一样，大多数心理学家是在他们自己的社会里从事研究的，因此，人类学为其提供了跨文化的数据和资料。对人类心理的描述仅仅基于在一个社会或一种类型的社会中进行观察是不够的。文化人类学对文化

① Kottak，Conrad P.（1997）. *Anthropology：The Exploration of Human Diversity*，pp. 12-13. New York：The McGraw-Hill Companies.

与人格的研究（对不同文化中心理现象和人格特征的研究）就与心理学密切相关。米德（M. Mead）在她的许多论著中，试图证明不同文化之间的心理特质具有很大的差异性。① 社会通过不同的训练方式向儿童灌输不同的价值观，而成人的人格则反映了一种文化的育儿方式。

马林诺夫斯基曾在太平洋的特罗布里恩德岛上做过考察，是早期从事跨文化心理研究的人类学家之一。特罗布里恩德岛盛行母系制，岛民认为与自己有血缘关系的是母亲和母方亲属而不是父亲。有责任训练儿童的是舅舅而不是父亲。因此，人们从舅方而不是父方承袭财产。特罗布里恩德岛民心目中的权威象征是舅舅，因此男孩往往与其保持冷漠和疏离关系。相比之下，在特罗布里恩德岛上，父子关系是友善和亲昵的。马林诺夫斯基对特罗布里恩德岛民的研究对弗洛伊德（Sigmund Freud）的著名理论"恋母情结"（Oedipus Complex）的普世性提出了挑战。② 根据弗洛伊德的理论，男孩在五岁左右时会迷恋其母亲而将其父亲视为性对手，因而对父亲产生敌对情绪。马林诺夫斯基认为，这与弗洛伊德生活在以父系占主导地位的社会环境有关，父亲是权威人物和母亲的性伙伴。在特罗布里恩德岛，父亲只是充当了性角色而已。如果造成父子之间社会隔阂的原因是因妒忌母亲的性伙伴而形成的恋母情结，那么，在特罗布里恩德岛就应该有男孩因妒忌母亲的性伙伴而与父亲疏离的现象，但实际上这种现象并不存在。马林诺夫斯基的研究表明，影响父子关系的是权威结构而不是性妒忌。与许多人类学家一样，马林诺夫斯基认为个体心理依赖于其所在的文化情境。人类学家为心理分析、发展和认知心理学的研究提供了跨文化的视角。③

五、人类学与历史学

随着学科之间的相互交流，人类学与历史学之间的关系也越来越密切。历史学家日益感到在特殊文化情境中阐释历史事件的重要性。对于人类的历史，历史学家一般只能研究人类有文字以来的历史，而研究人类史前史，即重构人类没有创造文字以前的历史，则需要考古人类学家的配合才能完成。人类学家

① Mead, Margaret (1928/1961). *Coming of Age in Samoa*. New York: Morrow. Mead, Margaret (1935/1950). *Sex and Temperament in Three Primitive Societies*. New York: Mentor. Mead, Margaret (1931). *Growing up in New Guinea*. London: Routledge & Kegan Paul.

② Malinowski, B. (1927). *Sex and Repression in Savage Society*. New York: Harcourt Brace & Company, Inc..

③ Kottak, Conrad P. (1997). *Anthropology: The Exploration of Human Diversity*, p. 14. New York: The McGraw-Hill Companies.

和历史学家共同合作研究诸如殖民主义和现代世界体系发展等问题。①

六、小结

　　人类学作为一门独特的整体学科，是研究人类生理和文化多样性的科学。人类学试图在纵深的时间跨度上和宽广的区域范围内解释人类文化的相似性和差异性。基于学习而不是生理遗传传播的文化，是人类适应性的主要因素。

　　人类学的特点就在于它对生命起源、演变和文化变迁研究的兴趣。普通人类学的四个分支虽然有共同的研究兴趣，即都关注人类社会文化与自然的关系，但又有各自独特的研究趋向：文化人类学探求文化的多样性；考古人类学重构史前人类的社会、经济、宗教和政治类型；体质人类学考察人类体质的多样性与自然环境之间的关系；语言人类学阐释当代语言的多样性，研究不同社会情境下语言变异的方式。新兴的应用人类学则以人类学的知识和方法来辨析、解决社会问题。

　　对今昔人类体质、社会、文化和语言的研究兴趣强化了人类学与其他许多人文社会领域之间的合作。文化人类学与社会学之间的主要区别在于：传统上社会学家研究城市和工业社会而人类学家研究乡村与非工业社会。人类学家为经济学和政治学提供了比较研究的视角。人类学家也研究不同文化的艺术、音乐和文学，但他们的研究更关注普通百姓的声音而不是精英文化。人类学家强调在社会情境中研究人类及其所创造的文化。但随着学科的发展，科际之间的合作日益增强，相互借鉴彼此的观念和方法成为趋势。

　　总而言之，人类学与上述学科的关系是相互依存、相互渗透和互为补充的。人类学是一门以人类自身、人类文化以及人类社会为研究对象的学科，而社会学、心理学等社会学科也均以研究人为目的。因此，它们之间有许多共同的研究领域，只是研究的侧重点和角度、研究方法有所不同而已。人类学研究的整体观和跨文化的比较观为其他社会学科全面地认识人类的行为及社会生活，提供了更为宽广的视角。

专业词汇

　　人类学　达尔文　《物种起源》　《人类的由来与性的选择》　文化人类学　语言人类学　体质人类学　考古人类学　应用人类学　民族志　种族偏见　启蒙运动　垃圾学　蒙古人种　高加索人种　尼格罗人种

---

　　① Cooper, Frederick and Ann L. Stoler（1989）. "From Free Labor to Family Allowances: Labor and African Society in Colonial Discourse". *American Ethnologist*, Vol. 16, No. 4, pp. 745-765.

思考题

1. 人类学的定义是什么？
2. 人类学产生的社会与历史背景是什么？
3. 人类学研究的目的与意义是什么？
4. 人类学有哪些分支学科？是什么将人类学统合为一门学科？
5. 根据体质人类学的研究，世界上有哪几大人种？各有什么体质特征？
6. 与其他人文与社会学科相比，人类学具有哪些特点？
7. 社会文化人类学与社会学有什么区别？

推荐阅读书目

1. 罗伯特·F. 墨菲著. 王卓君译. 文化与社会人类学引论 [M]. 北京：商务印书馆，2009.
2. 杰里·D. 穆尔著. 欧阳敏等译. 人类学家的文化见解 [M]. 北京：商务印书馆，2009.
3. 庄孔韶. 人类学概论 [M]. 北京：中国人民大学出版社，2006.
4. 周大鸣. 文化人类学概论 [M]. 广州：中山大学出版社，2009.
5. 马广海. 文化人类学 [M]. 济南：山东大学出版社，2003.
6. Ember，Carol R. and Melvin Ember（1988）. *Cultural Anthropology*. New Jersey：Prentice-Hall International，Inc..
7. Kottak，Conrad P.（1997）. *Anthropology：The Exploration of Human Diversity*. New York：The McGraw-Hill Companies.

第二章　人类学理论流派

人类学的理论是在进化论的基础上形成的，同时也是在批评与借鉴进化论思想的基础上发展起来的。早期人类学家如泰勒（Edward B. Tylor）和摩尔根（Lewis H. Morgan）等根据进化论的观点确立了自己的理论体系，即古典进化论（Classical Evolutionism）。随后而兴起的传播学派（Diffusionism）和历史具体主义学派（Historical Particularism）等都是在批驳进化论观点的基础上形成与发展的。

第一节　古典进化论

生物进化学说是人类学古典进化理论（Classical Evolutionism）的基础。1859年英国学者达尔文出版了《物种起源》，阐述了物种形态由简单到复杂、由低级到高级的演变过程，提出了物种进化学说。人类学学科的创立，可以说以达尔文进化论的提出为标志，进化论学说统合了人类生理演化和人类文化演化的研究，为人类学成为一门学科奠定了理论架构。[①]

古典进化论最著名的代表人物之一，被誉为"人类学之父"的泰勒"是最早将对人的生物学研究和对人的文化研究统一到人类学中的学者"。[②] 他于1865年出版《人类早期历史和文明发展的研究》（*Research into the Early History of Mankind and the Development of Civilization*）而成为文化进化论的倡导者。之后，他到墨西哥和其他热带地区考察后，于 1871 年出版了其代表作《原始文化》（*Primitive Culture*）。《原始文化》一书自始至终贯穿着进化论的思想，泰勒在书中认为人类行为和思想并不是杂乱无序的，而是遵循自然规律的，因此，人类文化也可以用科学的方法进行研究，[③] 并指出人类文化同样是沿着进化的轨迹发展的。在研究、分析源自于非洲、美洲和太平洋诸岛屿土著人的民族志资料

---

① 王铭铭. 想象的异邦：社会与文化人类学散论 [M]. 上海：上海人民出版社，1998：24.

② 翁乃群. 美英社会文化人类学研究的时空变迁 [M]. 纳日碧力格等著. 人类学理论的新格局. 北京：社会科学文献出版社，2001：59.

③ Kottak, Conrad P.（1997）. *Anthropology: The Exploration of Human Diversity*, p. 36. New York: The McGraw-Hill Companies.

的基础上，泰勒勾勒出人类社会与宗教发展的进化轨迹，即人类社会发展经历了"蒙昧""野蛮"和"文明"（from savagery through barbarism to civilization）三个阶段，宗教则经历了由万物有灵经过多神教再到一神教（from animism through polytheism to monotheism）的进化阶段。他在《原始文化》中所提出的文化概念，至今仍被部分人类学者沿用。

古典进化论学派的另一代表人物是美国早期人类学家摩尔根（L. H. Morgan）。他曾在北美印第安人易洛魁部落中进行过长期而深入的田野调查，观察他们的生活方式、研究他们的风俗习惯及社会组织，在此基础上他于1851年出版了第一部研究印第安人的重要著作《易洛魁联盟》（*League of the Iroquois*）。该书详细描述了易洛魁人的生活环境、经济生产、家庭生活以及宗教习俗，着重论述了部落联盟的组织结构，第一次全面而系统地描述了印第安人的氏族组织（clan system）和生活，被后人誉为人类学的经典著作。1877年，他根据自己对印第安部落的调查和其他土著的民族志材料以及世界各地有关土著的问卷资料，撰写并出版了人类学巨著《古代社会》（*Ancient Society*）。在该书中，他全面地阐述了社会进化思想，论证了人类社会从蒙昧时期经由野蛮时期发展到文明时期的进化过程，认为人类是从发展阶梯的底层开始迈步，通过经验知识的缓慢积累，才从蒙昧社会上升到文明社会的，[①] 并且提出以发明和发现作为划分每一阶段的标志，而前两个阶段又进一步分为三个次级阶段，即蒙昧社会分为以食用野果为生的低级蒙昧社会、以食用鱼类和使用火为标志的中级蒙昧社会以及以使用弓箭为标志的高级蒙昧社会，野蛮社会分为以制陶技术为标志的低级野蛮社会、以饲养动物和灌溉农业以及懂得用土坯和石头建造房屋为标志的中级野蛮社会、以使用铁器为标志的高级野蛮社会。文字的使用则标志着文明社会的开始。[②] 通过对印第安人亲属制度的研究，他认为人类的婚姻依次经历了血缘群婚（consanguineal marriage）、普那路亚婚（punaluan marriage）、对偶婚（pairing marriage）和父权制婚（patriarchal marriage or polygamy）等发展阶段，最后直至当代社会的一夫一妻制婚姻（monogamy）形态。血缘群婚是指直系的和旁系的兄弟姐妹之间可以通婚，但禁止父母和子女之间的婚姻关系；普那路亚婚即一群男子伙同一群女子婚配的形式，但禁止同胞兄弟和姐妹之间的婚姻；偶婚制是指每个男女都有一个比较稳定的性伴侣，但同时还有许多不固定的性伴侣；父权制婚是一夫一妻制婚姻的一种补充形态，即人们常说的一夫多妻制。摩尔根认为，由于人类起源只有一个，所以他们的经历基本相同，他们在各个大洲上的发展，情况虽然有所差异，但发展的途径大致是一样的，

---

① 路易斯·亨利·摩尔根著. 杨东莼，马雍，马巨译. 古代社会 [M]. 北京：商务印书馆，1995：3.
② 路易斯·亨利·摩尔根著. 杨东莼，马雍，马巨译. 古代社会 [M]. 北京：商务印书馆，1995：9～10.

凡是达到同等进步状况的部落和民族，其发展都非常相似。因此，摩尔根认为，美洲印第安人各个部落的历史和经验，多少可以代表西方人的远祖处于相等状况下的历史和经验，通过研究这些部落民族，可以重构人类社会的早期形态。

古典进化论者所关注的是整个人类社会与文化的发展进程，对此，王铭铭在《想象的异邦》中有较为详尽的论述：

第一，他们所关心的，是全人类文化的总体发展，不关心某一社会—文化的内部运作。从摩尔根的《古代社会》和泰勒的《原始文化》中我们可以看出，他们都是通过整理考古学和民族志资料，推论人类文化发展的总体历程的，很少论及某一具体社会、文化的内部结构的组织和发展。第二，他们的进化论是单线进化论。当时，采用进化论的人类学家都认为人类的文化发展，是沿着单一的线路进行的，并不考虑生态环境和人文地理因素对具体进化过程的影响，也就是不考虑人类文化进化中区域性和民族性的方面。例如，摩尔根就曾明确地说："人类的经验所遵循的途径基本上是相同的。" 第三，他们都强调人类心理能力的一致性及其对文化进化的决定性作用。这个时期的进化论之所以是单线的，是因为人类学家认为全人类有心理学上的一致性。也就是说，19世纪进化论者认为，全人类的心智能力是一致的，因而，每个民族都必然经历同样的文化发展过程。第四，在研究方法上，当时他们采用"文化残余"和"文化类比"的方法，把不同文化现象加以逻辑的排比，然后，通过分析，将不同的文化排列为高低不同的序列，用以代表全人类文化的进化过程。①

古典进化论把人类社会与文化按"蒙昧""野蛮"和"文明"等发展阶段排序，认为非西方社会处于人类社会发展的低级阶段，而以欧洲为中心的西方世界则已达到"文明"时代，这种观点到20世纪初便受到人类学界的批驳。

第二节　传播论

19世纪末至20世纪初，欧洲尤其是德国、奥地利和英国的一些人类学家提出，全世界各地的文化都是由一个或几个地区开始，然后经由文化扩散、接触、冲突和借用等途径传播开的，这一观点就是传播论（Diffusionism）。他们反对古典进化论的"人类心智的一致性"的观点，认为世界各地社会文化的共性主要是文化传播的结果。

以史密斯（Grafton E. Smith）、佩里（William J. Perry）和里弗斯（William H. R. Rivers）为代表的一些英国人类学家认为，埃及是文明的中心，通过族群之间

---

① 王铭铭. 想象的异邦：社会与文化人类学散论 [M]. 上海：上海人民出版社，1998：25～26.

的相互接触，埃及的文明传播到世界各地。这一学派认为，某一特殊的文化特质难以在两个相距遥远的地区同时独立地产生。

德—奥传播学派的领袖人物格雷布纳（Fritz Graebner）和施密特（Wilhelm Schmidt）也认为人们借用他人的文化是因为人类缺乏独立的创造能力。格雷布纳和施密特声称，文化特质可以以单一的形式也可以以群体的形式远距离地传播。据此，他们认为通过研究现存的"原始"群体的生活方式，可以重构人类社会的远古文化。与英国传播学派"单源论"不同的是，德—奥传播学派认为人类文化最早起源于几个不同的"文化丛"（Kulturkreis），然后通过接触、扩散、借鉴和移植等途径传播到世界各地，即世界上大部分文化是由几个文化区散播出去的。但德—奥传播学派与英国传播学派一样，没有提出什么令人信服的理论依据。①

第三节　历史具体主义

20世纪初期，被誉为"美国人类学之父"的著名学者博厄斯（Franz Boas）对当时流行的关于人类文化经历相同发展过程的单线进化模式提出了尖锐的批评。② 在他看来，摩尔根和泰勒的比较法存在三方面的缺陷：一是关于单线进化的假设，二是将现代社会视为进化遗留物的观点，三是在证据不足、标准不当的基础上对社会进行的分类。③ 他指出，人类学家不应该花过多的时间和精力从其获取的少量资料中去提炼理论，而应该在某些文化消失之前尽快地收集材料。在他看来，理论是建立在充裕资料之基础上的。他坚持认为每一种文化都有自己的历史轨迹，也只有在其自身的历史轨迹中才能理解其意义。因此，试图探寻人类社会发展的统一进程模式是徒劳无益的。有鉴于此，他主张把每一种文化都作为一个有自己历史的、独特的整体进行研究，重视由于不同文化各自历史发展的不同而导致的差异性，而不应当以这种差异来衡量并评判其发展阶段的级序或文化本身之优劣。

在博厄斯的学术生涯中，他曾猛烈地抨击种族主义者将种族与智力进行胡乱关联的伪科学研究。博厄斯认为，个体之间的差异远胜过种族间的差异，并得出结论："种族间的生物差异其实很小。我们没有理由相信一个种族的智力天

① Ember, Carol R. and Melvin Ember（1988）. *Cultural Anthropology*, pp. 33-34. New Jersey: Prentice-Hall International, Inc..

② Boas, F.（1940/1966）. "The Limitations of the Comparative Method in Anthropology". In Franz Boas, *Race, Language, and Culture*, pp. 270-280. New York: Macmillan.

③ 杰里·D. 穆尔著. 欧阳敏等译. 人类学家的文化见解 [M]. 北京: 商务印书馆, 2009: 50.

生会比其他种族更高，被赐予了更多的意志力，或是在情绪上更为稳定"。①

　　从某种意义上说，美国的历史具体主义学派（Historical Particularism）与德—奥传播学派有相似之处。博厄斯及其弟子也认为不同社会之所以有相同的文化特质是因为文化之间相互传播而不是独立发明之故。基于"历史的方法"，博厄斯希望不像历史学家那样通过研究历史来了解某一社会的特殊历史。不过，他认为自己是一位文化历史学家，但其方法中的"历史"强调对某一社会地方文化历史情境的表述。②

　　应该指出的是，博厄斯和他的学生都重视田野调查，他们在美洲印第安人地区进行过长期实地考察，大量收集印第安人的社会文化和语言资料。尽管他对那些"轮椅上的理论"（armchair theorizing）的批驳是正确的，但他只注重无休止地收集资料的观点亦无益于人类学家阐释其所观察的文化现象。

第四节　功能主义与结构—功能主义

　　功能思想直接源于英国实证哲学家斯宾塞（H. Spencer）和法国著名实证主义社会学家涂尔干的"功能"观点。斯宾塞和涂尔干认为，人类社会是有机的整体，各个部门的分化与协调为社会的正常运转发挥着功能作用。功能学派源自英国，代表人物主要有马林诺夫斯基（B. Malinowski）和拉德克利夫-布朗（A. R. Radcliffe-Brown），前者是功能主义学说（Functionalism）的创始人，而后者则是结构—功能论（Structure-Functionalism）的发起者。

　　马林诺夫斯基于第一次世界大战期间曾在太平洋的特罗布里恩德岛（Trobriand Islands）上做过田野调查。为了能从当地人的视角更好地理解当地人的文化，他深入到特罗布里恩德岛民之中，学习他们的语言和习俗，体验他们的生活方式，参与岛民的日常活动。他所首创的这种田野调查方法就是人类学田野工作之精髓，即参与观察法（participant-observer approach 或 participant-observation）。

　　马林诺夫斯基分别于1914年至1915年、1915年至1916年和1917年至1918年在特罗布里恩德岛民中进行了两年多的实地调查，考察了土著民的经济、宗教和社会生活，获取了丰富的第一手民族志材料。在此基础上，他先后出版了

---

① 杰里·D. 穆尔著. 欧阳敏等译. 人类学家的文化见解 [M]. 北京：商务印书馆, 2009：49.
② Ember, Carol R. and Melvin Ember（1988）. *Cultural Anthropology*, pp. 32-33. New Jersey：Prentice-Hall International, Inc.. Barfield, Thomas, ed.（1998）. *The Dictionary of Anthropology*, pp. 237-239. Oxford：Blackwell Publishers Ltd..

《西太平洋的航海者》（*Argonauts of the Western Pacific*，1922）、《野蛮社会的犯罪与习俗》（*The Crime and Custom in Savage Society*，1926）、《野蛮人的性生活》（*The Sexual Life of Savages*，1929）、《文化的科学理论及其他论文》（*A Scientific Theory of Culture and Other Essays*，1931）等论著。马林诺夫斯基在《群体与个体的功能分析》（*The Group and the Individual in the Functional Analysis*，1939）一文中认为，"所有文化特质都是为满足社会个体服务的"，也就是说，文化特质的功能在于其满足社会成员的基本需求（basic need）和派生需求（derived need）。基本需求主要包括衣食住行、种的延续、人身安全、活动、成长等，文化的某些方面起着满足这些基本需求的功能。同时，人的派生需求也需要得到满足，如文化对饮食需求的满足便会引起食物采集或生产合作的派生需求。为此，社会继而便会发展出政治组织和确保合作所需的社会控制等派生文化。

马林诺夫斯基主张从功能的视角来解释现存的习俗和社会制度，即考察社会文化如何满足人类的需要。功能主义的主要缺陷在于，文化功能说无法解释文化变迁。他所说的需求，如人类对食物的需求，具有普世性，因为人们要生存就得面对这一问题。功能主义方法可以解释所有人类社会都从事食物采集活动，但却无法解释为什么不同的社群会有不同的食物采集方式。

与马林诺夫斯基一样，英国著名社会人类学家拉德克利夫-布朗关于人类社会行为的理论也基于功能主义的概念，他们都强调文化的功能作用。但与马林诺夫斯基不同的是，拉德克利夫-布朗认为社会行为的各个方面维持着社会结构而不是满足个体的各种需求。因此，他所倡导的研究方法被称作结构—功能主义。在他看来，社会结构是指现有的社会关系的整体网络。

拉德克利夫-布朗于1906年至1908年、1910年先后在安达曼群岛及澳大利亚和太平洋一些岛屿进行过长期田野考察。主要著作有《安达曼岛人》（*The Andaman Islanders*，1922）、《原始社会的结构与功能》（*Structure and Function in Primitive Society*，1952）、《社会人类学方法》（*Method in Social Anthropology*，1958）等。拉德克利夫-布朗主张从复杂的人类文化现象中寻找一种常人无法注意到的结构，了解这种结构的功能作用。他在《社会人类学方法》中指出，社会是一个有机体，社会有机体的各个组成部分在维持社会结构及社会关系中发挥着功能作用。

拉德克利夫-布朗关注对社会系统或社会过程的研究。社会系统或社会过程是"个体之间联系的真正关系"，或者更准确地说，是个体之间占有的社会角色，所有这些构成了并非抽象的"社会结构"，"构成了所有个人之间特定时期的社会关系之总和。虽然人们不能以实体的形式看到这种关系，但我们可以观察到所有这些可感知的事实"。① 他对不同社会以不同的方式应对姻亲之间可能存在的紧张关系的分析即为典型的结构—功能主义方法。他的研究表明，为减缓姻亲之间潜在的张力关系，禁止介入张力关系的人们进行面对面的交往的严格制度便应运而生［如在纳瓦霍人（Navajo）社会中，就有女婿回避岳母的习俗］，或者以一种轻松、诙谐的方式（如当代美国人与其岳母之间的关系）来处理这种张力关系。他的分析证明，人类文化特质可以通过避免家庭成员之间的冲突来维持社会结构。

结构—功能主义方法的问题是，我们难以确定某个特定习俗是否有利于维持社会系统。因为我们无法将文化特质从社会中抽离出来以验证其是否真正有利于维持社会，我们也不能仅仅因为一个社会时下正常运转就假定其所有习俗具有功能作用。即使我们可以确定某一特定习俗具有功能作用，结构—功能主义方法也无法解释为什么某一特定族群会选择某种特定的方式来满足其结构需求。②

第五节　心理学派

维特·巴诺在《心理人类学》一书中指出："文化与人格（cultural-and-personality）是人类学与心理学交汇的一个研究领域；特别是文化人类学和社会人类学与人格心理学关联的一个领域，民族学家（ethnologist）或文化人类学是文化的研究者"。③ 20 世纪 20 年代初期，美国的一些人类学家开始研究文化与人格之间的关系。在此之前，人类学家并没有把儿童教养与人格作为文化的重要方面加以关注。但是，在著名心理分析理论家弗洛伊德（S. Freud）以及教育理论家杜威（John Dewey）的影响下，人类学家开始关注婴儿或儿童教养影响成人人格形成方面的研究。

20 世纪 30～40 年代，美国哥伦比亚大学的人类学家林顿（Ralph Linton）和心理分析理论家卡丁纳（Abram Kardiner）对文化与人格研究提出了一些重要概念。卡丁纳认为，在每一个文化中都有一种由某种共享文化经历为基础的"基本人格"（basic personality）。也就是说，正如儿童早期经历会影响其人格一样，一个社会中的成人人格同样会受到共同文化经历的影响。这些共享经历是由社

---

① Radcliffe-Brown, A. R. (1957). *Social Anthropology: A Natural Science of Society*, p. 83. Chicago: The University of Chicago Press.

② Ember, Carol R. and Melvin Ember (1988). *Cultural Anthropology*, p. 35. New Jersey: Prentice-Hall International, Inc..

③ 维特·巴诺著. 瞿海源，许木柱译. 心理人类学 ［M］. 台北：黎明文化事业股份有限公司，1979：3.

会的"初级制度"（primary institutions）衍生而来的，而这些初级制度与人们的生存方式、家庭的生活习惯以及育儿习俗等密切相关。这种基本人格结构反过来又会引发诸如仪式、宗教以及其他民俗现象等"次级制度"（secondary institutions）的产生，以满足或调和构成基本人格结构的需求和冲突。大多数心理人类学家认为社会有一套典型人格特征，无论称其为"基本人格""国民性"（national character）还是"众趋人格"（modal personality）。他们也大都接受卡丁纳的假说，即典型人格是由文化经历的某些方面尤其是育儿习俗所造成的。

第二次世界大战期间及其之后的一段时期，文化与人格研究方法被应用于研究复杂社会。这些关于国民性的研究把不同国家的人格特征溯源于育儿方式，其中最典型的就是本尼迪克特（Ruth Benedict）对日本国民性的研究。此外，类似研究还有戈勒（Geoffrey Gorer）和拉巴尔（Weston LaBarre）对日本人性格的研究以及戈勒和里奇曼（John Rickman）对俄罗斯人的研究。戈勒和里奇曼的研究发现，在俄罗斯，婴儿一生下来，就被用襁褓捆绑在摇篮里，婴儿的手脚不能自由地活动。这种育儿方式往往会导致狂躁而抑郁的性格。

值得注意的是，由于战争的原因，他们对日本人和俄罗斯人的研究均基于间接的研究方法而不是实地田野调查。后来的研究证明，早期有关国民性的研究具有很大的局限性。一些人类学家在关注弗洛伊德的理论及育儿方式与成年人格之间关系的同时，开始通过跨文化的比较研究方法探求儿童教养的其他方面，如饮食。同时，部分研究表明，某些文化特质会造成某些心理特征，而这些心理特征反过来又会引起其他文化特质的产生。如怀廷（John Whiting）和蔡尔德（Irvin Child）在探求疾病的文化内涵时发现，对童年时期表现出的进攻行为的严厉体罚（一种文化特征）可能会导致成年时期进攻行为的强化（一种心理特征），这反而可能使成年人确信进攻行为会引发疾病（一种文化特征）。总之，心理学派企图通过了解人类心理因素和过程来更好地理解和阐释人类的文化行为。

第六节　新进化论学派

进化思想并没有因为受到各种新兴学派的批驳而完全退出历史舞台。20 世纪 30 年代，美国人类学家怀特（Leslie A. White）对博厄斯的历史具体主义思想提出批评，成为进化理论最有力的拥护者，提出了作为能量获取系统的文化概念。根据他的文化进化理论，"文化进化是指每人每年利用能量总额的增长或利用能量的技术效率的提高"。① 也就是说，技术越先进，则人类所能掌控的能量就越多，其结果是文化的演进与变迁。怀特否定摩尔根关于人类进化过程中心理作用的观点，认为只有技术才是文化发展的原因。此外，他也不同意摩尔根的家庭进化说。在他看来，亲属称谓的意义是人们相互之间的行为和态度，而不是婚姻状况的反映。

与泰勒和摩尔根的观点一样，怀特的理论也因同样的原因受到批评。在描述人类文化演进时，他假定文化进化是由文化内部的条件尤其是技术条件决定的。换句话说，他完全否认环境、历史或心理等因素对文化进化的影响。因此，他的理论无法解释为什么一些文化会进化而其他文化没有进化甚至灭绝。这样一来，作为文化进化机制的能量获取理论便无法回答诸如为什么只有一些文化能够提高其获取能量的能力之类的问题。

另一位新进化论代表人物斯图尔德（Julian H. Steward）则把进化理论分为三类，即单线进化、一般进化和多线进化。他认为，摩尔根和泰勒的思想代表文化进化的单线进化论，这一学派试图将文化按序排列在人类进化的发展轨迹上。一般进化论者，如怀特，从较广的意义上审视文化的进化过程。斯图尔德宣称自己是多线进化论者，他的观点集单线进化与一般进化为一体，既关注特定文化的进化，又顾及不同区域文化的变迁。他认为，"在类似的条件下，文化的基本类型的发展道路可能是类似的。但人类各民族所处的生态环境不同。如果说，文化是人类适应环境的工具的话，那么各民族文化的发展，便会随生态的差异而走不同的道路"。② 斯图尔德着重研究在特定文化内部与文化区域内发生变化的次序。他认为，文化之所以循着不同的方向发展，其根本原因在于不同的文化处于各自特殊的环境之中。正因为存在这种文化间环境上的差异性，文化的进化才不是单线的，而是多线的。他强调对文化差异性与相似性的解释，同时，他对怀特忽视环境对文化的影响作用也提出了批评，而怀特则宣称斯图尔德由于过分关注特殊文化个例而陷入历史具体主义之中。斯图尔德认为，多线进化可以说明不同社会结构的独特发展道路。多线进化理论主要进行文化过程的研究，重视文化与环境之间的关系，认为社会结构不同一般是文化在不同环境下产生不同适应方式的结果。

怀特和斯图尔德的学生与同事萨林斯（Marshall Sahlins）和塞维斯（Elman Service）在综合两位导师的理论精髓的基础上，提出了"特殊进化"和"普遍进化"（specific evolution and general evolution）并存的观点，前者指特定环境中的特定社会变迁与调适的特殊进化序列，后者指人类社会的一般进化，其中较

① White, Leslie A. (1949). *The Science of Culture*, pp. 368-369. New York: Farrar, Straus & Cudahy.
② 王铭铭. 想象的异邦：社会与文化人类学散论［M］. 上海：上海人民出版社，1998：46.

高级的形式是从较低级的形式演进而来的。因此，特殊进化观类似于斯图尔德的多线进化观点，而普遍进化观则近似于怀特的一般进化思想。与早期古典进化论者相比，新进化论者为我们研究特殊文化的进化过程，即对特定生态环境的调适，提供了新的理论依据。[①]

第七节　结构主义学派

谈及人类学领域中的结构主义学派，我们不能不提及法国人类学家列维-斯特劳斯（Claude Lévi-Strauss）。由于对结构主义人类学理论的突出贡献，他被誉为结构主义之父。列维-斯特劳斯的结构主义理论与拉德克利夫-布朗的结构思想有很大区别，后者注重社会各个部分是如何作为一个系统发挥起功能作用的，而前者则更强调社会系统自身之起源。在列维-斯特劳斯看来，文化体现于艺术、仪式和日常生活方式之中，是人类思维深层结构的外显表述。比如，他对人类学家称之为半偶制（moiety system，即如果社会分为两大通婚姻亲群体，就会形成一个半偶制的社会，其特征为单系继嗣和族外婚）的研究发现，半偶制反映了人类思维的二元对立性（binary oppositions）。但问题是，半偶制仅在少数社会中存在，并不具有普遍性。列维-斯特劳斯对文化现象的解释主要侧重人类的认知过程，即人们感知和划分他们周围事物的方法。在《野性思维》（*The Savage Mind*，1966）和《生与熟》（*The Raw and the Cooked*，1969）等论著中，列维-斯特劳斯认为，即使是初民社会也往往会建构极其复杂的植物和动物的分类系统，这并不是为了实践的目的，而是人类智力活动的需要。

根据瑞典语言学家索绪尔（Ferdinand de Saussure）的结构主义语言学的模式，语言是一种体系或结构。这种结构不是社会中社会关系的总和，也不是一种经验实体或社会现实，而是存在于经验实体之下的一种结构。这种结构是从不同社会的文化现象中总结归纳出来的，因此能够运用于解释任何社会。在列维-斯特劳斯看来，人们一般所能认识到的社会现象，不是社会的真正结构。社会的真正结构是人们所不能认识到的，需经人类学家进行分析和概括才能够察知的模式。也就是说，人类学的主要任务就是揭示社会—文化表面下所潜在的"无意识模式"。[②] 基于语言学的结构分析，列维-斯特劳斯提出，尽管人类在文化上存在着巨大的差异性，但人类的基本思维结构是相同的。因此，人类学研

---

① Ember，Carol R. and Melvin Ember（1988）. *Cultural Anthropology*，pp. 37-38. New Jersey：Prentice-Hall International，Inc..

② 王铭铭. 想象的异邦：社会与文化人类学散论 [M]．上海：上海人民出版社，1998：50～51.

究应从人类有意识的行为与思维后面去寻找它的无意识结构。为此，列维-斯特劳斯极其关注人类亲属关系、神话和结构之间的关系。在他看来，亲属关系的各个称谓相当于语言中的一个个词，这些称谓之所以有意义，是因为它们结合为一个相互关联的体系，这与语言中词组成句子和语言是一样的。我们知道，由词构成的句子的意义是通过整体而不是独立的各个词决定的。亲属关系也一样，就某个称谓而言，它是无意义的，只有把它置于整个亲属结构中它才具有意义。

列维-斯特劳斯在研究神话时发现，神话的结构是通过重复某些重要的情节和一系列的对立来体现的。以下我们以北美洲波尼印第安人的神话"怀孕的男孩"为例来说明神话的对立结构。

一个无知的小男孩有一天忽然意识到自己具有治病的魔力。他的名声与日俱增，从而遭到一个有地位的老巫医的嫉妒，该巫医在妻子的陪同下，多次探访这个男孩，并向他讲授了一些巫技，但他却没有从男孩那里换得任何秘密。盛怒之下，老巫医送给男孩一只塞满魔草药的烟斗，使他中魔。男孩发现自己怀孕后羞得无地自容，便离开了自己的村落，来到兽群中寻死。兽群为他的不幸所感动，出于同情，决心为他医治。它们设法将胎儿从他的体内取出，并将自己的魔力传授给他。男孩回到家乡，用此魔力杀死了罪恶的老巫医，成为一名受人尊敬的治病人。[①]

神话中的对立结构为：

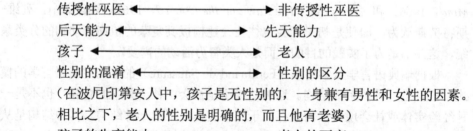

传授性巫医 ◄──────────► 非传授性巫医

后天能力 ◄──────────► 先天能力

孩子 ◄──────────► 老人

性别的混淆 ◄──────────► 性别的区分

（在波尼印第安人中，孩子是无性别的，一身兼有男性和女性的因素。相比之下，老人的性别是明确的，而且他有老婆）

孩子的生育能力 ◄──────────► 老人的不育

以引入方式进行的魔法 ◄──────────► 以提取方式进行的魔法

列维-斯特劳斯发现，一方面，在神话中似乎任何事情都可能发生，这里没有逻辑，也没有连贯性。人们可以把任何特征赋予对象，也可以发现任何可以想象的关系。在神话里，一切事情都是可能的。但是，另一方面，在不同地区收集到的神话显示出惊人的相似性，这种相似性又是与上述明显的任意性背道而驰的。问题在于，如果神话的内容具有偶然性，我们又如何解释世界各地的

---

① 克劳德·列维-斯特劳斯著. 陆晓禾等译. 结构人类学 [M]．北京：文化艺术出版社，1991：71～72.

神话都如此相似这一事实呢？^① 列维-斯特劳斯认为，神话思想中的逻辑同现代科学中的逻辑一样严密，它们之间的区别不在于思维过程的性质，而在于思维对象的本质。他认为，神话和科学中存在着同样的逻辑过程，人类从古至今都一样地进行思考，只是他们思考的对象有别而已。^② 这正是列维-斯特劳斯的伟大之处。

简言之，在列维-斯特劳斯的结构主义人类学中，所谓"结构"指的并不是社会中社会关系的总和。从根本上讲，它指的不是一种经验实体或社会现实，而是指在经验实体之下存在的一种模式。也就是说，结构是从不同社会的丰富文化想象中总结归纳出来的一种思维模式，能够运用于解释任何社会。^③ 列维-斯特劳斯相信，在人类所有的社会—文化现象和行为背后都存在一种深层结构。只有找出这些结构，我们才有可能真正理解由文化深层结构所决定的人类行为。但是，结构主义理论过于强调抽象的理解分析而忽略了具体的民族志观察和民族志实证研究。因此，许多人类学家认为列维-斯特劳斯的研究过于抽象而无法验证。而且，即使文化现象的背后深藏着一些共通的模式，这些共通的或恒定的模式也无法解释文化的差异性。^④

第八节　民族科学

列维-斯特劳斯的结构主义方法试图凭直觉掌握可能潜藏于特定文化之深层的思维规则。与此相似，被学界称作民族科学（ethnoscience）的民族志方法也企图从不受观察者文化偏见影响的民族志资料的逻辑分析中发现人类的思维规则。民族科学方法与结构主义方法的相似之处在于，它们都受到描述语言学（descriptive linguistics）方法论的影响，仅此而已。民族科学工作者试图从被研究者的角度来理解他们的世界，而不是根据一套预设的人类学范畴来收集资料。通过学习当地人的语言，尤其是当地人用来描述他们自己行为的语汇，民族科学工作者力求阐明某一文化中的人类行为的规则。他们确信，这些规则与正确使用语言的语法规则具有可比性。

许多民族科学工作者认为，如果能够发现衍生正确文化行为的规则，我们就能解释人们的实际行为了。也许个人确实往往是有意无意地按照已经内化了

---

① 克劳德·列维-斯特劳斯著. 陆晓禾等译. 结构人类学 [M]. 北京：文化艺术出版社，1991：43～44.

② 克劳德·列维-斯特劳斯著. 陆晓禾等译. 结构人类学 [M]. 北京：文化艺术出版社，1991：68～69.

③ 庄孔韶主编. 人类学经典导读 [M]. 北京：中国人民大学出版社，2008：79.

④ Ember, Carol R. and Melvin Ember（1988）. *Cultural Anthropology*, pp. 38-39. New Jersey: Prentice-Hall International, Inc..

的规则行事，但是，我们依然需要了解为什么某一特定的群体或社会发展出某种特殊的文化规则。正如语法规则无法解释一种语言如何形成一样，民族科学所发现的某种文化规则也无法阐释这些规则为什么会产生。[①]

第九节　文化生态学

只是到了最近几十年，人类学家才开始关注环境对人类文化的影响。文化生态学把人类社会和文化视为适应特定环境的产物，强调人类群体与其周围环境之间的关系，即人类群体对环境的适应或个人与个人之间、群体与群体之间、群体与环境之间受社会文化制约的关系。斯图尔德（J. Steward）是最早倡导文化生态学（Cultural Ecology）研究的人类学家之一。所谓文化生态学是指对文化与其环境关系的分析。斯图尔德认为，从社会适应其特定环境的过程中可以发现一些文化变迁方面的解释。他希望通过实证方法来解决问题，而不是仅仅假设环境是否决定文化。也就是说，他想通过调查来证实他的观点。[②]

斯图尔德主张把文化生态学与生物生态学（对生物与其环境关系的研究）区分开来。但有些文化生态学家如韦达（Andrew Vayda）和拉帕波特（Roy Rappaport）等则希望将生物生态学引入文化生态学研究，以便形成一门独立的生态科学。在他们看来，文化特征与生物的有机部分一样，具有适应和非适应性。文化生态学家假定文化适应包含适者生存的自然选择机制。自然环境和社会环境影响文化特质的发展，即影响不同个人或群体生存、再生产和行为传承的方式。[③] 拉帕波特在《献给祖先的猪》中所描述的生活于新几内亚（New Guinea）腹地的岑巴甲玛凌人（Tsembaga Maring）的文化与环境之间的互动就是典型的例子。据拉帕波特的描述，该族群以游耕农猪业（horticulture）为生，主要靠他们种植在家园里的根颈作物维持生计。他们还饲养猪，但很少用来食用而有其他功用。猪起到了清道夫的作用，它们捡食庭院内的垃圾，为觅食根茎食物，它们拱翻田地使其松软，这无疑有利于植物种植。少量的猪易于管理，白天任它们自由掘食，晚上回来吃些劣质茎块食物。因此，无须太多饲料就能生存的猪群，对于岑巴甲玛凌人来说，既是清道夫又是耕地机器。

---

① Ember, Carol R. and Melvin Ember (1988). *Cultural Anthropology*, p. 39. New Jersey: Prentice-Hall International, Inc.

② Steward, Julian H.(1955). "The Concept and Method of Cultural Ecology". In Steward, ed., *Theory of Culture Change*, pp. 30-42. Urbana: University of Illinois Press.

③ Vayda, Andrew P. and Roy A. Rappaport (1968). "Ecology: Cultural and Noncultural". In James H. Clifton, ed., *Introduction to Cultural Anthropology*, pp. 477-497. Boston: Houghton Mifflin.

但随着猪群数目的增长，问题就出现了。往往没有充裕的茎块饲养它们，因此，在茎块食物短缺时，人们不得不用口粮喂养它们。此外，少量的猪起到清洁庭院、松软土壤的作用，但猪的数目多了，就很可能会破坏园圃内的庄稼，甚至会引起社区内的纠纷。如果一个人的猪进了邻居的园圃，而园圃的主人因猪破坏了庄稼一怒之下打死了猪，那么，猪的主人可能会去刺杀园圃主或者他的妻子或者他的一头猪。随着此类冲突次数的增加，社区内人们之间的关系便开始疏离，聚落模式也变得越来越分散。拉帕波特的研究表明，为解决猪数量过剩的问题，岑巴甲玛凌人发展出一套以大量屠杀过剩猪群的繁杂的仪式循环。每当族群之间发生斗械或有人生病时，他们就杀猪，所得猪肉被分发给朋友或者献祭祖先。岑巴甲玛凌人确信他们的祭拜，会得到祖先的力量和护佑。

岑巴甲玛凌人长期处于战争与和平相互交替之中。每次战争结束，他们便举行一种栽植当地叫作"朗比姆"（rumbim）的神圣灌木的仪式，在他们的观念中"朗比姆"是其祖先的栖息之处，他们每迁一处，都要种植这种神圣灌木。然后，宰杀所有的成年猪以祭祀祖先，并将大部分的猪肉分发给曾经助战的邻近地域群。之后便是一段和平时期，一般在 5～10 年左右，直至"朗比姆"长到能被连根拔起，并饲养有足够的猪群举行一次盛大猪宴为止。猪宴仪式差不多要持续一年左右，在这段时期，他们大量地宰杀猪群，并把猪肉分发给与其结盟的地域群和姻亲。每次猪宴都要举行群体舞蹈，这些舞蹈将那些可能成为盟友的地域群紧密地连在一起，因为他们相信，凡是能来参加猪宴和舞会的人会来协助他们作战。做东的地域群和未来的敌人都会以来参加猪宴和舞会的人数作为衡量下一次作战时会来助战的可能战斗力的依据。猪宴结束之后，战斗可能又会爆发。如果和平期持续得太久，猪群则可能会泛滥成灾。

因此，这种仪式循环实际上维持了生态系统的良性循环，维持了族群之间的秩序，并依据人口关系重新分配土地和资源。拉帕波特认为，岑巴甲玛凌人的仪式循环在调节族群与群体、群体与环境之间的关系中扮演着重要角色。岑巴甲玛凌人的仪式行为是一种应对环境因素的可行性对策。[①]

综上所述，文化生态学家试图通过探讨特定文化适应特定自然环境或社会环境来解释文化变迁。鉴于此，文化生态学家可能会与结构—功能主义者一样受到挑战。正如结构—功能主义者不能证实某一特定习俗是如何发生功能作用一样，试图分析特定社会的文化生态学家也同样无法验证某一特定习俗是如何

① Rappaport，Roy A.（1967）."Ritual Regulation of Environmental Relations Among a New Guinea People". *Ethnology*，6：17-30.

适应其环境的。①

专业词汇

L. 摩尔根　E. 泰勒　古典进化论　《原始文化》　《易洛魁联盟》　《古代社会》　血缘群婚　普那路亚婚　对偶婚　单线进化　传播学派　文化丛　历史具体主义　F. 博厄斯　功能主义　B. 马林诺夫斯基　《西太平洋的航海者》　基本需求　派生需求　结构—功能论　A. 拉德克利夫-布朗　社会结构　《安达曼岛人》　文化与人格学派　R. 林顿　A. 卡丁纳　基本人格　众趋人格　初级制度　次级制度　R. 本尼迪克特　国民性　新进化论学派　L. 怀特　J. 斯图尔德　一般进化　多线进化　M. 萨林斯　E. 塞维斯　结构主义学派　C. 列维-斯特劳斯　半偶制　深层结构　文化生态学　R. 拉帕波特　《献给祖先的猪》

思考题

1. 什么是古典进化论？其理论核心是什么？

2. 为什么说传播论和历史特殊主义是在批判进化论的基础上建立起来的？

3. 马林诺夫斯基的功能主义与拉德克利夫-布朗的结构—功能主义有何区别？试举例说明。

4. 结构主义理论的理论核心是什么？

5. 什么是文化生态学？

推荐阅读书目

1. 基辛（R. Keesing）著. 陈其南校订. 张恭启，于嘉云译. 文化人类学[M]. 台北：巨流图书公司，2000.

2. 庄孔韶主编. 人类学经典导读[M]. 北京：中国人民大学出版社，2008.

3. 黄淑娉，龚佩华. 文化人类学理论方法研究[M]. 广州：广东高等教育出版社，2004.

4. 夏建中. 文化人类学理论学派[M]. 北京：中国人民大学出版社，1997.

5. 纳日碧力格等著. 人类学理论的新格局[M]. 北京：社会科学文献出版社，2001.

6. 王铭铭. 想象的异邦：社会与文化人类学散论[M]. 上海：上海人民出版社，1998.

---

① Ember，Carol R. and Melvin Ember（1988）. *Cultural Anthropology*，pp. 39-40. New Jersey：Prentice-Hall International，Inc..

7. 王铭铭. 社会人类学与中国研究 [M]. 北京：生活·读书·新知三联书店，1997.

8. 周星，王铭铭主编. 社会文化人类学讲演集 [M]. 天津：天津人民出版社，1997.

9. Ember，Carol R. and Melvin Ember（1988）. *Cultural Anthropology*. New Jersey：Prentice-Hall International，Inc.

10. Kottak，Conrad P.（1997）. *Anthropology：The Exploration of Human Diversity*. New York：The McGraw-Hill Companies.

11. Kuper，Adam（1983）. *Anthropology and Anthropologists：The Modern British School*. London：Routledge & Kegan Paul.

第三章　人类学的田野方法

文化人类学是运用实地考察方法对各民族的文化和社会进行比较和整体或综合研究的一门学科。虽然文化人类学家也做文献研究，但其研究资料主要还是来源于自己的实地考察。通过观察、谈话、访问等具体手段取得研究者所需要的资料，就是人们常说的田野调查工作。"田野研究"一词源于英文的 field study 或 field research。广义而言，所有的实地研究工作都可以称为"田野研究"；但是狭义而言，田野工作特指人类学研究领域中的考古发掘和民族调查，尤其指关于民族的实地调查。

文化人类学有许多特点，其中最突出的就是田野调查。文化人类学者虽然也利用文献资料，但到田野点进行民族志考察几乎是每一位人类学工作者获取资料的最主要途径。正如中国台湾人类学家李亦园所说的那样："对于一个人类学的研究者来说，田野工作是他们的活水源头，一切的资料与灵感都来自田野。"[①] 中国台湾人类学家乔健也认为："田野工作是人类学的根本。长期而深入的田野调查是任一专业人类学家必经之路，是他的成年礼。"[②] 美国人类学家斯托金（G. Stocking）认为田野工作是"成为人类学家的前期必备训练"，而且田野工作远远超出了作为一种方法的意义，是"人类学家以及人类学知识体系的基本构成部分"[③]，是田野训练造就了"真正的人类学家"，而且人们普遍认为真正的人类学知识均源自于田野调查。决定某项研究是否属于"人类学"范畴的唯一重要标准实际上就是看研究者做了多少"田野"。[④] 从传统上讲，人类学者至少要在调查点生活一年以上，学习当地人的语言，参与当地人的日常生活和社会活动，从而深入地了解当地人的社会与文化。对于一个民族或社区的研究，通过观察、访谈等方法取得研究资料，就是田野工作。科学的田野调查是当代文化人类学区别于早期人类学的重要特征，以规范的田野调查方法尤其是参与观察法获取研究资料也是当代文化人类学区别于其他社会学科的重要特征。田野调

---

① 李亦园. 田野图像——我的人类学研究生涯 [M]. 济南：山东画报出版社，1999：47.

② 乔健. 漂泊中的永恒——人类学田野调查笔记 [M]. 济南：山东画报出版社，1999：14.

③ A. 古塔，J. 弗格森编著. 骆建建，袁同凯，郭立新译. 人类学定位：田野科学的界限与基础 [M]. 北京：华夏出版社，2005：3.

④ A. 古塔，J. 弗格森编著. 骆建建，袁同凯，郭立新译. 人类学定位：田野科学的界限与基础 [M]. 北京：华夏出版社，2005：2.

查是文化人类学了解人类行为的基本方法。为了了解人类的行为，人类学家把自己融入他们所研究的人群的生活里。他们试图了解、思考、感受、模仿另一种生活方式。广义而言，田野调查包括长期与另一种文化的民族住在一起，学习、使用当地的语言，与当地人建立密切的社会关系，参加当地人的日常活动。同时也包括单调、费时的记录和观察，记下详细的田野笔记。[1]　田野调查是文化人类学的看家本领。对于美国人类学家史托勒（Paul Stoller）来说，田野调查既是一门科学，也是"重要的人生经历"。正如他所说的那样："作为人类学家，我们必须尊重我们工作于其中的人们……在我看来，尊重意味着充分接受那些在我们的知识系统中往往认为是反常的信仰和想象"。[2]　美国人类学家基辛（R. Keesing）说："田野工作是对一社区及其生活方式从事长期的研究。从许多方面而言，田野工作是人类学家最重要的经验，是人类学家收集资料和建立通则的主要根据，人类学者撰写的文章和书籍就是在提炼出这些经验积累的精华，而终究是要涉及某一民族的特殊经验"。[3]　英国人类学家特纳（Victor Turner）曾经说过，如果谁想最彻底地了解一个群体，他就必须与该群体成员共同生活，并讲他们的共通语言。[4]　美国人类学家沃尔夫（E. Wolf）说，他对普遍理论的思考是从具体的田野工作中浮现出来的。日本著名人类学家中根千枝也曾经说过，从田野工作的地方一回来，就感觉到了知识的厚重。

传统上，人类学学科要求每一位未来的文化人类学家都要到异文化中进行一段时期的民族志调查。早期的民族志工作者通常会到一个相对封闭的小型社区去生活，体验当地人的生活，获取相对客观的一手资料。民族志从而成为考察与大型复杂的现代工业社会相比文化上相对统一，社会差异较小的、同质性较强的社会的一种研究方法。在此类非工业社会中，民族志工作者传统上试图全面地了解异文化，他们走村串寨，详细地了解当地人生活的方方面面。民族志拓宽了人们对人类文化多样性的了解，为理解人类行为和社会生活提供了基础知识。在民族志工作者收集一手资料的过程中，他们逐步总结出一套规范的民族志方法。

民族志是人类学的翅膀，格尔茨（Clifford Geertz）曾经这样描述民族志在人类学中的特殊地位：如果你想要理解一门科学是什么，首先你不应该看它的理论和发现，当然也不是看它的专家说它什么，你应该看它的从事者在做什么。

---

① E. 科恩，E. 埃姆斯著. 李富强译. 文化人类学基础 [M]. 北京：中国民间文艺出版社，1987：2.

② 菲奥纳·鲍伊著. 金泽，何其敏译. 宗教人类学导论 [M]. 北京：中国人民大学出版社，2004：11.

③ 基辛（R. Keesing）著. 陈其南校订. 张恭启，于嘉云译. 文化人类学 [M]. 台北：巨流图书公司，2000：25.

④ 庄孔韶主编. 人类学经典导读 [M]. 北京：中国人民大学出版社，2008：248.

就社会人类学家而言，这些从事者所做的，就是民族志。[①]

　　我国人类学大师费孝通曾就实地调查之重要性做过精辟的论述，他说："今天，世界上发生了许多新的问题和现象，这些问题和现象，都是由于不同文化的相互接触、碰撞、融合而产生的，没有现成的答案可以解决。也就是说，用原有的思维逻辑，原有的研究方法解决现在的问题已经不行了。要想找到解决问题的方法，就要回到现实社会生活中去，扎扎实实地做实地调查。"那么，"为什么必须要到现实生活中去调查呢？因为人类社会是复杂的、多样性的；又是多变的、富于创造性的，它绝不是只有单一文化背景、有限知识和经验的研究者能够想象和包容得了的。所以研究者必须深入你所要了解的'他人'的生活中去观察、研究。"[②]

第一节　人类学田野调查的形成与发展

一、启蒙时期

　　早在古希腊、古罗马时代，希罗多德等人的作品中和荷马史诗中已有对异民族特殊生活方式的记录和描述。15 世纪末期开始的"大发现时期"，殖民者、航海家、商人、传教士和探险者的足迹逐渐遍及全球，有些人长期生活在异民族中，如被誉为"第一位人类学家"的西班牙传教士萨哈冈（Bernardino de Sahagún）在阿兹特克人（the Aztec）中，[③] 法国传教士拉菲托（Joseph F. Lafitau）在易洛魁人（the Iroquois）中，[④] 都进行过长期的实地调查，但他们的方法既不系统又不科学。1859 年达尔文的《物种起源》启发人类学用进化论的观点研究人类社会，促进了人类学的形成。可以说，田野调查作为收集资料的基本方法，是在 20 世纪初期出现的。19 世纪的人类学家，不是直接收集资料，而是依靠传教士、探险家、殖民官员和旅行家对异文化的记录和描述来进行研究的。

　　田野调查产生的一个里程碑是 1898 年至 1899 年由英国人类学家哈登

---

① Geertz, Clifford (1973). "Thick Description: Toward an Interpretive Theory of Culture". In *The Interpretation of Cultures*, p. 5. New York: Basic Books.

② 费孝通. 费孝通在2003: 世纪学人遗稿 [M]. 北京: 中国社会科学出版社, 2005: 172～173.

③ Anderson, Arthur J. O. (1982). "Sahagún: Career and Character". In Bernardino de Sahagún, *Florentine Codex: The General History of the Things of New Spain*, *Introductions and Indices*, p. 40. Translated by Arthur J. O. Anderson and Charles Dibble. Salt Lake City: University of Utah Press.

④ Fenton, William and Elizabeth Moore (1974). "Introduction". In Joseph-François Lafitau, *Customs of the American Indians Compared with the Customs of Primitive Times*, p. XXIX. Toronto: Champlain Society.

（Alfred C. Haddon）主持的托雷斯海峡（Torres Strait）探险，考察了新几内亚（New Guinea）东南岸的土著社会与文化。此为人类学田野调查发展的重要一步，因为这是人类学家直接与部落土著人首次接触。[①]

19 世纪后期，进化论著名代表人物、美国人类学家摩尔根（L. H. Morgan），对易洛魁人（the Iroquois）的社会组织进行了全面的考察。摩尔根 1840 年毕业于高等学校，接着专修法律，并于 1842 年取得律师资格。之后，他加入了一个研究印第安人的学会"大易洛魁社"。这个学会的宗旨在于促进美国白人对印第安人的感情，并协助印第安人解决他们自身的问题。从此，摩尔根多次访问印第安人的居留地，观察他们的生活方式，研究他们的风俗习惯以及社会组织。通过长期的接触，他与印第安人建立了深厚的感情，为印第安人打赢了一场土地官司。为答谢他，易洛魁联盟的塞内卡部落的鹰氏族收他为养子。这在印第安人看来是对外族的一种最亲昵的表现。这个特殊的身份使他能够深入调查研究易洛魁人。他的初衷是想通过对易洛魁人亲属制度的研究，证明美洲印第安人起源于亚洲，但他的研究结果却揭示了人类婚姻起源及其各种形态。1851 年，他出版了他的第一部研究印第安人的重要著作《易洛魁联盟》（*League of Iroquois*），详细描述了易洛魁人的生活环境、经济活动、生产工具、房屋、服饰、家庭、习俗、宗教和语言，着重叙述了易洛魁联盟的组织结构、氏族、胞族、部落和部落联盟以及他们的母系氏族制度，第一次全面而系统地描述了印第安人单纯质朴的氏族制度，被人类学界视为有关印第安人的第一部科学的经典民族志。与此同时，他还精心设计了详细的调查表格，通过分布在世界各地的殖民官员和传教士等对当地民族的调查，经过长达十年不懈努力，他掌握了世界民族中近 200 种亲属制度的资料，并于 1871 年出版《人类家族的血亲和姻亲制度》（*Systems of Consanguinity and Affinity of the Human Family*）。1877 年摩尔根出版了他最重要的人类学著作《古代社会》（*Ancient Society*，1877/1963），全面而系统地论证了人类从蒙昧社会经过野蛮社会到文明社会的发展过程，提出了以生存技术作为衡量社会进步标志的著名论断，进一步阐述了他的社会进化思想。对此，恩格斯在《家庭、私有制和国家的起源》一书中予以了极高的评价。

英国文化人类学家泰勒（E. Tylor）曾对古巴、墨西哥和其他热带地区进行了实地考察，1865 年因出版《人类早期历史与文明发展之研究》（*Researches into the Early History of Mankind and the Development of Civilization*）而成为古典进化论学派的另一个代表人物。1871 年他出版文化人类学名著《原始文化》（*Primitive Culture*，1871/1958），提出了社会进化的三阶段论，同时提出宗教发展的三阶

---

① E. 科恩，E. 埃姆斯著. 李富强译. 文化人类学基础 [M]. 北京：中国民间文艺出版社，1987：26～27.

段论，即由万物有灵论经过多神教再到一神教的进化。更为重要的是，他首次较为科学地界定了文化的概念，强调文化是"人作为社会的成员所获得的能力和习惯"[①]。

但需要指出的是，虽然摩尔根和泰勒两人都进行过长期的田野调查，但他们的许多资料仍然来自问卷及与友人的通信。他们也没有发展出一套在田野中收集资料的科学而系统的方法。

除摩尔根和泰勒之外，古典进化学派人类学家中，进行过长期田野考察的还有哈登（A. C. Haddon）。他于 1898～1899 年曾带领一支科学考察队在新几内亚（New Guinea）的托雷斯海峡（Torres Strait）进行过大规模的实地考察。他们访问土著居民，观察当地人的仪式，调查当地的语言、社会制度和风俗习惯。有学者认为这是人类学家主动去现场获得资料的开始，是人类学界把资料员和研究者的身份合一的努力的开始。随后，里弗斯在印度一个部落进行了约半年的实地调查。他虽然在方法上取得了重要进展，但是在时间上没有达到一年的周期，而且他也没有与土著人生活在一起，也不懂当地人的语言，只是靠翻译收集资料。[②] 他们都未能发展出科学的田野调查方法。

二、形成、发展与成熟时期

文化人类学的田野调查方法的形成，可以以美国人类学家博厄斯（F. Boas）对美洲印第安人的调查为标志，他曾在爱斯基摩人（现称因纽特人，因爱斯基摩人是文化人类学界的惯用译名，本书用爱斯基摩人这一习惯译名）中进行过长期田野考察。他被学界誉为"美国人类学之父"，是历史特殊论研究方法的创始人，他一生中培养了克罗伯（Alfred L. Kroeber）、罗维（Robert Lowie）、琼斯（William Jones）、路易斯（Albert B. Lewis）、萨丕尔（Edward Sapir）、赫斯科维茨（Melville Herskovits）、本尼迪克特（R. Benedict）、米德（M. Mead）、威斯勒（C. Wissler）等世界一流的人类学家，为美国人类学学科的繁荣与发展做出了突出贡献。博厄斯原本是学物理的，对地理学很感兴趣，1881 年获得德国基尔大学物理学专业的博士学位，毕业论文是讨论海水颜色的。由于受到德国民族学家拉采尔（Friedrich Ratzel）地理环境论的深刻影响，1883～1884 年，博厄斯参加了到加拿大巴芬岛的考察，研究自然环境对于巴芬岛爱斯基摩人迁移的影响。在巴芬岛，博厄斯对当地土著居民的生活方式及文化产生了浓厚兴趣。从此，他的研究兴趣转向了人类学，并把毕生的精力都投入到人类学的研究之

---

① Tylor, Edward（1958/1871）. *Primitive Culture*, p, 1. New York: Harper Torchbooks.

② 高丙中.《写文化》与民族志发展的三个时代 [M]. 詹姆斯·克利福德，乔治·马尔库斯编. 高丙中，吴晓黎，李霞等译. 写文化——民族志的诗学与政治学. 北京：商务印书馆，2006：10.

中。他曾先后 13 次到夸扣特尔（the Kwakiutl）印第安人中考察。另外，夏天他与爱斯基摩人一起乘坐皮船捕鱼，冬季他与爱斯基摩人同乘雪橇捕猎；白天与他们在一口锅里吃饭，夜晚与他们睡在同一张驯鹿皮上。他非常注重在田野考察过程中学习当地人的语言，他所使用的一些收集资料的方法，如用记音法记录歌谣和神话传说，用代写自传的方法记录重要人物的事迹等，至今在人类学的田野调查中依然十分有用。在大量田野资料的基础上，他完成了对语言人类学的形成与发展具有重要影响的论著《美洲印第安诸语手册》。

功能学派的创始人、英国文化人类学家马林诺夫斯基（B. Malinowski）被学界公认为是人类学参与观察法（Participant Observation）的提出者与倡导者。马林诺夫斯基原为波兰人，早年学习物理学和数学，1908 年获博士学位。之后前往德国莱比锡一家理化实验室从事研究工作。在养病期间，他偶然阅读了弗雷泽（James Frazer）的《金枝》（*The Golden Bough*），开始对人类学发生兴趣，并于 1910 年到英国伦敦经济学院（London School of Economics）师从塞利格曼（Charles G. Seligman）和威斯特马克（Edvard A. Westermarck）学习文化人类学，获人类学博士学位。1914 年，他前往大洋洲的新几内亚进行实地田野调查。第一次世界大战爆发时他正在澳大利亚，由于他是奥匈帝国的公民，被列为协约国的敌人。但由于他任职于英国名牌大学（伦敦政治经济学院），又有塞利格曼、威斯特马克等名师保举，最后以不离开澳大利亚为条件，澳大利亚政府特准他留住在英帝国属地新几内亚进行纯学术性的研究工作。这使他别无选择地在西太平洋特罗布里恩德岛（Trobriand Islands）上安心住下来，在当地土著人中进行实地调查。在 1914～1918 年长达四年的时间里，马林诺夫斯基分别在屠龙岛（Toulon）的迈卢人（the Mailu）、帕普沃人（the Papuo）和特罗布里恩德岛的土著人中开展了对当地经济、宗教和性生活的调查研究，在人类学史上写下了新的一页，在研究方法上把文化人类学研究推向了新的发展阶段。[①] 马林诺夫斯基最初只能用掺杂当地土语的语言进行调查，但三个月后他就能够用当地方言与当地土著进行交谈，并能用当地方言记录。在调查期间，他把自己的帐篷扎在村里土著人的茅屋中间。他体会到这样可以增强与当地人的交往和友谊。他认为偶然与当地人接触和真正地投入当地人中，其效果是完全不同的。此外，生活在村民中，可以观察到重要事件和节日活动，与人们闲聊可以熟悉村民的一切。他在《野蛮社会的犯罪与习俗》（*The Crime and Custom in Savage Society*，1926）中指出，应该以一种新的人类学方法来考察当地人的实际生活。[②] 他强调，人类学家长期在调查点居住，学习当地语言，全身心地投入当地人的社会

---

① 费孝通. 师承·补课·治学 [M]. 北京：生活·读书·新知三联书店，2002：128～129.

② Malinowski, B.（1926）. *Crime and Custom in Savage Society*. New York：Harcourt, Brace & Co.

生活中去，才能深入了解当地人的文化，对该社区的文化做出接近事实的解释。马林诺夫斯基呼吁人类学者赶快从封闭的书斋走出来，到人类学的田野里去呼吸一下清新的空气。他主张实地调查，现场观察，用研究者本人的感受去体会研究对象的行为和思想在他们生活里的意义。^① 他在《西太平洋的航海者》（*Argonauts of the Western Pacific*，1922）、《野蛮人的性生活》（*The Sexual Life of Savages*，1932）、《珊瑚园与他们的巫术》（*Coral Gardens and Their Magic*，1935）等论著中用功能观点来解释文化现象和变迁，认为文化和社会制度都是为了满足人类基本的和衍生的需要而存在的，否则就会消失，从而被认为是最有影响的功能学派的创始人之一。他还认为，特罗布里恩德岛人的性冲动与情结受母权制的制约，修正了当时流行于西方的弗洛伊德学说，即恋母情结说（Oedipus Complex）。

英国人类学家拉德克利夫-布朗（A. Radcliffe-Brown），曾先后在安达曼群岛、澳大利亚、太平洋上的一些岛屿以及非洲等地长期从事实地调查。与马林诺夫斯基一样，他也认识到任何文化现象都有其特定的功能，都是为了满足人类实际生活需要，从而反对采用抽象的、笼统的进化论去解释一切社会变化。但他与马林诺夫斯基不同，后者偏重对人类生物需要的研究，而他则侧重社会结构的研究，因而被认为是结构—功能主义的创始人。他的名著《安达曼岛民》（*The Andaman Islanders*，1922）一书，对于在田野调查过程中如何收集土著社会的亲属关系以及社会结构方面的资料，具有重要参阅价值。总体而言，田野调查过程中收集资料的一些基本方法和重要原则在20世纪20年代已基本形成。虽然其后的人类学家在田野工作方面也有创新和发展，但却没有实质性的突破。

继博厄斯、马林诺夫斯基和拉德克利夫-布朗之后，许多杰出的人类学家在田野调查方法上都做出了突出贡献。如英国的埃文斯－普理查德（Evens-Prichard），曾于1926～1936年在非洲苏丹实地考察努尔人（the Nuer）的政治制度、宗教、亲属制度和阿赞德人（the Azande）的巫术信仰。基于在非洲收集的田野资料，他先后出版了《阿赞德人的巫技、神喻和巫术》（*Witchcraft, Oracles and Magic among the Azande*，1935）、《非洲政治制度》（*African Political Systems*，1940）、《努尔人》（*The Nuer*，1940）、《努尔人的亲属制度与婚姻》（*Kinship and Marriage among the Nuer*，1951）、《努尔人的宗教》（*Nuer Religion*，1956）等多部影响极广的人类学著作，尤其是《努尔人》，是人类学界公认的经典民族志。这部民族志详细描述了非洲没有政府的社会是如何通过地区或继嗣制度来营造自己的政治秩序的，提出了裂变型世袭群制度（the Segmentary Lineage System）等对人类学界产生重大影响的概念。

---

① 费孝通. 师承·补课·治学 [M]. 北京：生活·读书·新知三联书店，2002：133.

本尼迪克特（R. Benedict）最初是学习英国文学的。1919 年开始学习人类学，1921 年转入哥伦比亚大学师从博厄斯，1923 年获人类学博士学位。她在北美印第安地区许多部落尤其是祖尼人（the Zuni）中进行过长期调查。1934 年她的代表作《文化模式》（*Patterns of Culture*）出版，先后被翻译成十几种语言出版。在这本书里，本尼迪克特以诗一般优美的文字阐述了一个民族特有的民族性格是怎样从心理和行为范畴中得到发展而形成的，提出了"文化形貌"（Cultural Configuration）概念。她用这种偏重心理的因素来解释民族特性，引起了当时人类学界的高度重视。1924 年，博厄斯的另一个女弟子，年仅 22 岁的米德（M. Mead）也远离家人和朋友，孤身一人前往位于太平洋上的萨摩亚岛（Samoa）考察儿童及青少年行为和性格形成之间的关系。她在《萨摩亚人的成年》（*Coming of Age in Samoa*，1928）一书中指出，萨摩亚社会中不存在青春期压抑的感受，因此造成美国人青春期压抑的不是人类的生理而是文化因素。米德的另一部力作《在新几内亚长大》（*Growing up in New Guinea*，1930）探讨了儿童社会化以及代际关系，她的第三部名著《三个原始部落的性别与气质》（*Sex and Temperament in Three Primitive Societies*，1935）试图证明男女的性别角色具有很大的伸缩性。这些著作都是她长期而深入的田野调查的直接成果。

此外，克拉克曼（Max Gluckman）在南非对祖鲁人（the Zulu）社会变迁与社会冲突的研究，代表作有：《非洲的习俗与冲突》（*Customs and Conflict in Africa*，1956）、《非洲部落社会的秩序与反叛》（*Order and Rebellion in Tribal Africa*，1960）；利奇（Edmund Leach）对缅甸东北部卡钦人（the Kachin）政治制度的研究，代表作有：《缅甸高地的政治制度》（*Political Systems of Highland Burma*，1954）；斯图尔德（J. H. Steward）在南美印第安人中对生态环境与文化调适的研究；道格拉斯（M. Douglas）在非洲刚果对莱利人（The Lele）婚姻交换模式和象征符号的研究，代表作为：《洁净与危险》（*Purity and Danger*，1966）；特纳（V. Turner）在非洲赞比亚西北部对恩丹布（The Ndembu）部落社会结构的研究，代表作为：《非洲社会的裂变与持续》（*Schism and Continuity in an African Society*，1957）；弗里德曼（Maurice Freedman）对新加坡、马来西亚、泰国华人宗族模式的研究，代表作为：《东南中国的宗族组织》（*Lineage Organization in Southeast China*，1958）、《福建和广东的汉人宗族与社会》（*Chinese Lineage and Society: Fukien and Kwangtung*，1966），也都发展出与前人不同的田野调查方法。

这里需要特别指出的是，当代著名人类学家格尔茨（C. Geertz）曾在印度尼西亚的巴厘和爪哇、印度、摩洛哥等地进行过长期的实地调查，在此基础上写成《文化的解释》（*The Interpretation of Cultures*，1973）和《地方性知识》（*Local Knowledge*，1983）。他的论著的影响力几乎波及所有的人文社会学科。他所提出的"深度描写"（thick description）以及他所倡导的"从本地人的观点出发"（from the point of the natives）解释本地人文化的视角和方法，对人类学、社会学、心理学、政治学等诸多学科均产生了重大影响。

三、人类学田野调查方法在中国的传播与应用

文化人类学的科学田野调查方法最初是从国外传入中国的。传统上，中国的读书人大都养尊处优，他们穿着长袍马褂在书斋里翻阅线装书，认为到乡间或野外去搜集资料太有损于他们的尊严和身份。直到 20 世纪初期，一些受过西方文化教育的考古学者和人类学者才开始进入田野。19 世纪末至 20 世纪初，随着各种不平等条约的签订，帝国主义列强先后在中国各地建立了各自的势力范围。与此同时，少数外国人类学者也开始进入中国进行田野调查。1912～1913年，俄国的史禄国（Sergei M. Shirokogoroff）开始在东北少数民族地区进行民族考察。俄国十月革命后，他长期定居中国，从事人类学的教学与研究，为中国人类学界培养了像费孝通、杨成志等大师级人物，出版了《北方通古斯的社会组织》（*Social Organization of the Northern Tungus*，1929）等颇具影响力的田野调查报告。如费孝通在接受美国人类学家顾定国（Gregory E. Guldin）采访时说："他（史禄国）教会了我怎样成为一名学者；他对我的影响力最大"。[①] 1913年美国哥伦比亚大学教授葛学溥（Daniel H. Kulp）来中国讲学，其间他考察了广东凤凰村，写成《华南的乡村生活》（*Country Life in South China*，1925）。据周大鸣考证，他可能是最早对中国村落进行人类学田野调查的学者，并认为他的研究可以说是把文化人类学从研究规模较小而简单的部落社会转向研究更为复杂的农民社会的先驱性研究，全方位地描述了一个乡村社会，分析了凤凰村的人口、经济、政治、教育、婚姻和家庭、宗教信仰和社会控制等问题。[②] 20世纪 30 年代之后，派克（Robert Park）、奥斯古德（Cornelius Osgood）、拉德克利夫-布朗（Radcliffe-Brown）、施密特（W. Schmidt）、雷德菲尔德（Robert Redfield）等国外著名人类学家也纷纷到中国少数民族地区进行田野调查。如1931～1932 年派克在燕京大学访问期间，曾就如何进行田野调查和社区研究进行过具体指导，[③] 并亲自带领费孝通等人到北京郊区做实地调查；拉德克利夫-布朗在燕京大学社会学系讲学期间，不仅举行社会人类学田野方法的讲座，而

---

① 顾定国著．胡鸿保，周燕译．中国人类学逸史——从马林诺夫斯基到莫斯科到毛泽东 [M]．北京：社会科学文献出版社，2000：60.

② 周大鸣．凤凰村的追踪研究 [J]．广西民族学院学报（哲学社会科学版），2004（1）：34.

③ 顾定国著．胡鸿保，周燕译．中国人类学逸史——从马林诺夫斯基到莫斯科到毛泽东 [M]．北京：社会科学文献出版社，2000：55.

且倡议在中国农村开展实地研究。①

随着西方田野调查方法在中国的传播，部分受西方教育影响的中国本土人类学家开始应用田野调查方法进行本土文化的研究。1935 年，费孝通与夫人王同惠前往广西大瑶山进行瑶族社会与文化调查。他们从北平出发，乘坐火车、轮船，经过无锡、上海、香港、广东等地后才到达广西。他们于 1935 年 10 月 18 日进入金秀大瑶山，12 月 16 日傍晚在完成花篮瑶山寨的调查后，在大瑶山茂林修竹的崎岖山间迷路，费孝通误入捕虎陷阱，身受重伤，王同惠奔呼援救时不慎跌入山涧急流中身亡。 王同惠遇难后，忍受着丧妻之痛的费孝通又到他的家乡江苏省的一个汉族村落考察农民的经济生活。② 林耀华受拉德克利夫-布朗的影响，在 1937 年去美国哈佛大学留学之前，曾在福建古田农村对宗族结构进行过为期两年的田野研究工作。1944 年回国之后，他又在四川大凉山彝族地区做过深入细致的田野调查。此外，杨成志在四川大凉山彝族社区、云南和广东以及其他地区的瑶族、彝族、苗族、黎族社区，严复礼、商承祖等在广西凌云瑶族社区，林惠祥在台湾高山族地区，凌纯声在东北赫哲族地区，梁钊韬在广东北部的瑶族社区，江应梁在海南岛的黎族和苗族地区以及云南的傣族地区，李安宅在甘南藏族地区，许烺光在云南大理白族地区，陶云逵在云南独龙族、傈僳族社区等，都进行过长期而深入的人类学田野调查，他们为人类学田野方法的本土化做出了重大贡献。

第二节 田野调查的前期工作

人类学田野工作者在正式进入田野调查点之前，需要做大量的前期准备工作，包括选题、撰写调查提纲、查阅文献资料、选择田野地点等。前期工作准备得是否充分，会直接影响到田野调查的成功与否。

一、选题与拟定提纲

1. 选题

选题必须要有一定的理论依据和事实基础，同时也需要有一定程度的创新性和可行性。到哪个民族中研究什么问题，根据自己兴趣、能力和研究专长的情况，要经过慎重思考。人类学的调查传统上主要有两类：一是全面调查（holistic

① 顾定国著. 胡鸿保，周燕译. 中国人类学逸史——从马林诺夫斯基到莫斯科到毛泽东 [M]. 北京：社会科学文献出版社，2000：53.

② 费孝通. 芳草茵茵——田野笔记选录 [M]. 济南：山东画报出版社，1999：1～77.

investigation），一般选一个族群或社区进行全面的研究；二是问题调查（problem-oriented-investigation），可以是针对几个社区或族群，以某个特殊问题为重点进行研究。早期的人类学经典研究大都属于全面研究，如马林诺夫斯基对特罗布里恩德岛民的研究，拉德克利夫-布朗对安达曼岛民的研究等等。而当代人类学的研究往往倾向于选择问题研究。我国人类学家庄孔韶在讨论问题研究时认为，"由于研究意图不同，有时只是参与观察其中某些特定问题。这些问题可以是人类学传统论题，如宗族、仪式和生计方式，也可以是吸毒、艾滋病这类社会问题。人类学者带着某一特定的问题做田野工作，在调查中主要收集被认为与这些问题相关的民族志资料。这类问题研究可以通过区域的田野调查寻找人类学的理论切入点，从而以一个独立学科的视角讨论问题，获取结论。"①

2. 拟定调查提纲

把自己的考虑和打算以一定的逻辑和架构写出来就是调查提纲。人类学的研究大都基于实地田野调查，而田野调查通常都需要一定的调研经费。因此，学习人类学田野调查方法时，学习拟定调查提纲是非常重要的内容之一。通过拟定调查提纲，明确自己调查的目的性和计划性，向某些机构申请研究经费，以确保能够顺利地完成调查。

人类学的调查提纲主要包括：调查地点和对象、调查开始日期和预计的时间长度、调查课题及其理论或现实意义、自己具备的条件及准备如何进行调查。在英美学界，调查提纲可以简单地归纳为 What（is it you propose to do?）、How（do you propose to accomplish the research?）、What（research of this type has been undertaken before，particularly among the group to be studied?）、What（is the estimated amount of funds needed to support the research?）、What（period of time is to be devoted to the research?）等内容。

待调查提纲获得准许后，再据此写一份详细的调查计划，将调查问题和内容具体化，从不同视角、不同层面对研究主题提出问题，列出所有可能会涉及的细节，条目越细越好，以防调查中有所遗漏。这是田野工作者尤其是初次进行田野调查的研究者在下田野之前必须认真准备的工作。研究提纲通常包括：选题背景，本课题国内外研究现状评述及研究意义，本课题研究的主要内容、基本思路、研究方法、重点难点、基本观点和创新之处，前期相关研究成果和主要参考文献，经费预算等。

---

① 庄孔韶主编. 人类学经典导读［M］. 北京：中国人民大学出版社，2008：737.

二、了解田野点的地理和历史背景

1. 自然环境、气候条件与交通状况

调查前有必要详细了解田野地点的自然环境、气候条件与交通状况，以便在出发前准备好必要的田野用品。如果田野点在南方，就有必要配备雨具、蚊帐和驱蚊剂等物品。另外，还要注意地方流行疾病、社会治安等问题。

2. 人文环境

同时，我们对当地的历史事件、地方民风民俗也应该有所了解。如在新疆，哈萨克牧民有许多对水、火的禁忌习俗；在广东、广西等南方省区，人们喜欢把"胖"说成"肥"，夸赞胖乎乎的小孩为"肥仔"，这样的夸赞在北方尤其是信奉伊斯兰教地区是非常不合适的，因为"肥"在北方常常是与猪联系在一起的。因此，在进入具体田野点之前，大致了解当地的民风民俗对于田野调查者顺利融入当地人中是非常必要的。

此外，在正式进入田野调查地点之前，要详细了解你所调查的问题和田野点以前是否有人做过调查，如果有人已经做过类似的调查和研究，就要全面地了解有哪些人做过调查，取得了哪些成果以及解决了什么问题等等。

三、田野装备及进入田野点

传统上，人类学的田野调查大都是在异域或异文化中进行的，而且往往会选择那些以前没有人从事过研究的偏远地区。这些地方通常远离都市文明，交通闭塞，通常的情况是，一旦进入田野点，就很难随意出来。因此，进入田野点之前，非常有必要准备一些必备的田野设备。一般情况需要准备以下田野设备：1. 区域性地图（包括行政地图、交通地图、地形图等），2. 摄影器材（广角镜头照相机、数码相机、摄像机以及足够的胶卷和摄像带、电池等），3. 录音设备（小型录音机或 MD 以及磁带），4. 圆珠笔、笔记本、调查表格（人口、家庭、文化教育、亲属称谓、经济状况等）等，5. 常用药品（退烧药、感冒药、肠胃药、防蚊虫药等以及预防地方病的药品），6. 有效证件和单位证明或介绍信等，7. 个人用品（指南针、军刀、微型电筒、帐篷、睡袋、雨具等）。此外，还应带些个人消遣用品（如小说、杂志等）。

实际进行田野调查时，最难的也许就是如何进入田野点。美国人类学家本纳德（H. Bernard）认为，进入田野点必须遵循以下五条规则：第一，各田野点的情况差不多时，选择最容易进入的。第二，下田野点时，带足能够证明自己身份和关于研究计划的文件。至少要带上单位的介绍信。当然，如果你去研究一些非法组织和秘密群体，就不需要什么介绍信了。第三，尽量利用私人关系

的介绍进入田野点。第四，事先想好如何回答一些问题：如你来做什么？谁派你来的？谁给你提供经费？你的研究有什么意义，谁会受益？你为什么要选择研究我们这里？你会住多久？我怎么知道你不是××？说明自己来意的规则很简单，那就是诚实、简洁、前后一致。但要记住，并不是人人都会接受研究者的角色。威廉姆斯（Terry Williams）曾在纽约业余俱乐部研究可卡因吸食情况。有一天，他走进一个男性同性恋酒吧，与一个袖子挽得老高、双臂上文身的男子搭讪。这人主动为威廉姆斯要了一杯酒，并问威廉姆斯是不是第一次来这个酒吧。威廉姆斯说他以前来过，他是一个研究者，他只想来谈话。这男子转过身对他的朋友大声喊道："嘿，看看这个家伙，他想研究我们。你这卑鄙的家伙！我们看上去像什么，伙计？像一群他妈的豚鼠？"有了那次经历后，威廉姆斯说他在俱乐部时，如果再有人问他来做什么，他会看对象来回答。第五，花些时间去了解田野点的地理环境和社会环境。无论你是在乡村、城市或者一所医院里，没事时就转转，记下你对田野点的感觉。比如，是否拥挤？房屋或家具是否陈旧、维护得好不好？有没有什么异味等等？[①]

进入田野点所在的市、县后，最好在下田野点之前，在城镇里逗留几天。利用这段时间，拜访一下当地与你的研究相关的一些部门，如民政局、民族宗教事务局、文化局、教育委员会、派出所等单位以及对调查点有所了解的当地学者。他们会向你提供许多书本上无法查阅到的地方性资料，这些资料对于你的研究非常有用。在这期间需要做的工作主要有：一是要进一步了解调查点的民风民情（主要是禁忌、饮食特点、待人接物等），二是要进一步了解调查点的地理特征（包括交通、气候等），三是要收集与被调查族群以及调查点相关的文字资料（主要包括人口资料、通婚状况、政府档案、民间故事、歌谣以及地方报纸和其他出版物等），四是要购置一些生活用品、访谈时需要的小礼物及必备的一些药品，五是要结交一到两个愿意为你提供方便的当地朋友，他们在你遇到突发事件时，会帮助你脱险或摆脱困境。

具体调查点的选定，有时可以根据自己研究的需要，请求地方政府官员为你推荐理想的调查点，然后自己再做出选择；也可以根据自己对该地区的前期了解及研究目的做出选择。对于调查点，不一定一次性选定，日后还可以根据具体情况进行适当调整。一般情况下都是由当地政府官员带你进入调查点，这样做，有利也有弊。利处是你得到了地方政府的认可，会受到被研究群体的尊敬，同时在调查过程中也能得到许多官方支持；弊处是你可能难以正常融入基层群众。通常的经验是，进入田野调查点后，最好能住在村落中威望较高的人，

---

① Bernard, H. R.（2002）. *Research Methods in Anthropology: Qualitative and Quantitative Approaches*, pp. 325-337. Oxford: AltaMira Press.

如村主任、"头人"等的家里。这样做有利于你日后融入当地社区，从而顺利实施你的调研计划。2000 年，我国行动人类学者朱健刚为完成他的博士论文"国与家之间：上海邻里的市民团体与社区运动的民族志"，选择上海的一个街区——吴街作为他的田野点。他之所以选择吴街主要基于以下三个原因：一是因为吴街是老城区，邻里演变的历史悠久，不但保留着各种老式的里弄，而且还有社会主义中国各个历史时期的建筑。二是因为吴街曾经是上海重要的工业区，是工人阶级聚居的地方，而现在它在城市规划中被划为高级住宅区，因此有相当一部分白领人士和政府高级干部相继搬入。它的剧变有助于研究者观察到邻里比较完整的变迁过程。三是因为吴街处于中心城区的边缘地带，人口密集，各种邻里组织相对比较活跃，围绕邻里社区问题发生的政府运动和居民的集体行动也相对较多。这样的田野点完全能够满足他对于城市邻里中市民团体、居民运动和地方政府的实践过程以及街区政府行政权力变迁的调查。此外，吴街也是他非常熟悉的街区，因为早在 1996 年底他就在那里做过基层政府的权力运作方面的研究。这一次，他是通过吴街的一个街道办事处干部的介绍进入田野点，并担任社区居民委员会的主任助理，使得他非常顺利地进入田野点并有效地开展了田野工作。①

第三节 人类学者收集资料的具体方法

一、观察法

民族志工作者必须关注当地人的日常生活、季节性或年度性活动等与生产和生活相关的事项，观察不同场合中人们的个体或集体行为。费孝通先生就曾提出，人类学应该是"人的人类学"，应该是"走向人民的人类学"，要回到生活中去理解人。他深情地回忆起马林诺夫斯基当年的教诲，说："马老师要我们进入群众的生活中去看'文化'。他所见到的文化不是刊印在书上的关于文化的记载，而是群众的活动，是他们活生生的生活的一部分，有哭、有笑、有血、有泪，充满着有感情的举止言行，把文化还给了人的生活本身。这种看法上的转变，使社会人类学得到新的生命。它成了一门充满着生气的科学，成为真正的人的科学。马老师在学术上的最重要贡献，也许就在此点上。"②

---

① 朱健刚. 国与家之间：上海邻里的市民团体与社区运动的民族志 [M]. 北京：社会科学文献出版社，2010：17，19.

② 费孝通. 师承·补课·治学 [M]. 北京：生活·读书·新知三联书店，2002：140.

　　进入田野点之后，作为"他者"的民族志工作者就像一个儿童，对身边所发生的一切事情都会感到新奇，但同时，他又是一个训练有素的学者，他必须如实地记录下自己的所见所闻，做好田野笔记（field notes）。此外，他还要每天写日记（diary），将自己对异文化的感受详细地记录下来。记笔记时应标明是自己观察的还是信息提供者讲述的，是直接记录还是对其讲述的综合理解，是当场记录的还是事后凭记忆回忆的。要注意有些民族可能会反感当面记录其私人生活，在这种情况下最好使用追忆记录法，拍照是进行追忆记录的有效方法。有些事件发生得太突然或瞬间即逝，无法记录，这时拍照是补救的方法之一。

　　观察时应注意，不能以人类学者自己的文化经验、价值观来进行判断，要将其置于特定的文化境遇中加以理解。例如人类学家威廉姆斯（Thomas Williams）在婆罗洲（Borneo，一半属于马来西亚，一半属于印度尼西亚）调查时，经常看到男人在公共场所打老婆，他起初把这种行为归为"打老婆型"（wife-beating）。但实际上，在当地的文化中，这是驱除疾病和证明丈夫体能的一种表达方式。如果某个男人几年没有在公共场所打老婆，这个男人很可能就会成为邻里们茶余饭后的谈资或笑料，从而影响其在群体内的声誉和社会地位。因此，无论是这个男人本人还是他老婆都不希望此类谣言发生。

　　实际上，人类学者自身的文化背景对他的研究有很大的影响。如本尼迪克特对祖尼人进行调查后认为，祖尼人整日沉浸在宗教和仪式活动中，没有权力欲望。但第一位考察印第安人社会文化的中国人类学家李安宅于 1935 年考察了祖尼社区后却认为，本尼迪克特等人有关祖尼人的认识是一种误导。他们之所以会对祖尼人的文化做出不同的解释，主要是因为他们来自于不同的文化背景。

　　威廉姆斯在婆罗洲做田野调查的经验是：一是观察者的居所最好位于村落的中心地带，通过自己的居所进行观察；二是定期拜访家户；三是在不同的时间段在村落中散步；四是在居所招待被访者。

　　人类学家在田野调查初期，为能够尽快融入当地社会，顺利开展调查研究，需要做好以下几项工作：首先是耐心地说明自己的来意。在进入田野点的初始阶段，千万不要高谈阔论什么人类学、社会学之类百姓感到陌生的东西，而是应尽量以通俗易懂的方式向百姓说明自己为什么来到他们当中，表明自己想做什么，如来学习他们的风土民情、宗教习俗、生产方式等等，或考察他们的生活，想为他们写一本书，让外界更多的人了解他们等等。其次是在房东的引荐下，挨家挨户地走访，但最好不要一开始就询问当地人比较敏感的一些问题，如人口、婚姻等问题。再次是在当地人的参与下，画一张村落草图，标明自己的住处、主要街道（如果有的话）、村委会驻地、公共活动场所、学校、商店（如果有）、宗教建筑、耕地或牧场、河流、水源以及外出的主要交通要道等，日后可以不断地加以补充和完善。再次是全面了解当地人的风俗习惯，如人们见面如何打招呼、如何称呼不同年龄层次的男性和女性，如哈萨克等伊斯兰民族对长者的称呼，北方人像东北人、天津人喜欢称呼同辈或年龄较自己小的人为大哥或大姐等。生活中的日常禁忌，如进哈萨克牧人的帐篷时应从左边进、左边出，禁止围绕火塘转圈，因为这是哈萨克族先民崇拜火的遗俗；哈萨克族忌讳洗手后甩水，这是他们尚水的遗风；哈萨克族忌讳当面夸奖别人的孩子，这是出于对鬼神的畏惧。土瑶人忌讳外族男性挑逗其女子，这是他们早期禁止女子外嫁的遗俗。最后，如果之前的调查开展得顺利，可利用人类学特有的谱系法进行系统的人口统计，这是马林诺夫斯基创造的方法，包括人口数、年龄、性别、教育程度、婚姻状况、婚姻统计（可以了解通婚范围、经济交往等情况），以及家庭收入统计、人口流动情况等。

如何接近研究对象和选择可靠的信息提供者，是初次进入田野点的调查者所面临的普遍问题。那么，怎么做才能较快地融入当地人之中呢？一般的经验是，平等交流、坦诚待人，主动参与家务劳动，谦虚好问，虚心向当地人请教、学习。参与田间劳动及日常活动，这是取得当地人信任的最佳方法。

需要注意的是，人类学的观察是全貌性的，这包括两个层次。第一个层次是要涉及被研究民族的全部文化：物质的、精神的、社会的。不仅注意这些因素，而且还要注意它们的内在因素，注意各种因素与环境的关系，同时在另一个层次上也要注意到该民族是人类的一部分，注意到在人类历史发展过程中它所代表的种种意义，不要把它当作单独的存在。①

二、参与观察法

参与观察（Participant Observation）最先由人类学大师马林诺夫斯基提出，并使之成为民族志调查最基本的科学方法。参与观察是指人类学者长期（一般要一年以上）居住在田野点，观察当地人在一年内因季节而异的生产活动和生活习俗，学习当地的语言，像当地社会成员一样生活，深入当地人的生活之中，真正了解他们的社会与文化。在参与的同时又要防止自己"土著化"（going native），保持清醒的头脑来分析所观察的一切事象。

参与观察是人类学的看家本领。费孝通的老师马林诺夫斯基在特罗布里恩德岛上做了两年多的调查。这是比较极端的例子，一般人类学家的田野调查大概是一年左右，整个一年的活动都可以看到。假若要到一个偏远的异民族中去，大都要求一年半以上的时间。要用半年多的时间来学习当地的语言，再做一整年的调查。严格地讲，人类学家真正做到参与观察并不是很容易的，其中时间

---

① 李亦园. 田野图像——我的人类学研究生涯［M］. 济南：山东画报出版社，1999：113.

的长短当然是一项很重要的因素，但是研究者与被研究者之间互动的程度，也是很重要的。李亦园根据研究者参与和分离的程度，把参与观察分为四个层次：一是局外的观察（complete observation），这是比较客观的，其分离程度高，但卷入程度最低；二是观察者的参与（observer-as-participant），这样的参与不太多，但又保持客观立场；三是参与者的观察（participant-as-observer），多少已经参与进去了，但还能够观察，有一点客观立场；四是完全参与者（complete participant），很多的是主观参与，容易形成主观价值判断。① 参与观察包括与研究对象建立亲密关系，使他们并不在意你的出现，以便你能够观察和记录他们的生活。李亦园先生在台湾彰化农村做调查时，常常躺在庙里的长椅子上，听老人们聊天。他们已把他当作自己人，因为也不避讳他，常常谈论一些比较敏感的话题，或某男与某男的老婆"有一腿"等平时人们很少谈论的话题。②

　　人们往往认为，从事田野调查充满了神秘感，是难以传授的，只能亲自从田野里学到。早在 20 世纪 30 年代，怀廷（J. Whiting）和他的几个耶鲁大学的人类学同学在一次研讨会上问他们的教授斯皮尔（Leslie Spier）什么是田野调查方法。斯皮尔教授回答说，这是一个在早饭桌上偶尔谈谈的话题，不值得在研讨会上讨论。③ 每一个富有经验的人类学家从田野回来后都有他们自己特殊的经历和感受。美国人类学家雷丁（Paul Radin）曾经说过，没有一个人非常清楚田野调查该怎么做。对于这个问题，人类学经典民族志《努尔人》的作者埃文思-普里查德（E. E. Evans-Pritchard）做过很好的表述，他在出发去中非做田野调查之前，曾请教过当时最著名的几位人类学家，他是如是描述的：

　　　　我首先向韦斯特马克（E. Westermarck）请教。我从他那里得到的全部忠告是："与提供情况者的交谈不要超过二十分钟，因为，即使你有充裕的时间，他却没有。"这是很好的劝告，虽然不尽适当。我还向哈登（A. Haddon）请教，哈登是田野调查的第一流的专家。他告诉我说，这非常简单，只要一个人不论什么时候的举动都像绅士一样。我的老师塞林格曼（C. Seligman），要我每晚服十粒奎宁，不要接近妇女。著名的埃及学家弗林德斯·皮特里（Flinders Petrie）先生，要我不要因喝脏水而焦虑，很快就会适应的。最后，我请教马林诺夫斯基（B. Malinowski），他叫我不要太傻。可见，没有明确的答案，更多的要依研究者本身的情况、所研究的社会和

---

① 李亦园. 田野图像——我的人类学研究生涯 [M]. 济南：山东画报出版社，1999：103.
② 李亦园. 田野图像——我的人类学研究生涯 [M]. 济南：山东画报出版社，1999：106.
③ Bernard, H. R.（2002）. *Research Methods in Anthropology: Qualitative and Quantitative Approaches*, p. 323. Oxford: AltaMira Press.

自己所创造的条件而定。

为什么这些世界顶级的人类学家都不清楚如何做田野调查呢？一个重要的原因就是，文化人类学家不同于所谓"硬科学"的研究者，他们调查和研究别的人类群体。人类学家所采用的方法，没有心理学的实验程序或者社会学所用的限制式或匿名式的问卷、访问、抽样方法。人类学田野调查是一心一意地日夜和一个群体一起生活，这个群体的行为、信仰、传统、习惯和风俗通常是很奇特，甚至是无法理解的，很多时候是身体上、感情上难以接受的、令人厌烦的。此外，田野调查是一项具有高度独立性的工作，人类学家都是自己单独开展工作，所以，在某种程度上讲，田野调查的经验是不同的。不同文化的人之间有很大的不同，同一文化的人之间也有差别。而且，机会、政治和历史的情况都是依时依地不同而有别的，这些情况也就增加了田野调查的独特性。[①]

人类学家使田野工作浪漫化是可以理解的，尤其是在那些徒步跋涉数日才能到达的地方，这里虽有语言却没有文字，你很可能会遇到各种意想不到的困难。在一些地方做田野调查确实要比另一些困难得多。但事实是，现今的人类学家如同昔日研究与世隔绝的部落民族一样在研究消费行为或者大都市的同性恋文化或者都市简陋街区中的生活。适用于小型孤立社区的参与观察方法虽然具有其独特性，但搜集资料所要求的具体技术似乎各地都是相同的。[②]

马林诺夫斯基并没有发明参与观察法，但他却使参与观察法成为一种科学的社会研究方法。作为一名英国社会人类学家，马林诺夫斯基在第一次世界大战前夕前往位于印度洋的特罗布里恩德岛上研究当地土著人，以下是他对收集资料方法的描述：

> 在我把自己安顿在奥马拉卡纳（Omarakana，特罗布里恩德群岛上的一个村落）之后不久，我就开始融入村落生活之中，去期盼重大的和节日类的事件，去从闲言碎语以及日常琐事中寻找个人乐趣，或多或少像土著那样去唤醒每个清晨，度过每个白天。我从蚊帐里爬出来，发现我身边的村落生活刚刚开始，或者人们因为时辰和季节的原因已经提前开始工作，因为他们起床和开始劳作的早与晚是根据工作需要而来的。当我在村落中漫步时，我能看到家庭生活的细节，例如梳洗、做饭、进餐等；我能看到一天的工作安排，看到人们去干他们的事情，或者一帮帮男女忙于手工制作。

---

① E. 科恩，E. 埃姆斯著. 李富强译. 文化人类学基础 [M]. 北京：中国民间文艺出版社，1987：2～4.

② Bernard, H. R.（2002）. *Research Methods in Anthropology: Qualitative and Quantitative Approaches*, p. 323. Oxford：AltaMira Press.

争吵、说笑、家庭情景，这些通常很琐细、偶尔具有戏剧性但却总是有意义的事情，构成了我的、也是他们的日常生活氛围。应当记住，土著们每天频繁地看见我，便不再因我的出现而好奇或警惕，或被弄得忸怩不安，我也不再是我所研究的部落生活的一个干扰因素，我的突然接近也不再像一个新来者对每一个野蛮社区总会发生的那样会改变它了。事实上，在他们知道我会窥测每一件事情，甚至窥测一个有教养的土著做梦也想不到的地方时，他们干脆就把我当作生活中一个令人讨厌而又无伤大雅的部分，只有我给他们烟抽时，这种感觉才稍有缓解。①

　　需要特别指出的是，并不是所有的田野工作都是参与观察。比如人类学家古德伯格（David Goldberg）等在英国格拉斯哥的红灯区做了 54 夜的田野调查，访谈了 206 个妓女，收集到她们的唾液样本（以检验艾滋病病毒和吸毒情况）。这是很严肃的田野工作，但几乎不算什么参与观察。那么，到底什么样的调查算是参与观察呢？参与观察是诸如实验、社会调查或者案卷研究之类的策略方法。它使你在行为发生的情景中收集资料——任何你所需要的资料，无论是叙述还是数据。一方面，参与观察者收集的许多资料都是质性的，如对你在现场看到和听到的所做的田野笔记，当地民居的照片，人们讲述民间故事的录音带，人们制作独木舟、结婚、缝制衣服的录像带，以及自由访谈记录等等。另一方面，参与观察者也会通过直接观察和问卷等方法收集量性资料。无论你认为自己是解释主义者还是实证主义者，参与观察都要求你必须走进家户，这样你才能收集到当地人的生活故事，参与他们的仪式活动，与人们谈论敏感性的话题。②

　　简言之，参与观察包括与当地人长时间地生活在一起，学习他们的语言，尽可能地体验你所研究的人们的生活。参与观察需要与被研究者建立密切关系，这样你出现时便不会打扰他们。参与观察包括将你自己融入当地人的文化中去，同时又要学会每天将自己从这种文化中抽离出来，这样你才能科学地判断你所看到的和听到的事情，才能比较科学地记录和分析这些材料。

　　（一）参与观察者的技艺

　　从一定程度上讲，参与观察的方法必须要到田野里才能学到，就像游泳一定要到水里才能学会一样。参与观察所强调的是，作为一个研究者，你要使自

---

　　① Malinowski, B.（1922/1961）. *Argonauts of the Western Pacific*, pp. 7-8. New York: Dutton. Bernard, H. R.（2002）. *Research Methods in Anthropology: Qualitative and Quantitative Approaches*, p. 325. Oxford: AltaMira Press. 另参见马林诺夫斯基著. 梁永佳，李绍明译. 西太平洋的航海者［M］. 北京：华夏出版社，2002：5～6.

　　② Bernard, H. R.（2002）. *Research Methods in Anthropology: Qualitative and Quantitative Approaches*, pp. 323-324. Oxford: AltaMira Press.

己的亲身经历成为资料收集与分析的工具。因此，只有亲身参与观察，才能掌握其方法。当然，在下田野之前，你可以学习一些收集资料的独特技艺。

1. 语言学习

1911 年，博厄斯在他的《美洲印第安语手册》中写道："对（某部落）语言的掌握是一种获取精确和全面的民族志知识的不可或缺的手段，因为倾听当地人的交谈和参与到他们的日常生活中去可以得到很多信息，而这对那些没能掌握这种语言的观察者来说是望尘莫及的。"[①] 在你完全参与到你所研究的文化之前，参与观察者的身份常常使你成为一个行为举止古怪的人，正如德洛里亚（Vine Deloria）所描述的那样：

> 在保留区很容易辨别出人类学家。在人群中，你一眼就能识别出穿着百慕大短裤、二战空军飞行衫、澳大利亚丛林帽、网球鞋、背着鼓鼓囊囊旅行袋的面色憔悴的白人。他身边总跟着一个披着长发、身材苗条而性感的太太，手里拿着一本连介词都有十一个音节的字典。这家伙就是人类学家。[②]

现在，几十年之后，人类学家身边可能跟着的是一个细高、性感的丈夫，但其行为依然古怪。消除当地人对人类学家这种看法最重要的途径就是说当地人的语言，而且要说得地道。科恩（Eugene Cohen）和埃姆斯（Edwin Eames）认为，通过学习当地人的语言，通过对当地人行为的尽可能广泛的观察，通过深入的提问，人类学家才能明白和理解当地人的日常生活中看似混乱的现象。[③] 纳罗尔（Raoul Naroll）发现，熟悉当地语言可以增进人类学家与当地人的关系，也能提高当地人给你讲述像巫技之类敏感性的话题的可能性。可以说，学习语言是与当地人建立亲密关系的第一步。对于人类学家而言，长期居住、学习语言、参与观察三者结合，是获取真实、可靠资料的基础。

是不是掌握了当地语言就能保证资料的可信度呢？1933 年，博厄斯的一个学生雷丁（P. Radin）认为米德关于萨摩亚人的描述很肤浅，因为她不懂当地人的语言。数年之后，弗里曼（Derek Freeman）也指出，由于米德不会说当地语言，在了解萨摩亚少女的性经历时，她很可能被当地人欺骗。根据布里斯林（Richard W. Brislin）等人的研究，在萨摩亚，欺骗和搪塞外人是可以被接受的

① 杰里·D. 穆尔著. 欧阳敏等译. 人类学家的文化见解 [M]. 北京：商务印书馆，2009：103.

② Bernard, H. R. (2002). *Research Methods in Anthropology: Qualitative and Quantitative Approaches*, p. 339. Oxford: AltaMira Press.

③ E. 科恩，E. 埃姆斯著. 李富强译. 文化人类学基础 [M]. 北京：中国民间文艺出版社，1987：35.

行为。访谈者很可能听到一些荒唐的回答，在他们看来，这不是不友善而是一种玩笑。如果熟悉当地语言，就可以避免此类问题。①

2. 培养明确的意识

参与观察的另一种技艺是对生活中细微问题的"明确意识"（building explicit awareness），这是斯普拉德利（James P. Spradley）提出的概念。我们很多人都没有这种意识，不信你可以做这样一个试验：下次当你看到某个人在看过手表之后，你可以过去问问他几点了。情况往往是他可能会再次看看他的手表，然后再告诉你确切的时间。因为第一次看表时他并没有明确的意识。许多带模拟数字手表的人看时间时看的是手表指针的相对位置，而不是表盘上的具体数字。他们只是笼统地看看手表的指针到了什么位置，再计算指针现在的位置距要做什么事情的具体时间，如与下午两点时指针的位置之间的差额，便知道还有多少剩余时间。他们很少会明确地看具体的时间，如下午 3:15 等。

克南菲德（David B. Kronenfeld）等人曾对进入不同餐馆的人做过这样一个实验，当他们从餐馆出来后问他们男服务员和女服务员穿什么样的衣服、餐馆里放什么样的音乐。结果是，很少有人能够描述得清楚。你也可以自己做一个实验。比如，一个没有戴领带的男老师上完课后，你问问身边的同学，这个老师戴的是什么颜色的领带？看他们会做出什么样的回答。参与观察者必须学会有意识地去观察身边发生的一切事情，包括各种细节。②

3. 培养记忆力

即使你对你所看到的东西有明确的意识，也不能保证事后你能把它们原原本本地记录下来。培养把所看到和听到的事情记下来的能力，是进行成功参与观察研究的基础。

你可以试一试这个实验：以正常的速度走过一个商场的橱窗，随后记下橱窗里陈列的所有物品。再回来核实一下，看看自己能记下多少，然后再试下一个橱窗。经过一段时间的反复训练，你会发现自己迅速记忆小物品的能力有所提高。伯格丹（Robert Bogdan）认为，由于某些原因你不能在访谈和观察时进行记录，所以在你试图回忆你所看到的事情时，或在你事后补记笔记前，不要与任何人谈话。此时与人交谈会突出某些你所看到、听到的情节而淡化另一些情节。同时，当你静下心来准备记笔记时，试着按事件发生的时间顺序进行回忆和记录。在记笔记时，有些特别重要的情节可能会不按顺序而抢先进入你的

---

① Bernard，H. R.（2002）. *Research Methods in Anthropology: Qualitative and Quantitative Approaches*，p. 339. Oxford：AltaMira Press.

② Bernard，H. R.（2002）. *Research Methods in Anthropology: Qualitative and Quantitative Approaches*，pp. 342-343. Oxford：AltaMira Press.

脑际。此时，你可以草草地把它们记录在另一张纸上，当你按顺序记录到它们时再进行详细记录。另一种方法就是画草图，即将你一天中进行观察和访谈的地方草草地画下来。这些图纸在你记录时会帮助你回忆当天谈话的详细情节，帮助你回忆当天的经历。如果你没有很好的记忆能力，下田野之前进行这方面的训练是非常必要的。[①]

4. 训练写作能力

良好的写作能力也是一个参与观察者应有的诸多能力之一。一个田野调查者收集资料的多寡以及出版论著的多少在一定程度上取决于他的写作能力。如果怀疑自己这方面的能力，下田野前最好进行一些这方面的强化训练。

5. 学会聊天，与当地人搞好关系

聊天也是一种技巧，只有掌握了这种技巧你才能成为一个优秀的参与观察者。当你进入一个全新的环境时，为了尽可能快地了解当地的社会与文化，你会问许多问题。对于一些像家产之类的问题，如果你急于求成，你所得到的资料可能很不全面。而像性行为之类的问题，你可能得到的都是些不可靠的资料。

学会聊天可以加深你与研究对象之间的信任度或者友情，而信任则会使研究对象与你诚心交谈，并在你面前表现出常规行为。这样你才能够收集到真实可靠的资料。做过田野调查的研究者都清楚，他们许多重要资料都是在闲聊时不经意收集到的。

（二）参与观察的不同阶段

根据人类学家本纳德的研究，田野调查者下田野后往往会经历以下几个关键性阶段：

1. 初次接触

任何一个准备在异文化中进行长期田野调查的人类学家在其初始阶段都会有新鲜、刺激的感觉。但是，这种感觉持续不了多久就会消失。有些人在初次接触异文化时则可能产生厌恶感。如沙尼翁（Napoleon Chagnon）谈及他第一次接触亚诺玛米人（the Yanomami）时是这样描述的："我气喘吁吁地抬起头来，看到一群裸露着身体、满身汗渍的魁梧男子，他们拉着弓箭、满怀敌意地注视着我。当时如果有可能逃离现场的话，我会毫不犹豫地结束我的田野调查"。瓦克斯（Rosalie Wax）曾描述过她初次进入田野点的感受：

> 我被安排在一个阴暗、破旧茅屋里，里面只有一个床架和一张脏兮兮的垫子，屋内像火炉一般闷热。我坐在灼热的垫子上，深深地吸了一口气，

---

① Bernard，H. R.（2002）. *Research Methods in Anthropology: Qualitative and Quantitative Approaches*, pp. 343-344. Oxford: AltaMira Press.

便哭起来，就像一个迷路的两岁婴儿。过了一会儿，我发现墙角有一只马桶和一个盆子。我用盆里浑浊的水，抹了一把脸，安慰自己说，明天我就会感觉好的。但我完全错了。①

　　许多人类学家在进入田野点的初始阶段可能都会遇到一些预想不到的困难。1930 年初埃文思-普里查德到达努尔地区，当他进入一个叫帕库（Pakur）的村落时，为他运送行李的人把帐篷和食品搁在一块没有树木的平地中间，拒绝把它们运到再走约 800 米即可到达的树荫中去。接下来他就忙着搭帐篷，并试图通过他那位能讲努尔语和一点阿拉伯语的仆从劝说努尔人把他的住所搬到附近有水和树荫的地带，但他们拒绝了。幸运的是，一个名叫尼伊奥的年轻人主动过来与他接近，并在 12 天后说服他的亲属把埃文思-普里查德的行李搬到了他们所在的森林的边上。与南部苏丹的大多数土著人一样，埃文思-普里查德的仆从们也对努尔人感到恐惧。这个时候，他们更是吓得魂不守舍，所以在经过了几个恐惧不安的不眠之夜后，他们匆匆忙忙地向加扎尔河逃去，在那里等候开往马拉卡勒的下一艘汽轮。在这段时间里，当地努尔人未给埃文思-普里查德任何帮助，只是为到他住处来要香烟抽。如果要求得不到满足，他们便表现出不高兴的样子。当埃文思-普里查德射中猎物时，他们会把猎物拿走，并在灌木丛中吃掉。当他向他们提出抗议时，他们便回答，既然是在他们的土地上把猎物打死，他们就有权享用它。埃文思-普里查德后来回忆说，任何时候在努尔人中进行研究都会有困难，关键是他们把他视作敌人，而且很少试图掩饰他们对他的反感，不回答他的问候，甚至在他与他们搭话时扭头走开。② 马林诺夫斯基初到特罗布里恩德岛时也有类似的遭遇与苦闷：

　　　　想象一下你突然被抛置在靠近土著村落的一片热带海滩上，孑然一身，全部器材堆在四周，而带你来的小艇已是孤帆远影。当人在附近某个白人的家里搞到住处之后，除了立即开始你的民族志工作外，已别无选择。再想象一下你只不过初出茅庐，毫无磨炼，缺乏引导，无人帮助。因为那白人恰巧不在，或不能、不愿把时间浪费在你身上：这便是我在新几内亚南部海岸初次开始进行田野工作的写照。我清楚地记得开头几周我耗在那些村落里的漫长探访；记得经过多次执着然而徒劳的尝试，总是不能真正与土著人接触，也不能得到任何材料；我记得在这之后的无助与失望。很多

---

　　① Bernard，H. R.（2002）. *Research Methods in Anthropology: Qualitative and Quantitative Approaches*，pp. 356-357. Oxford: AltaMira Press.

　　② 埃文思-普里查德著. 褚建芳，阎书昌，赵旭东译. 努尔人 [M]. 北京: 华夏出版社，2002: 11.

时候我沮丧至极，就埋头读小说，就像一个人在热带的抑郁和无聊袭来时借酒消愁一样。①

2. 文化震撼

即使那些在田野初始阶段有愉快经历的田野调查者，也都报告说他们在进入田野后不久，通常是几周之内，曾在文化上感受到不适应和巨大的冲击，即我们常说的"文化震撼"（cultural shock）。这个概念由美国人类学家欧伯格（Kalervo Oberg）于1960年首次提出。随着新鲜感的消失，各种令人沮丧的冲击便会接连不断地出现。有些研究者尤其是那些初次进行田野调查的人，可能还会对自己收集资料的能力产生疑虑，并很可能产生退却的想法。因此，能否度过这个阶段，对于初次进行田野调查的人来说，至关重要。在这个阶段，最好的方法就是做一些具体的可操作性很强的工作，如绘制村落简易图、各类统计、收集族谱等。另一个有效的途径与方法论相关，就是记录自己在田野调查中的感受和反应。

另一种震撼来自文化本身。文化震撼是一种令人沮丧的感觉，田野调查者必须认真对待。你发现，当你看到当地人的茅厕条件或者奇异的进食习惯或者育儿方式时，你可能感觉到不知所措，一种强烈的不适感会油然而生。当你得知当地人以极其简易的方式把某些食物尤其是肉类食品保存一年和数年时，你可能会感到害怕而不敢去食用它们。"涡苏"（wosu，腌猪肉）是生活于广西贺州大桂山脉深处的土瑶人所特有的桌上珍品，其腌制和储存方式非常独特。土瑶人在除夕宰杀"过年猪"，除美餐一顿后，用发酵的玉米粉或大米粉和盐将余下的肉都腌制在坛子里，密封起来，供一年内招待客人或重大节庆时食用。有些人家因经济拮据，腌制的"涡苏"平时都舍不得吃，每年都重新腌制一遍，可储藏几年甚至几十年。如在中国南方某些山寨的简陋厕所里，在蹲坑旁边往往会有一个竹编簸箕，里面装有一些20厘米长的竹篾，对于不熟悉当地文化的许多城里人来说，他们怎么也不会相信这些就是当地人的"手纸"。

文化震撼通常也包括一种当地人避讳你的感觉。你会感到孤独，渴望能找到一个能与你用你的母语交谈的人。那种每天都想学说当地语言、期望能有一天用当地语言收集资料的热望，会在情感上一天天淡化。

在田野调查中，一个常见的问题是你几乎不可能有隐私权。这对于那些极为重视个人隐私的人而言，是绝对难以忍受的。许多人类学家都曾抱怨，他们的许多隐私活动，如洗澡、换衣服，往往都会被人窥视。本纳德（Harvey R. Bernard）在希腊做田野调查时，与太太住在一个当地人家里。当他太太要求一

---

① 马林诺夫斯基基著. 梁永佳，李绍明译. 西太平洋的航海者［M］. 北京：华夏出版社，2002：3.

个人独自待一会儿时，那家的妇女便感到恼怒，感到自己受到伤害。当本纳德晚上回来后，他在睡觉前几乎不能与他妻子和婴儿单独相处一会儿。如果他索性把门关上，主人家就会感到不安。①

3. 发现那些显见的文化现象

经历了文化震撼阶段后，参与观察者便开始进入真正收集资料的阶段，但在这个阶段参与观察者多少会带些文化上的偏见。这时，参与观察者可能会发现信息提供者最终开始让其接触他们文化中的"好材料"了。但事后你会发现，大多数所谓的"好材料"实际上都是他们生活中常识性的知识。你开始翻阅前一阶段的笔记，做些修改。开始感觉到你已经融入当地人的社会，你开始有机会收集越来越多的资料，参与各种活动、接受每家的邀请。你的参与观察显得充实起来：白天到处跑，夜间不停地记笔记。

4. 间歇

进入田野点三四个月后，最好进行一段时间的休整。这是让田野调查者既从身体上也从情感上脱离田野点的机会。利用这段时间，调查者可以静下心来系统地梳理一下田野资料，想好下一步该怎么做。同时，可以利用这段时间收集一些区域性的文献资料，访问一些地方性的大学和其他学术机构，如果有机会，最好能访问一些当地的知识分子。另一方面，信息提供者也需要这种暂时性的间歇。维格里（Charles Wagley）曾经说过："无论人类学家与当地人的关系多么融洽，他们都会或多或少地干扰当地人的生活，他们毕竟是外来者。中间来这一段间歇，对双方都有益处。人类学家离开田野点一段时间，有利于他今后客观地去观察文化，同时也有利于加深他与信息提供者之间的友情。当人类学家再次返回田野点时，当地人会像欢迎老朋友一样来迎接他。再次返回，也能证明他是真正对这个民族和社区感兴趣。"

5. 集中精力收集资料

经过一段时间的休整，你会清楚自己还需要收集哪些方面的资料，哪些资料还需补充，调查的内容也会更加集中。下田野前之所以需要制订调查计划，就是为了明确自己的调查内容。当然，这个计划还需要在田野调查期间进行修改。在某些情况下，根据数月的田野调查后你可能会发现，先前所制订的研究计划需要很大的改动，这都很正常。这时，千万不要为所收集到的资料与研究计划有出入而感到不安。

6. 疲惫

返回田野几个月后，一些参与观察者开始感觉到已经没有什么可问的了。

---

① Bernard, H. R.（2002）. *Research Methods in Anthropology: Qualitative and Quantitative Approaches*, pp. 357-358. Oxford: AltaMira Press.

也就是说，他们感到不好意思再问什么问题了。或者他们会大错特错地认为他们的信息提供者再没有什么可以告诉他们的了。这时，也许应该再离开一段时间。

7. 撤离田野点

最后就是撤离田野点。何时应该离开田野点呢？泰勒（Steven Taylor）说，当你感到不再想记笔记，差不多就该撤离田野点回家了。他说，记田野笔记虽然既耗费时间又乏味沉闷，但当你记录与你的研究密切相关的资料和信息时，也是很刺激的。当你已经没有什么激情去记笔记时，就该回家了。作为人类学家，千万不要忽视了这个环节。你要让当地人知道你要离开，并要向他们表示谢意。要向当地人诚恳地表示，如果有机会，你会再来。千万不可显露出你急于脱离田野点的心思，这会伤害到当地人。

参与观察是一种私人的个体性经历。当地人既是你的信息提供者也是你的朋友。在大多数情况下，你会相信他们不会欺骗你，同时，他们也相信你不会出卖他们，也就是说，你不会伤害他们。对于许多进行过长期田野调查的人类学家而言，他们离开田野点后会不时地再回去进行调查。如本纳德曾在墨西哥和希腊做过长期田野调查，35 年来他一直没有中断与当地人的联系，并多次返回田野点。[①]

（三）参与观察法的有效性

本纳德认为，对文化群体进行科学研究时，选择使用参与观察法至少有以下五点理由：一是参与观察可以收集各种各样的资料。进行参与观察的田野工作者观察过生育过程，采访过监狱中的罪犯，站在田埂上观察过农民的行为，在亚马孙丛林中与猎手一起捕过猎物，在世界各地的村落教堂和清真寺里见证过无数的结婚、生育和死亡仪式。对于许多乡民社会来说，让一个陌生人走进产房观察生产过程或准许一个陌生人去观察社区重大的仪式活动是不可想象的。实际上，一个陌生人不可能有机会去观察或记录上述任何事情。只有参与观察法有可能做到这一点。二是参与观察降低了当地人的"表演性"，即当人们知道你在研究他们时，他们可能会调整他们的行为。随着你好奇心的淡化，当地人对你的出入也失去了兴趣。再当你做诸如采访、问卷之类起先在他们看来是奇怪的事情，甚至拿着秒表、笔记本或照相机到处走动时，他们也不再理会你的出现。布儒瓦（Phillipe Bourgeois）在纽约老城区生活了 4 年。他花费了很长时间融入当地社会，并且最终能够拿着录音机到处采访可卡因交易，甚至可以采访到男人们吹嘘他们参与轮奸的详细过程。这是任何其他调查方法做不到

---

① Bernard，H. R.（2002）. *Research Methods in Anthropology: Qualitative and Quantitative Approaches*, pp. 356-362. Oxford: AltaMira Press.

的。换句话说，参与观察能够建立研究者与当地人之间的信任，而信任能够降低当地人的表演性，即人们有意识的行为表现，这就意味着资料的有效性比较高。三是参与观察有助于你以当地语言询问敏感性的问题。四是参与观察使你能够逐渐地了解一种文化，并使你对资料的意义有较深入的把握，对你收集到的文化现象也最有发言权。简言之，参与观察使你能够理解你所观察的文化的意义。以下是本纳德列举的一个典型案例：1957 年，萨卡尔（N. K. Sarkar）和汤比亚（Stanley J. Tambiah）根据问卷资料发表了关于斯里兰卡乡村经济和社会解构（分离）的研究。他们的结论是，大约有三分之二的村民没有土地。英国人类学家利奇（E. Leach）对这个结果提出了异议。他曾在斯里兰卡乡村做过参与观察调查，据他了解，当地实行从夫居。按照当地习俗，一个年轻男子可以使用他父亲的土地，只有当他父亲去世后他才可以在法律上获得父亲土地的所有权。在研究土地所有权时，萨卡尔和汤比亚调查一个家户有没有土地，如果有，有多少。他们以用自己的饭锅做饭为标准来划分独立的家户。因此，他们获得的家户数据非常高而这些家户所拥有土地的数据却很低。基于这些资料，他们得出在土地所有问题上存在严重的不平等，并由此得出了"分离村落"的错误结论。五是许多问题只有通过参与观察方法才能了解得透彻。如果你想了解地方法院是如何运行的，你不可能把自己伪装起来，坐在法庭里而不被人发现。法官会很快发现你是一个陌生人，几天以后，你不得不说明自己的来意。你最好一开始就说明自己的来意，并要求准许你参与旁听。这样，你就可以和当地居民一样参与旁听了。几天或几周以后，你就会对法院运作有一个大致的了解：受理什么样的案例、做出什么的处罚等。从你获取的资料中，你可以推导出一些假说，再通过自己的参与观察去验证这些假说。①

三、访谈法

有些文化现象是难以直接观察到的，如中国广西壮族自治区罗城仫佬族的依饭节，一般 3～5 年才举行一次，广西壮族自治区贺州土瑶族约 10 年才举行一次打醮仪式，要想调查此类活动或仪式，必须要通过访谈方法，因为我们很难遇到这些多年举办一次的活动。另外，有些文化现象，如当地对某些神灵的信仰、人们的思维及心智活动等等，也都需要通过深入访谈才能了解到。田野访谈是一门技艺，同时也是一门艺术，必须做好前期准备工作，访谈时要注意以下几个通则：

一是要确立明确的访谈主题，主题一定要具体，千万不可空泛；二是要避

---

① Bernard，H. R.（2002）. *Research Methods in Anthropology：Qualitative and Quantitative Approaches*，pp. 333-335. Oxford：AltaMira Press.

免诱导访谈对象；三是要在参与具体活动中访谈；四是要注意有些访谈主题适于多人参与，有些则需要一对一地进行访谈，如关于某些历史性事件的访谈，可以召集多人参与，这样大家可以相互补充，获取的材料会比较完整，而另一些话题，如调查婆媳关系，如果让婆婆和儿媳妇一起参与访谈，那么你所获取的资料肯定不真实；五是要注意访谈的时间不宜过长，一般限在 1～2 小时左右，访谈时，研究者要时刻注意观察信息提供者的言行举止和反应，一旦发现他们表现出不耐烦或想离开的行为或表情时，应马上终止访谈。

文化人类学的访谈一般分两种，即"结构性访谈"（structured interview）和"非结构性访谈"（unstructured interview）。结构性访谈是按照预定计划提出一个个问题，让信息提供者依次回答，非结构性访谈是提出一个范围较大的题目，由信息提供者自由陈述。一般来说，调查初期多用非结构性访谈，与当地人建立了一定关系后再使用结构性访谈。

（一）访谈时应注意以下几个问题

第一，要尽量详细记录当地人用来描述他们的文化现象的概念、术语和分类方法，这是反映他们文化特质的最佳材料，避免把自己的思维与分类方式强加给他们。如阎云翔教授在东北下岬村访谈时就非常注意收集当地人的概念、术语和分类方法。他在描述一次批斗大会上，当上了村主任的羊倌发言时就采用了当地人的表述和语汇："多亏了党，如今我们这些拉绿屎的人才说了算。""拉绿屎"是他的一种形象的说法——穷人的主要食物是野菜。[①] 他在访谈一位 71 岁的老人时，不经意地用了文绉绉的"择偶"一词，老人疑惑地盯着他看了一会，嘴里将这个词重复了几遍，之后问阎是什么意思。在阎做了解释之后，老人摇了摇头，说当地有另外两种说法，对于男人是"找媳妇"，对于女人是"找婆家"。[②] 第二，为了避免误会，调查初期，最好避免询问一些比较敏感的问题，如婚姻、财产、神秘宗教仪式、秘密结社等。第三，访谈时要把调查提纲中所列的问题分解为一个个具体提问。提问要简单明了，避免得到模棱两可的回答。例如，你问当地村民："这里的水稻产量如何？"大概只能得到"好""不好""一般"等笼统的回答。假你如问："今年每亩稻田产多少稻子？"回答可能就会很具体。第四，访问一些难度较大的问题，最好先从收集案例入手。如某一民族离婚普遍，你问为什么？是什么原因？大概没有一个人能全面回答。假如逐个地收集离婚个例，你自己就会从中归纳出各种各样的原因来。案例揭示的虽然

①阎云翔. 私人生活的变革：一个中国村庄里的爱情、家庭与亲密关系（1949～1999）[M]. 上海：上海书店出版社，2006：27.

②阎云翔. 私人生活的变革：一个中国村庄里的爱情、家庭与亲密关系（1949～1999）[M]. 上海：上海书店出版社，2006：53～54.

是独特的、不具有"代表性"的社会现象，但仍是人类认识新事物的一个主要途径。通过对一个个具体"案例"的了解，人类修正并丰富自身的认知结构，获得更加广阔、确切的对"真实"的认识。[①] 人类学大师马林诺夫斯基认为，民族志者在田野工作中的任务，就是理出被研究群体的生活的所有原则和规律，理出那些恒久而确定的东西，剖析他们的文化，描述他们的社会结构。然而，这些东西尽管是具体而固定的，却不是现成的，不存在写好了的或明白表述过的法律准则，整个部落传统、整个社会结构被隐藏在人们的行为中，甚至隐藏在人们的意识或记忆中。这些法则也不可能是现成的。[②] 正如他在其名著《西太平洋的航海者》开篇中所论述的那样：

> 尽管我们不能向一个土著人询问抽象的、一般性的规则，但我们总可以打听某一给定的案例是如何处理的。例如，如果想知道他们如何处理犯罪或如何惩罚犯罪，不能向一个土著人提出诸如"你们如何处理一个罪犯"之类的笼统问题，因为在土语或洋泾浜中甚至连表达它的词语都找不到。但一个想象的案例，最好是一个真实的事件，将会激发土著人发表意见，从而提供大量的信息。一个真实的案例确实会引发土著人不停地讨论，激起义愤的言论，显示他们的立场——所有这些谈话很可能就是一份带着明确的观点和道义谴责的材料，同时也显露出因案例形成而投入运作的社会机制。[③]

从这些材料中我们可以归纳出某些规则来，并将其提升到理论的高度。对于民族志者而言，在访谈过程中最重要的是要尊重他人，对他们的任何陈述，都不能表现出哪怕是极其微小的轻视、忽视或嘲笑的态度。不能有任何诱发式的发问，应尊重个人的隐私，更不能在他人面前询问个人隐私。应遵守当地流行的回避习俗，如有些民族在女婿面前不能提及他的丈母娘等。

（二）观察与访谈时可能遇到的问题

人类学家在田野点进行访谈时可能会遇到各种各样的困难和问题，尤其是在田野调查的初期阶段。英国人类学家埃文思-普里查德在 20 世纪 30 年代初到非洲苏丹努尔人地区考察时曾有过以下遭遇：

1931 年埃文思-普里查德到了临近尼安丁河的努尔人牛营。由于那里的努尔

① 陈向明. 文化主位的限度与研究结果的"真实" [J]. 社会学研究，2001 (2)：9.

② Malinowski, B. (2007). "Method and Scope of Anthropological of Fieldwork". In Antonius C. G. M. Robben and Jeffrey A. Sluka, eds. , *Ethnographic Fieldwork: An Anthropological Reader*, pp. 47-57. Malden, MA: Blackwell Publishing.

③ 马林诺夫斯基著. 梁永佳，李绍明译. 西太平洋的航海者 [M]. 北京：华夏出版社，2002：9.

人千方百计地阻止他进入他们的牛营，而他又很少有来访者，所以他几乎被断绝了与努尔人进行交流的机会。埃文思-普里查德认为，努尔人在破坏别人的问话方面真可谓是专家。如果你想让他们说出哪怕是最简单的事实，或是要向他们解释哪怕最单纯的行为，他们都会坚定不移地让你的努力徒劳无功。埃文思-普里查德提出的许多关于他们的习俗的问题被他们用一种"技术"制止。① 下面这段埃文思-普里查德与一位努尔来访者之间的对话可以充分地证明这种"技术"的有效性：

　　　　埃文思-普里查德：你是谁？

　　　　当地努尔人：一个人。

　　　　埃文思-普里查德：你叫什么名字？

　　　　当地努尔人：你想知道我叫什么名字吗？

　　　　埃文思-普里查德：想知道。

　　　　当地努尔人：你想知道我叫什么名字吗？

　　　　埃文思-普里查德：对，你到我的帐篷里来看我，我想知道你是谁。

　　　　当地努尔人：好吧。我叫括尤。你叫什么？

　　　　埃文思-普里查德：我叫普里查德。

　　　　当地努尔人：你父亲叫什么名字？

　　　　埃文思-普里查德：我父亲也叫普里查德。

　　　　当地努尔人：不，那不可能。你不可能和你父亲叫同样的名字。

　　　　埃文思-普里查德：这是我的姓。你姓什么？

　　　　当地努尔人：你想知道我姓什么？

　　　　埃文思-普里查德：嗯。

　　　　当地努尔人：如果我告诉你，你想怎么办呢？你会将此带回国吗？

　　　　埃文思-普里查德：我不想怎么办。我只是想知道，因为我在你们的牛营里住。

　　　　当地努尔人：噢，好吧。我们叫娄。

　　　　埃文思-普里查德：我没有问你们的部落叫什么，这我知道。我在问你姓什么？

　　　　当地努尔人：你为什么要知道我姓什么？

　　　　埃文思-普里查德：我不想知道了。

　　　　当地努尔人：那你为什么还要问我？给我些烟。

---

① 埃文思-普里查德著. 褚建芳，阎书昌，赵旭东译. 努尔人［M］. 北京：华夏出版社，2002：11～12.

《天真的人类学家》的作者巴利（Nigel Barley）在多瓦悠人中做调查时也时常被多瓦悠人的谈话"技术"制止他们之间的谈话。比如巴利发现多瓦悠人的解释总是绕圈子打转：

> 巴利：你为啥这么做？
>
> 多瓦悠人：因为它是好的。
>
> 巴利：为什么它是好的？
>
> 多瓦悠人：因为祖先要我们这么做。
>
> 巴利：祖先为什么要你这么做？
>
> 多瓦悠人：因为它是好的。

而且多瓦悠人喜欢用惯例说法，总是描述事情"应有的状况"而不是"现有的状况"：

> 巴利：谁是庆典的主办人？
>
> 多瓦悠人：那个头戴豪猪毛的男人。
>
> 巴利：我没有看到头戴豪猪毛的人。
>
> 多瓦悠人：他今天没戴。①

埃文思–普里查德认为，要对一个人群进行社会学研究，一年的时间是不够的，尤其是在恶劣的情况下对一个难以与之相处的人群进行研究。当他与努尔人的关系较为友好、对他们的语言比较熟悉时，他们便不断地来探访他，从清晨到深夜，他的帐篷里几乎每时每刻都有前来造访的人。当他开始与一个人谈起某一习俗时，另外一个人常常会打断他们，谈起他自己的事，或是讲些笑话。男人们往往在挤奶的时间来，其中有些人一直聊到中午。接下来是女孩子，她们刚刚挤完奶，到这里来非要他注意她们不可。对于这些无休止的造访，他必须不断地开些玩笑来加以应付，工作也总是被中断，尽管这为他提高关于努尔人语言的知识提供了机会，却给他带来了很大的负担。不过，如果一个人想在努尔人的营地住下来，他就必须听命于努尔人的习俗，而努尔人是坚持不懈的、不知疲倦的造访者。②

---

① 奈吉尔·巴利著. 何颖怡译. 天真的人类学家 [M]. 桂林：广西师范大学出版社，2011：82.

② 埃文思–普里查德著. 褚建芳，阎书昌，赵旭东译. 努尔人 [M]. 北京：华夏出版社，2002：12～16.

四、谱系法

谱系法（the Genealogical Method）是早期民族志者普遍使用的田野方法之一，对研究亲属制度、继嗣制度和婚姻家庭非常有效。在乡民社会，亲属制度、继嗣制度和婚姻等是其社会组织和政治组织的基础。

目前文化人类学界仍通用《人类学的询问和记录》（*Notes and Queries on Anthropology*）中所使用的符号来标识谱系关系。

△：男；○：女；▲：自我（男）；●：自我（女）；◇：性别不明；◸：已死的男性；◙：已死的女性；◿：夭折的男性；∅：夭折的女性；△＝○或└──┘：婚姻关系；≠：离婚关系；△ ○：婚外性关系；┌─┬─┐△ ○ △：同胞关系

虽然谱系法是人类学家早期从事田野调查时经常使用的一种收集资料的方法，在当今乡民社会调查时其依然非常有效。2005～2006年袁同凯在老挝北部蓝靛瑶（the Lanten）山寨做田野调查时就使用谱系法收集了235户家庭、1602人的信息，为了使读者能够更加清晰地看到蓝靛瑶人的生活画卷，他用谱系法将被调查的每一户蓝靛瑶人家庭的详细资料，通过家谱的形式展现给读者。从中读者可以清晰地看到有关蓝靛瑶人的家庭结构、人口、婚姻状况、教育程度、适龄学童人数以及适龄学童辍学情况和在读情况等。基于这些数据和资料，他试图勾勒出蓝靛瑶人学校教育状况的大致轮廓，并试图探讨导致他们学业成绩低下的关键性因素。[①]

五、专门报告人

田野调查者能参与、观察人类行为，但他们不一定能理解他们所参与的、观察到的事情。访谈专门报告人，是人类学者获取资料的重要途径。在田野点你会发现，并不是每一个人都能成为信息提供者。他们可以成为人类学家观察人类个体或集体行为的对象，但却难以成为某些专业行为的信息提供者。在很多文化中，社会和文化的很多领域里的知识只有少数特殊的人才掌握。因此，根据考察的主题，人类学者应逐步确立主要信息提供者或专门报告人（Well-informed Informants），他们可能是部落头人、接生婆、乡村教师、民间艺人、宗教人士等等。为了获取某个领域里的特殊知识，人类学者必须发现这些专家，并与他们建立密切的关系，以便能与他们进行深入的交流与探讨，比如有关神话、宗教信仰、历史知识和系谱方面的材料，以及人类学者可能无法参

---

① 袁同凯. 蓝靛瑶人及其学校教育——一个老挝北部山地族群的民族志研究［M］. 北京：中国社会科学出版社，2014：82～229.

与、无法观察或在田野调查期间不可能举行和发生的活动、事件和仪式等方面的资料，都必须由这些专门报告人提供，才能记录下来。[①] 也就是说，只有通过这些专门报告人，人类学者才能较为详尽地了解当地人的社会与文化。

六、个人生活史

一些具有代表性的个人生活史（Life Histories）对于人类学者理解其研究的族群如何感知世界、应对社会变迁等问题具有重要意义，这些资料是评价文化对个人生活的影响的工具。[②] 个人生活史也是人类学者进行"深描"的绝好素材。如《陈村：毛泽东时代一个农民社区的现代史》（1984）。从1974年开始，陈（Anita Chen）、安格尔（Jonathan Unger）和马德生（Richard Madson）在香港对来自广东陈村的26位移民进行了223次访谈，探讨了20世纪60年代中国人所经历的剧烈社会变革以及这些变革与中国传统权力结构之间的关联性。通过大量的访谈资料，陈村研究者成功地重构了一幅社会变迁面貌与村落个人角色的画卷，即结合了社区权力以及个人生活史的考察，从而透视出在毛泽东时代，国家权力如何渗透到农村社会，而农村干部又如何利用传统的儒家道德来实现自己的权力。[③]

再如美籍华裔学者黄树敏的《林村的故事：1949年后的中国农村变革》（2002）一书也是一本关于中国农村社会生活变迁的民族志。《林村的故事》通过叙述林村村支书叶文德个人生活史的方式，以对话的形式描述了1949年以来中国农村的变迁史。黄树敏用叶文德个人的经历和"主位"的评说，即通过叶文德书记的童年学校生活、"四清"运动、"文革"、改革开放和农村改革的故事，展示了一个中国村庄的历史和变革过程，叙述了一个基层社会的当代史。它从一个侧面反映出1949年以来中国社会变迁中的坎坎坷坷，比较真实地反映了当代中国农民的社会实践以及他们对官方政治历史的看法与评价。[④]

口述史作为一种个体经历，是普通的，然而同时也是特殊的，它提供了对一种生活方式的生动描绘，[⑤] 它是由记忆和想象积极地和创造性地产生的，以便于努力理解重要的事件和更一般的历史。简言之，口述史是社会记忆的原材料。[⑥]

---

① E. 科恩，E. 埃姆斯著. 李富强译. 文化人类学基础 [M]. 北京：中国民间文艺出版社，1987：37.
② E. 科恩，E. 埃姆斯著. 李富强译. 文化人类学基础 [M]. 北京：中国民间文艺出版社，1987：40.
③ 王铭铭. 社会人类学与中国研究 [M]. 北京：生活·读书·新知三联书店，1997：40.
④ 石奕龙. 书写文化与真实——《林村的故事》读后 [J]. 民族研究，2003（1）：100.
⑤ 约翰·托什著. 吴英译. 史学导论 [M]. 北京：北京大学出版社，2007：365.
⑥ 约翰·托什著. 吴英译. 史学导论 [M]. 北京：北京大学出版社，2007：373~374.

七、主位与客位研究法

　　近十年来在方法上的一种趋势就是区分文化主位法和文化客位法。文化主位法或文化主位研究（the Emic）是指研究人员不凭自己的主观认识，而是通过听取当地提供情况的人所反映的当地人对事物的认识和观点，然后加以分析整理。文化客位法或文化客位研究（the Etic）是指一种从观察者的角度出发，以科学家的标准研究文化的方法，解释行为的原因和结果，说明当地人可能不承认的信仰，用比较的和历史的观点看待民族志提供的资料。一般而言，文化主位分析方法注重对某一种文化行为的描述，强调当地人自己的价值观及其意义的重要性。文化客位分析方法则关注全人类的行为，从不同文化中寻求通则。当代人类学家主张在田野调查中将主位与客位研究方法结合起来使用，以求较客观地了解当地人的社会与文化。

　　文化主位与文化客位是目前跨文化研究所关注的中心概念。简言之，它们与跨文化研究的两个目的相关。其一是指我们在考察一种文化时，要考虑当地人自己认为有意义和重要的东西，这是主位分析法。其二是企图通过跨文化研究来探求所有人类行为的普同性。其目的是理论构建，这是客位方法。格尔兹指出，人类学分析不是对已发现的事实进行概念化处理，而是人类学家在理解他人的理解的基础上，进行解释的解释。这也就是他所倡导的"深描"。"深描"追求的是对被研究者的观念世界和研究者的观念世界之间的沟通，注重"主位"和"客位"的互动。①

　　陈向明在《文化主位的限度与研究结果的"真实"》一文中认为，将主位和客位区分开来，只是为了讨论的方便。在实际研究中，它们很难被区分开来。"主位"与"客位"，"局内人"与"局外人"之区别只是一种权宜之计，是为了分辨角色的方便。在实地研究时，研究者只有将自己融入被研究者的"生活世界"中，才能真正理解他们的所思所想和思维方式。那种希望将自己身份"括起来"，然后在研究中将这些身份进行反思的做法实际上是行不通的。我们应该清楚，任何理解都只可能来自某一角度、处于某一时空情境，产生于研究者与被研究者之间的某种关系。"局外人"不可能彻底转变身份，变成"局内人"，那种让自己钻进对方的皮肤，成为对方文化的一员、完全本土化的做法也是不可能的。②而处于文化主位和客位之间的建构主义者认为，"现实"不是固定不变的，任何"现实"都是交往各方在具体社会文化情境中的即时建构，是参与各方通过互动

---

　　① Geertz, Clifford（1973）. "Thick Description: Toward an Interpretive Theory of Culture". In *The Interpretation of Cultures*，pp. 3-30. New York: Basic Books.

　　② 陈向明. 文化主位的限度与研究结果的"真实"［J］. 社会学研究，2001（2）：5.

而达成的一种暂时的共识。主位和客位是一种你中有我、我中有你的关系，研究所获得的成果不是对世界本相的再现，而是参与各方对"现实"的建构。每一次"理解"都是一次不同的"理解"，"意义"产生于"理解"这一事件本身。①

对于同一文化现象，文化主位与客位视角可能会做出不同的理解和阐释。人类学家马文·哈里斯（Marvin Harris）曾经举过一个非常经典的例子，即印度人杀公牛犊的事例。

马文·哈里斯在印度南部喀拉拉邦一个部落做调查时发现，牛群中公牛犊的死亡率几乎比母牛犊高一倍，一岁以下的小公牛和小母牛的比例是 67：100。当地人的解释是小公牛生来就比小母牛体弱，所以小公牛就比较容易得病死亡。但马文·哈里斯却发现是因为小公牛出生不久，当地人便不许其停留在母牛身边吃奶，就像他们自己说的那样，小公牛一吃奶，就把它们撵开。这才是造成小公牛死亡率高的根本原因所在。因为在当地，人们不用牛拉车，母牛能够生产，公牛没有母牛用途大，公牛就被人为地饿死。这实际上成为当地在不许杀牛禁忌下，淘汰公牛保证母牛存活率以便牛群能够更好繁殖的一种文化机制。②再如 20 世纪初期在中国西南某些偏远山区流行一种"大脖子病"，即我们所说的甲亢病，如果从文化主位的视角看，即按当地人的解释，是遇到恶鬼或鬼怪所致，或者是因为水土不好，但客位研究当然会认为这是当地食盐中缺乏碘所致。

八、新近趋势

传统上，人类学家通常到偏远的异民族群体中去做田野调查，对一个村落或社区进行全面或专题性研究，强调小型社区的"整体性"而往往忽视该社区与其他社会的关联性，注重"共时描写"而往往忽视"历时分析"。但近几十年来，越来越多的人类学家开始关注复杂的大型社会，并在坚持传统民族志方法的基础上借鉴和使用其他学科的研究方法，如有别于社会学问卷的问卷访谈（interview schedules）和社会学的社会调查（survey research）。

人类学家所使用的问卷访谈主要涉及家庭人数、宗教信仰、职业、教育程度、婚姻状况、家庭收入和开销、饮食习惯、家庭财产等问题，与社会学问卷不同的是，这种方法不是以抽样而是对整个田野点进行逐个访谈，而且是面对面地进行，同时记录所得的资料。

美国人类学家科塔克（Conrad Kottak）认为，传统民族志方法与社会调查

---

① 陈向明. 文化主位的限度与研究结果的"真实"［J］. 社会学研究，2001（2）：7.
② 马文·哈里斯著. 张海洋，王曼萍译. 文化唯物主义［M］. 北京：华夏出版社，1989：45.

的区别主要表现在以下几个方面：

第一，社会调查的研究对象往往是大型复杂的社会群体中被抽样的那部分人，而不是整个社区。第二，传统民族志学者往往试图与信息提供者建立一种密切的关系，与他们进行面对面的交往，而社会调查几乎不与他们的"回答者"（respondents）有直接接触，他们可以通过助手的帮助，通过电话访谈或发放问卷收集所需资料。第三，传统民族志会对信息提供者（informants）的全部生活感兴趣，而社会调查仅仅对人们生活的某一些问题感兴趣，如哪些变量会影响选举等。第四，社会调查一般研究现代社会，他们的回答者有知识，因而可以填写问卷，而传统民族志的信息提供者一般都是文盲。第五，社会调查的研究对象是大型复杂的群体，通过抽取一定数量的样本进行研究，因而统计成为必不可少的分析工具，而传统民族志研究简单的小型社区，一般的人类学家都不具备过硬的统计知识。[①]

目前，越来越多的人类学家在研究城市问题时，在坚持传统民族志方法的同时，不断借鉴社会学、历史学、政治学等学科的研究方法，统计方法在人类学的研究中显得日益重要。

此外，在传统民族志中，人们只能看到被研究者，而看不到人类学家的身影。20世纪80年代，人类学家开始反思自己的研究方法和写作方法，尤其对传统民族志的表述方法提出了许多批评。为了让读者了解到人类学家在所谓"异文化"中的所作所为、所思所感，以及他如何去"理解他人的理解"，部分人类学家开始尝试以对话的形式来呈现自己的研究成果。这种对话的形式，予以被研究者一定的表述空间。通过这些"主位"的表达，使读者自己去思考所谓社会的真实性等问题。[②] 如黄树敏的《林村的故事》、肖斯塔克（Marjorie Shostak）的《尼沙：一个昆族妇女的生活与语言》（*Nisa：The Life and Words of a !Kung Woman*）、罗萨尔多（Michelle Rosaldo）的《知识和激情》（*Knowledge and Passion：Notions of Self and Social Life*）、杜也尔（Kevin Dwyer）的《摩洛哥的对话》（*Moroccan Dialogues：Anthropology in Question*）等，都是这方面的经典论著。

目前，越来越多的人类学家在研究城市问题时，在坚持传统民族志方法的同时，不断借鉴社会学、历史学、政治学等学科的研究方法，统计方法在人类学的研究中显得日益重要。此外，从移民到旅游业，从国际股票市场到互联网，国际各种联系与交往不断增加。这种剧烈的跨地区的社会流动，促使人类学家重新考虑我们通常认为理所当然的问题，即人群间的联系以及他们"所属"的

① Kottak, Conrad P.（1997）. *Anthropology：The Exploration of Human Diversity*, p. 29. New York：The McGraw-Hill Companies.

② 石奕龙. 书写文化与真实——《林村的故事》读后 [J]. 民族研究，2003（1）：100.

地理边界问题。当人类学家越来越多地研究全球人群的散布，诸如难民和移民、跨国公司中的雇员或互联网社区这类课题时，整个空间的概念突然之间需要重新考虑了。曾经作为人类学标志的共时、单一场所、单一社会的研究越来越少见，人们要求人类学家从历史和地区的角度具体关照自己的研究对象，并把它们当作常规。最近出现了一个新的术语——多点田野工作（multi-sited fieldwork），是指从城市或组织机构、网络系统分布到国际移民社区等一系列不同的、不局限于某地的研究。① 同时，随着族群的迁移，人们在新的地区重新结成群体，重新建构他们的历史，并重新构筑他们民族的"形貌"，民族志中的民族呈现出一种流动性，不可能再有从人类学描述中反映出的地域特征。也就是说，在世界各地已不再有人类学家所熟悉的研究对象，族群不再具有地域化的、空间上的有限的、历史上自醒或者文化上同质的特征。一方面，人类学似乎决定放弃其传统的地域上稳定的固定社区或地方化文化的陈旧观念，而去领会和理解人、物和观念都在急速转变且并不愿固守故土的相互联系的世界。但同时在回应其他学科质疑其"田野"时，人类学比以前更加注重在地方化的社区从事长期的实地调查方法。②

　　由于传统人类学方法曾忽视从历史的视角去分析当地人的社会与文化，当代许多人类学家倡导人类学研究应学习历史学的方法。如沃尔夫（E. Wolf）在《欧洲与没有历史的人民》（*Europe and the People without History*，1982）一书中指出，人类学所坚持的参与观察式的田野调查工作，很容易把微观视为整体，从而忽视了其广阔的社会历史背景。人们通常认为传统人类学所研究的社会都是自给自足、与外界没有多少联系的，沃尔夫主张用历史的、世界的观点去看待这些社会。③

第四节　人类学田野调查中值得关注的问题

一、田野角色

　　本纳德认为，田野调查涉及三种不同角色，即完全参与者（complete participant）、参与观察者（participant observer）和局外观察者（complete observer）。

---

　　① 庄孔韶主编. 人类学经典导读［M］. 北京：中国人民大学出版社，2008：677.

　　② A. 古塔，J. 弗格森编著. 骆建建，袁同凯，郭立新译. 人类学定位：田野科学的界限与基础［M］. 北京：华夏出版社，2005：4.

　　③ Wolf，E.（1982）. *Europe and the People　without History*. Berkeley：University of California Press.

第一种角色涉及一定的欺骗行为——成为社群的一员而不透露自己是在做研究。第三种角色多少会干预被研究者的行为。到目前为止，大多数民族志研究都是基于第二种角色，即参与观察者。参与观察者既可以是观察和记录他们周围生活某些方面的局内人，也可以是参与他们身边生活某些方面和记录他们所看到事件的局外人。

1965 年，本纳德到地中海地区一个以采集海绵动物为生的渔民社区做田野调查，他与当地渔民住在一起，和他们一样食用难以下咽的食物，常常作为一个外来者参与他们的生活。他并没有参与潜水采集海绵动物，但他大部分的时间都在研究渔民们的行为和谈话。潜水的渔民们虽然对他在笔记本上记录的东西很好奇，但他们依然做他们的事情，任凭他记笔记，记录他们潜水的次数，拍摄照片。他是一个参与观察者。1972 年和 1973 年本纳德带着海洋学研究船只又来到这个渔村，这时他是一名科考船员，观察海洋科学家、技术人员以及海员是如何互动以及这些互动是如何影响收集海洋学资料的。这时，他仍然是一名参与观察者。在某些特殊情况下研究者的角色要远比"参与观察者"复杂得多。1979 年，布儒瓦（Philippe Bourgois）到萨尔瓦多（Salvador）去研究难民。萨尔瓦多当时正处于内战时期，成千上万的难民逃往洪都拉斯（Honduras）边界附近的难民营寻求庇护。布儒瓦到其中的一个难民营去进行人类学博士论文的田野调查。那里的一些难民愿意带他返回他们的家乡，于是布儒瓦与他们一起非法跨越了边界进入萨尔瓦多。他原想 48 个小时就能到达目的地，但是他与其他 1000 多名难民却因萨尔瓦多军队为搜捕叛乱分子而被炮弹和密集的机枪扫射围困在一个面积约 40 平方公里的地区。此时布儒瓦的角色已不仅仅是一名参与观察者了。同样，20 世纪 80 年代末弗莱舍（Mark Fleisher）研究加利福尼亚联邦监狱的狱警文化时，他是作为一名局内人的身份进行研究的。受美国联邦监狱总局委托，弗莱舍要进行一项有关狱警工作压力的民族志研究。培训一名狱警耗费很大，但他们工作一两年后离职的比例相当高。弗莱舍的任务就是调查他们离职的原因。弗莱舍很乐意接受这项研究，要求随狱警巡视监狱。但监狱方面却告诉他，他们会在监狱里给他安排一个办公室，狱警会到办公室去接受他的采访。弗莱舍解释说他是人类学家，他要进行参与观察，他要和狱警一起巡视。监狱方面对他的要求表示无能为力，他们说只有宣誓过的狱警才能巡视牢房。为了获取巡视的资格，弗莱舍去训练营接受了 6 周培训，成为一名宣誓的联邦狱警。接着他在加利福尼亚州隆伯克的美国联邦监狱开始了为期一年的田野调查研究。换句话说，他成为他所研究的文化中的一员。但与完全参与者不同的是，弗莱舍绝对没有隐瞒自己的研究目的。当他进入监狱后，他告诉大家他是一名人类学家，来研究监狱生活。再比如，20 世纪 90 年代初马里奥特

（Barbara Marriott）曾研究过美国海军官员的妻子对他们丈夫职业所付出的代价。马里奥特本人就是一名退役海军军官的妻子。她能够潜心 30 年进行参与研究。像弗莱舍一样，她也是作为局内人的角色进行研究的。她也把自己的研究目的毫无保留地告诉了自己的信息提供者。威廉姆斯（Holly Williams）花了 14 年的时间做护士，照顾那些患有癌症的儿童。当她做博士论文时，她是作为一个局内人，一个让患者父母信赖的人进行观察的。①

　　严格地讲，人类学家要做到真正地参与观察并不是很容易的，其中时间的长短当然是一项很重要的因素，但是研究者与被研究者之间互动的程度，也是很重要的。李亦园根据研究者参与和分离的程度，把参与观察分为四个层次：一是局外的观察（complete observation），这是比较客观的，其分离程度高，卷入程度最低；二是观察者的参与（observer-as-participant），即参与不太多，但又保持客观立场；三是参与者的观察（participant-as-observer），即多少已经参与进去了，但还能够观察，有一点客观水平；四是完全参与者（complete participant），很多的是主观参与，容易形成主观价值判断。李亦园先生在台湾彰化农村做调查时，常常躺在庙里的长椅子上，听老人们聊天。他们已把他当作自己人，因为也不避讳他，常常谈论一些比较敏感的话题，或某男与某男的老婆有染等平时人们很少谈论的话题。②

二、性别、教养方式以及其他人格特征

　　早在 20 世纪 30 年代，美国著名女性人类学家米德就已经强调过资料收集过程中性别的重要性。本纳德指出："民族志者的性别差异至少会造成两个后果：一是限制获取某些信息，二是影响对他人的感知"。③ 在田野调查中，"参与观察者会面临其自身性别的局限以及所研究的文化对于他们的限制"。④

　　在所有的文化中，因为你是一个女人或男人，有些问题你是不能询问的；因为你是女人或男人，有些活动你是不能看的。1997 年，科万特（Sara Quandt）、莫里斯（Beverly Morris）和德瓦尔特（Kathleen DeWalt）花了几个月的时间调查肯塔基州的两个乡村郡。这三名女性研究者花了三个月的时间访谈当地的信息提供者，却丝毫没有发现他们饮酒的情况。可是有一天，当一个对她们的田

---

① Bernard，H. R.（2002）. *Research Methods in Anthropology: Qualitative and Quantitative Approaches*, pp. 327-329. Oxford: AltaMira Press.

② 李亦园. 田野图像——我的人类学研究生涯 [M]. 济南：山东画报出版社，1999：102～103，106.

③ Bernard，H. R.（2002）. *Research Methods in Anthropology: Qualitative and Quantitative Approaches*, p. 329. Oxford: AltaMira Press.

④ 袁同凯. 在异域做田野：老挝的经历——兼论田野资料的"准确性"与"真实性"问题 [J]. 广西民族大学学报（哲学社会科学版），2009（5）：14～15，16～17.

野点很感兴趣的男同事与她们三人一起进行访问时，情况发生了变化。她们访问了一位先生，这位先生曾给她们畅谈过去 60 年来穷困生活的经历。尽管他精通野生植物以及食谱方面的知识，可以为她们提供丰富的资料，但他却从不谈及饮酒方面的知识。那天，进入他家几分钟后，他看了看那位男同事说，"你喝酒吗？"在以后的几个小时里，这位先生谈起了与酒相关的社区价值、酗酒问题以及他们在社区内如何处理酗酒问题，并讲述了许多关于烈酒走私的事情。正是另一个男人的出现使这位信息提供者有机会谈论他所感兴趣的事情，而他觉得与妇女讨论这些事情是不合适的。[①]

另一方面，女性人类学家认为性别是一个值得商榷的概念。作为一个男人或女人哪些事情能做，哪些事情不能做，因文化而异。在所有的文化中，性别角色的个体差异性很大。所有参与观察者都会面临其自身的局限性以及他们所研究的文化对于他们的限制。当瓦克斯（Rosalie Wax）在二战期间研究日裔美国人时，她没有参与任何妇女族群和组织。40 年后她回顾说："我是一名大学生和研究者，我还不认为我是一个完全的成年人，这限制了我的视野和理解。"

除了性别，我们还了解到，作为一个有儿有女的父母会有助于你谈论生活中的某些方面，使你能够获得比你没有孩子更多的资料。1964 年本纳德和他妻子就是带着两个月大的婴儿去希腊的卡琳诺斯岛（Kalymnos）做田野调查的。无论他们走到哪里，孩子总是话题的先导。

此外，个人的性格在田野调查中也会发挥不同的作用。年龄的长幼可能会使你容易获得某些资料而得不到其他资料。富有使你可以接触到一些人、谈论某些主题，但同时也会使另一些人回避你。喜欢社交使有些人亲近你而使另一些害羞的人避开你。在所有的学科中，观察者对资料的影响都是一个值得认真考虑和研究的问题。[②]

三、田野调查中的客观性问题

本纳德认为，保持客观是一种技艺。我们不是机器，我们是有血有肉、有思想、有情感的人。因此，我们无法摆脱自我价值与经历的影响，没有哪个人可以完全保持客观。但是，我们可以意识到我们自己的经验、观点以及价值的存在。作为人类，我们的目的不是成为客观的机器，我们研究的目的是获取客观的知识，即通过超越我们自己的偏见来获取准确的知识。美国人类学家克里

---

① Bernard，H. R.（2002）. *Research Methods in Anthropology：Qualitative and Quantitative Approaches*，pp. 351-352. Oxford：AltaMira Press.

② Bernard，H. R.（2002）. *Research Methods in Anthropology：Qualitative and Quantitative Approaches*，pp. 352-353. Oxford：AltaMira Press.

格尔（Laurie Krieger）在埃及开罗做田野调查时研究妇女受虐待的问题。她发现丈夫殴打妻子的现象没有她原先想象那么严重，但是这种行为仍然使她深恶痛绝。她的这一反应引起了那些受丈夫虐待不久的妇女的强烈回应。她说："我认识到，作为一个持有偏激看法的美国妇女和一个训练有素的人类学家，只要我能意识到而且能够控制我的偏见言辞，就可以获得比较客观的资料。"正如科恩所言，因为人类学家是收集资料的基本因素，所以人类学家的理论概念的影响以及死抱自己个人和自己文化的价值观所引起的偏见可能使资料的正确性受到威胁。虽然我们要消除文化的偏见和个人的偏见是困难的，但意识到这些偏见的存在，可以减少它们的负面影响。[①] 特恩布尔（Colin Turnbull）认为，田野调查会涉及一个人自己的观念和价值，即自我的自觉反省。在田野期间，当你融进去后，你会放弃"陈旧的、狭隘的自我，发现在新情景下正确的新的自我"。我们利用田野经验通过有意识的主观性来更深入地认识我们自己。这样，就很可能到达客观性的最终目的，而且也能使我们更深刻地了解异文化。

许多现象学家把客观知识视为参与观察的目标。比如，约根森（Danny Jorgensen）提倡完全沉浸，|成为你所研究的现象（becoming the phenomenon you study）。约根森认为，"成为现象"是融入一种人类生活方式并获取经历的参与观察策略。这是一种客观的方法，可以获得准确而翔实的关于局内人生活经历的描述。实际上，许多民族志者为了从事参与观察研究已经成为出租汽车司机或具有浓郁异国情调的舞蹈者、爵士音乐家或鬼神崇拜的信仰者。约根森认为，如果你能充分地利用沉浸策略，就必须能够在局内人和分析者的身份之间来回转换。为此，你要坚持客观的分析能力，最好能与你的同事定期交换意见。也就是说，给自己一个讨论理论问题、方法论问题以及宣泄在参与观察研究中难以避免的情感问题的机会。[②]

客观性并不意味着价值中立。一名来自荷兰的民族志工作者斯特克（Claire Sterk）曾在美国的新泽西州和纽约州对非裔社区的妓女进行过研究，并成为许多妓女的知心朋友。在 20 世纪 80 年代末的一两个月里，她接二连三地参加了她们中七人的葬礼，她们都死于艾滋病。她感觉到，每一个研究者都会受其研究工作的影响。没有人能够保持中立或置身之外；即使作为一个局外人，研究者也是他所研究的社区的一部分。布儒瓦在纽约老城区研究街区生活的第二年底，他的朋友和信息提供者开始告诉他关于他们作为团伙强奸犯的经历。这些

---

① E. 科恩，E. 埃姆斯著. 李富强译. 文化人类学基础 [M]. 北京：中国民间文艺出版社，1987：42～43.

② Bernard，H. R.（2002）. *Research Methods in Anthropology: Qualitative and Quantitative Approaches*, pp. 348-349. Oxford: AltaMira Press.

信息提供者当时都二十多岁，他们讲述的是他们十几岁时所做的事情。即便是这样，布儒瓦还是说，他感觉那些他开始逐渐喜欢和尊敬的信息提供者"出卖"了他。他说，这些充满性暴力的童年故事使他感到沮丧，陷入了研究危机。

客观性在本土研究中的挑战性更大。梅尔霍夫（Barbara Meyerhoff）读研究生时在墨西哥从事过田野调查。20 世纪 70 年代初期，她对族群性与老龄化问题感兴趣，于是决定研究老年墨西哥裔美国人。但那些老年人总是问她，"你为什么研究我们，为什么不去研究你自己的民族？"梅尔霍夫是犹太人，她从来没有想过研究自己的民族，当她后来研究依靠政府救助的犹太老人时，她被自己的研究所困扰。她所研究的许多人都是大屠杀的幸存者。"那么，我们如何不带任何感情地去看待他们？当我看到他们时怎能不产生敬慕呢？……既然完全保持中立是不可能的，而理想化又不可取，我决定寻求一种均衡"。研究自己的文化没有好与坏之分。很多人从事本文化的研究，而且也出版了许多关于如何研究本文化的论著。其优势在于，你熟悉语言，不会经受文化震撼之苦。其缺陷在于，你难以辨析你所熟悉的文化模式，因此，很可能会对许多事情熟视无睹，而不像局外人那样很快就发现问题。如果你要研究自己的文化，可以先了解一下那些研究过自己文化的人的经历。[①]

四、田野调查的信度与效度

田野调查的另一个课题是深度访谈（depth interview）。田野调查时不但要进行参与观察，而且要进行深度访谈，即长久的、很深层次的访谈。有一些问题是无法问出来的，而通过聊天可以把很深的问题聊出来。这样的访谈得到的材料信度很高，往往是短期访谈所得不到的。李亦园教授提出了五种测量信度和效度的方法：即自由联想（free association）、深度访谈（depth interview or unstructured interview）、半结构访谈（semi-structured interview）、结构访谈（structured interview）与正式测验（formal tests）。

自由联想是精神病医生常采取的与精神病人的谈话方式。精神病医生为了了解病人的病因，往往让病人自己讲，医生只是提醒，让他们自由联想，不真正问，而是把话题引向一个方向。这种访问方法在信度上可能很高。所谓信度，就是问什么问题，真正可以得到满意的材料。就是让病人把他的最深度的问题、心里话讲出来。如弗洛伊德对恋母情结（Oedipus Complex）的研究。人类学家的深度访谈与医生的自由联想差不多，不过问的多一些。这的确是一种很方便、可以得到真正所需材料的方法。所谓信度，就是可重复度。科学研究最重要的

---

① Bernard，H. R.（2002）. *Research Methods in Anthropology: Qualitative and Quantitative Approaches*，pp. 349-351. Oxford: AltaMira Press.

条件就是可重复再做一次研究，这点很重要。你做实验和我做实验结果一定要相同，能重复是信度最重要的特征。自由联想、深度访谈往往信度不高。半结构访谈是先问一些问题，然后根据这些问题按步骤地访问。这种方法得到的材料信度较高，效度接近深度访谈。结构访谈是真正社会学意义上的问卷调查，每一个问题都一样，怎样发问、怎样解释都是要经过训练的。发问时，研究者暗示到什么程度，得到的答案是不同的。所以问卷调查一定要标准，不但问题要确定，发问的过程也要标准，暗示的可能性也要标准。但问卷的最大困境就是效度很可疑。正式测验是心理学的方法。这种方法的信度和效度都很高，但它能问的范围很有限。

人类学的方法论可以说是在信度和效度之间挣扎，因为效度和信度是有一定矛盾的。如何不是主观地把它们调和起来，主要取决于参与程度。参与过深，经常会袒护你的报告人，参与过浅，又无法了解文化的真正意义。为此，李亦园教授在其讲义中提出了 9 种使人类学家的调查既有效度又保持某种程度的信度的方法：

1. 调查时间：田野时间越长，获得的材料越可靠。
2. 参与观察：实际参与或观察要比访谈获得的资料可靠。
3. 报告性质：报告个案要比一般陈述可靠。
4. 语言应用：用当地语调查要比靠翻译调查可靠。
5. 作者训练：受过正规训练的人要比一般记述者可靠。
6. 报告发表时间：报告发表的时间与田野时间越近，可靠性越高。
7. 报告内容越详细，其可靠性越高。
8. 报告篇幅较长者通常有较多资料可用。
9. 当地助手的人数与性质也是重要的关键。[①]

五、田野资料的"准确性"与"真实性"

这里所说的"准确性"和"真实性"，是相对而言的。作为一个外来者，民族志者不可能真正获取绝对准确或绝对真实的田野资料。由于上述种种问题的限制，民族志者充其量只能获取比较准确或比较真实的资料。传统上，民族志者往往单枪匹马进入异域进行调查，其获取资料的过程和方法便成为人们关注的焦点之一。20 世纪 80 年代之后，随着马尔库斯（G. Marcus）、库什曼（Dick Cushman）和克利福德（James Clifford）等学者对传统民族志的描写架构、描述

---

① 李亦园. 田野图像——我的人类学研究生涯［M］. 济南：山东画报出版社，1999：107～112.

的权威性、强调典型性等方面的批评性论著的问世，[①] 人类学者开始反思自己的研究方法和民族志文本的表述方式。为了证明田野资料的准确性，民族志者开始叙述他们搜集资料的过程。斯图尔特（Alex Stewart）认为，民族志者可以一种"反观"的写作手法将他们作为参与观察者的经历融入他们的民族志描述中，使写作者自身的田野经历也成为读者批评的内容之一。如"叙述民族志"和"自白的描述"等民族志文本都试图让读者置身于田野调查者的工作场景之中，从而判断田野资料的正确性和可靠性。这些反观性文本可能对全面反思当地人的文化、研究者和当地人之间突如其来的相互交往是有裨益的。[②] 在此，我们可以借用山杰克（Roger Sanjek）"民族志者的路径"（the ethnographer's path），即研究者参与当地信息提供者网络关系中的轨迹来进行说明。山杰克认为这种网络信息有助于读者评价田野资料的正确性。除了网络关系的"大小和范围"，山杰克认为民族志者有必要公布被观察的信息提供者的所有信息，包括诸如性别、职业、年龄等人口资料，还应披露民族志者通过一个信息提供者结识另一个信息提供者的实际网络路径。[③] 刘朝晖在《村落社会研究与民族志方法》一文中也认为："我们有必要详细交代自己的研究过程和方法，以绝对坦诚和毫无保留的方式披露自己的研究成果。所以，应该有专门的章节描述自己的调查是在什么条件下进行的，信息是怎么收集的，哪些材料是报告人陈述的，哪些是研究者从中整理和领悟出来的等等，这些都是构成完整民族志的重要部分。"[④] 对民族志者与其所有关键信息提供者之间社会网络关系的多维分析，以及对于民族志者收集资料的方法与路径的交代，均有助于我们了解民族志者获取资料的过程，并据此甄别田野资料的准确性。为确保田野资料的准确性，要求当地人对描述他们生活的民族志文本进行反馈也是有效的方法之一。当他们阅读民族志者撰写的文本时，"他们"即当地人可能会展现出完全不同于作者的观点。这些分歧有助于作者在正式出版其论著之前仔细核实田野资料的准确性。这种被称作"回应法"的方法，现在已被民族志者广泛采用。毋庸置疑，民族志者的研究在很大程度上基于"局内人"与"局外人"之间的对话，因此，"回应法"可以被看作是一种保证田野资料准确性的有效方法。尤其是通过翻译获取的田野资料，更应通过这种"回应法"进行核实。

　　许多知名人类学家认为，延长田野调查时间是保证田野资料真实性的有效

① Marcus, G. and Dick Cushman. "Ethnographies as Texts". *Annual Review of Anthropology*, 1982（11）. Clifford, J.（1986）. "Introduction: Partial Truths". In James Clifford and George Marcus, eds. , *Writing Culture: The Poetics and Politics of Ethnography*. California: The University of California Press.

② Stewart, Alex（1998）. The *Ethnographer's Method*, p. 33. California: Sage Publications, Inc..

③ Stewart, Alex（1998）. The *Ethnographer's Method*, pp. 34-35. California: Sage Publications, Inc..

④ 刘朝晖. 村落社会研究与民族志方法 [J]. 民族研究, 2005（3）: 101.

方法之一。实际上，在田野地点长期生活可以说是民族志者确保资料真实性的最好方法。在田野中生活的时间越长，田野者就有更多的机会了解当地的历史、人际关系和文化，就有更多的机会纠正田野者自己想当然的资料和复杂信息，也就有更多的可能性将田野者自己的经历转化为地方性知识，但是这种长期的田野方法在我国人类学研究中却日益衰落。眼下人们更热衷于所谓的聚焦民族志（focused ethnography）。与传统民族志相比，这种民族志具有明显的生态优势——以最少的花费取得最多的资料，而且民族志研究的主题越明确，所需田野调查的时间也就越少。但问题是，仅靠短期的田野调查，我们无法保证田野资料的真实性。正如阿加尔（M.Agar）指出的那样，此类基于短期田野调查的民族志研究能否如实地反映复杂的社会现实，是有疑问的。① 大凡做过田野调查的人都知道，民族志者初到田野地点时所看到的当地人的社会生活往往有可能是表演性的，我们不应忘记费边（Johannes Fabian）的告诫："文化的'表演性'（performative）远胜于其'报道性'（informative）"。② 因此，民族志者不仅需要观察各种文化表演，而且更需要长期亲身体验文化。因为文化不是同质的，而是弥散于不同的社会情境之中的，因而，民族志者需要在不同的情境下体验被研究者的文化。如果没有足够长的时间参与和体验被研究者的文化，民族志者便难以透过文化的"表演性"获取那些"弥散于不同的社会情境之中"的文化。人类学的研究表明，民族志者必须区分人际互动所发生的社会情境，特别关注那些在人际互动过程中起重要作用的信息提供者的行为。社会情境会影响人们的言行，即他们在特定的情境中该说些什么，不该说什么。此外，民族志者还应当清楚地意识到，所有显而易见的知识与一般情况下人们的实际行为之间可能有差距，也就是说，人们所说的与他们实际所做的不可能完全一致。此外，任何一个信息提供者所提供的信息都只是其文化的一部分。因为每一个信息提供者都有他自己的文化盲点，民族志者只能通过一定的资料搜集策略由其他有不同盲点的信息提供者来弥补这些盲点，从而获取接近真实的田野资料。即使最优秀的信息提供者都很难准确地表述其群体的文化与行为。

　　简言之，由于民族志者自身的局限性，他们往往可能会误读地方性的文化，而民族志者对于当地文化的肤浅解释和有选择性的感知等也都可能会造成他们对地方性文化的整体性误解。诸如民族志者的介入问题、语言问题、身份与性别角色问题、参与程度问题、信息提供者行为的"表演性"以及他们对于自身文化的盲点等等，都会影响到我们对当地文化的正确理解和认识。另外，由于

---

① Stewart, Alex（1998）. The Ethnograrher's Method, pp.20-21. CA: Sage Publications. Inc.

② Fabian, J.（1991）. Time and the Work of Anthropology，p. 397. Chur and Reading: Harwood Academic Publishers.

田野调查时空上的局限性，"传统民族志的情境关怀"即民族志者对其研究对象持有的一种肯定态度，或者民族志者在描述地方文化时会在某种程度上袒护当地人的做法，也会在很大程度上影响到民族志资料的准确性和真实性。事实上，这种偏袒自从马林诺夫斯基以来一直是"人类学家应当采取'当地观点'的思想"所提倡的。[①] 但需要特别指出的是，上述问题或局限性是在肯定人类学田野调查方法的基础上提出的。到目前为止，人类学田野调查中的参与观察法依旧是理解异文化的最可靠、最有效的方法。因此，我们在质疑和反思田野调查过程中所出现的问题的同时，应该比以前更加注重在地方化的社区从事长期的田野调查，以获取更加接近"准确"和"真实"的田野资料。[②]

六、田野调查需要多长时间

大多数人类学研究需要至少一年的田野调查，因为只有这么长的时间才能系统地观察被研究者至少一年的生活全貌。也只有这么久的时间才能融入当地的社会中去，学会一种新的语言，与当地人建立密切关系，获取可靠的资料。

然而，有许多参与观察研究是在几个星期或几个月内完成的。就最低限度而言，几天时间也有可能做好参与观察。假定你当学生时在自助洗衣店浪费那么多时间，你可以在一周内在这样的地方做一项合理的参与观察研究。你带上一兜要洗的衣服来到洗衣房，仔细观察周围所发生的一切便是了。经过两三周观察之后，你可以告诉其他人你在做研究，希望能够采访他们。你可以这样做是因为你会讲当地的语言，同时也因为以前的经历，另外，你也懂得许多礼仪。参与观察有助于将已经知道的知识系统化。

在田野中所花费时间的长短与你所要研究的对象有关。纳罗尔（R. Naroll）认为，那些在田野点居住一年以上的人类学家很可能会对诸如巫术、性行为、政治斗争等敏感性问题进行研究。那些做过十几年甚至几十年参与观察研究的民族志者才发现他们最终得到了关于社会变迁的资料，而这些资料以其他任何方法都不可能轻易获得。[③]

七、田野中的安全问题

许多田野工作者在意外事故中受伤甚至死亡。1935 年费孝通在广西金秀大

① 尼古拉·托马斯著. 王寅通译. 人类学的认识论 [M]. 中国社会科学杂志社编. 人类学的趋势. 北京：社会科学文献出版社，2000：55.

② 袁同凯. 在异域做田野：老挝的经历——兼论田野资料的"准确性"与"真实性"问题 [J]. 广西民族大学学报（哲学社会科学版），2009（5）：17~18.

③ Bernard, H. R.（2002）. *Research Methods in Anthropology：Qualitative and Quantitative Approaches*, pp. 329-330. Oxford：AltaMira Press.

瑶山做田野调查时误入捕虎陷阱，身受重伤，6 个月后才痊愈。他的新婚妻子王同惠在叫人营救费孝通时不慎跌入悬崖，溺水身亡。1981 年，罗萨尔多（M. Z. Rosaldo）在菲律宾做田野调查时落入瀑布而死，年仅 37 岁。1985 年，宾夕法尼亚大学一名叫兹维克勒（Thomas Zwickler）的研究生在印度做田野调查时在一条乡村公路上被一辆过路的汽车撞死。他当时正骑着一辆自行车。1995 年一个国际人类学联合考察组一行 5 人在考察北极地区的社会变迁时，乘坐的海象皮小舟（umiak）不幸被一头巨鲸掀翻，5 人全部遇难。

面对危险怎么办呢？本纳德的建议是，在出发前接种必要的疫苗。查一查本国卫生部门从疾病控制中心获得的最新信息，了解你要从事调查地区的流行疾病。如果你要去一个流行疟疾的地区，那么，带足抗疟疾的药物。

在人类学家从事田野考察的传统社会，人们往往使用同一个酒具喝酒，当盛满土酒的酒葫芦传到你跟前时，尽量友善地予以拒绝，如果必要的话，解释一下你不能喝的缘由。这样做，你或许会得罪个别人，也许不能总是摆脱困境，不得不少许地喝一点，但你总能减少被疾病感染的机会。如果你在一个偏远的地区做田野调查，最好带一些密封的皮下注射器针头以防万一需要注射使用。

并不是每一个人都会去偏远的地区从事田野调查，但是如果你决意要去，你最好把个人的生命安全放在第一位。毫无疑问，到异地从事田野调查的收获是丰厚的，但危险性也同样很大。[①]

专业词汇

田野研究　民族志　观察法　参与观察法　访谈法　全面调查　问题调查　调查提纲　明确意识　文化震撼　谱系法　专门报告人　个人生活史　文化主位法　文化客位法　问卷访谈　社会调查

思考题

1. 什么是观察和"参与观察法"？
2. 人类学者在进行访谈时应注意哪些问题？访谈法分为哪两种？
3. 为什么说谱系法对于早期人类学研究十分重要？
4. 什么是文化主位研究与文化客位研究？在实际研究过程中应如何处理两者的关系？
5. 传统人类学方法与社会学的调查研究（survey research）有什么区别？
6. 人类学研究在方法上的发展趋势是什么？

---

① Bernard，H. R.（2002）*Research Methods in Anthropology：Qualitative and Quantitative Approaches*，pp. 354-355. Oxford：AltaMira Press.

推荐阅读书目

1. 埃文思–普里查德著. 褚建芳，阎书昌，赵旭东译. 努尔人［M］. 北京：华夏出版社，2002.

2. 拉德克利夫–布朗著. 夏建中译. 社会人类学方法［M］. 北京：华夏出版社，2002.

3. 费孝通. 芳草茵茵——田野笔记选录［M］. 济南：山东画报出版社，1999.

4. 李亦园. 田野图像——我的人类学研究生涯［M］. 济南：山东画报出版社，1999.

5. 马林诺夫斯基著. 梁永佳，李绍明译. 西太平洋的航海者［M］. 北京：华夏出版社，2002.

6. 乔健. 漂泊中的永恒——人类学田野调查笔记［M］. 济南：山东画报出版社，1999.

7. 汪宁生. 文化人类学调查——正确认识社会的方法［M］. 北京：文物出版社，1996.

8. 奈吉尔•巴利著. 何颖怡译. 天真的人类学家［M］. 桂林：广西师范大学出版社，2011.

9. Williams，Thomas Rhys（1967）. *Field Methods in the Study of Culture*. New York：Holt，Rinehart and Winston.

10. Wolcott，Harry（1999）. *Ethnography：A Way of Seeing*. Thousand Oaks，CA.：Sage.

11. Bernard，H. R.（2002）. *Research Methods in Anthropology：Qualitative and Quantitative Approaches*. Maryland：Rowman & Littlefield Publishers，Inc..

第四章　文化、环境与人类行为

从语源上讲，"文化"一词源自拉丁文"cultura"，指耕作、培养、教育、发展出来的事物，是与自然存在的事物相对而言的。如野生的禾苗不是文化，而经过人工栽培出来的麦、稻等就是文化；天然石块不是文化，但原始人以其打制成的石刀、石斧等就是文化；天空的雷鸣、闪电不是文化，但是，当人们把它们想象为人格化的神灵时，它们就是文化。如生活于新疆伊犁草原上的哈萨克牧民把雷鸣想象为青色公马的嘶鸣，青马是他们想象中的神马。每当神马嘶鸣时，哈萨克妇女总会手拿木勺，舀一些牛奶（被视为圣洁之物）洒在门前，然后一边用木勺敲打毡房的围栏一边念叨："青马叫，牛奶多；青马叫，牛奶多……"。同样，日月星辰、江河湖泊、奇石等不是文化，但当它们被人们赋予一定的意义时，如有关日月星辰等传说中的太阳、月亮等即为文化。在很多民族中，人们把太阳视为男性，月亮视为女性。它们原本是一对情人，是黑暗使它们永远不能相见。土里的树根不是文化，但经过人加工的根雕就是文化；野地里的奇石不是文化，但摆放在家里或展览厅里的奇石则是文化。也就是说，只有当自然存在物经过人的加工、改造和创造，才能称其为文化。

我们每个人都认为我们自己与别人不同，我们有自己的观念、习俗和习性。的确，我们每个人都与其他人不同，但大多数美国人都认为吃狗肉是错误的，也都确信细菌或病毒会引起疾病。可以说，我们的社会里大多数人具有类似的感觉、信仰和习俗，但我们却很少去思考这个问题，这正是人类学家所要探讨的主题。

我们之所以很少去思考文化是因为我们已对其习以为常了。一旦我们意识到其他的群体或社会具有与我们不同的信仰和习俗，我们便会思考我们是如何共享某些观念和习俗这个问题。对于美国人来说，如果他们不知道在有些社会吃狗肉是件很平常的事的话，他们可能永远也不会想到吃狗肉的可能性。同样，如果我们不知道在某些社会人们认为疾病是由巫术或恶魔造成的话，我们也不会意识到确信现代医学只是一种文化。只有当我们将自己与他人进行比较时，我们才能意识到文化的差异性和相似性。[1]

---

[1] Ember, Carol R. and Melvin Ember（1988）. *Cultural Anthropology*, p. 14. New Jersey: Prentice-Hall International, Inc..

美国当代人类学家基辛在《文化人类学：当代的视角》（*Cultural Anthropology: A Contemporary Perspective*）中正确地指出：

> 研究文化的第一个困难，就在于我们并不习惯分析文化模式，而且我们甚至很少感觉到文化模式的存在。我们——或任何其他社会的人民——在成长的过程中，就好像透过扭曲事实的眼镜来看世界。我们认为"就在那儿"的东西、事情、关系等，其实都经过这种知觉的筛子过滤过了。一旦遇到戴着不同眼镜的人，不可避免地，第一个反应就是把行为贬成奇行异举，要不就是错误的。从我们自己的文化眼光去看其他民族的生活方式，叫作民族本位的偏见（ethnocentrism）。要自觉到我们的"文化眼镜"并加以分析，是件很痛苦的事。我们最好学学别人的文化眼光；虽然我们永远无法把自己的"眼镜"摘掉，看看这个世界"到底"是什么样子；我们也无法透过别人的"眼镜"去看世界，而同时又不用摘掉自己原有的"眼镜"；不过至少我们可以了解到许多我们自己的成见。……我们以为其他民族的世界也跟我们的一样，因此不可避免地会误解对方。可能改变这种情况的办法是从内在来看其他生活方式、从外在来看自己的生活方式、从内在外在来看我们共同的人性——也就是去研究与我们最为迥异的生活方式。是这种挑战把文化人类学者带到了遥远的热带丛林和沙漠地区，以寻求一个最佳的立足点去观察其他民族、我们自己及全人类。①

需要特别说明的是，民族本位的偏见或民族中心主义是一种普遍的文化现象。每个民族都认为他们自己的文化行为、观念、习俗等是正确的、道德的，而其他民族的行为则是怪异的、不道德的甚至是野蛮的。人类学家的主要任务之一，就是揭露和批判这种将自己的文化价值观强加于他人的民族中心主义倾向。

第一节　文化的概念

在我们的日常生活中，"文化"常常是指一种高雅的、悦人心境的品质，是指常去观看戏剧、听音乐会或看艺术展览等获得的内在涵养，即含有艺术修养和上流社会所具有的高雅风范等意义。然而，人类学家对文化却有不同的界定，

---

① 基辛（R. Keesing）著. 陈其南校订. 张恭启，于嘉云译. 文化人类学 [M]. 台北：巨流图书公司，2000：38～39.

如林顿（Ralph Linton）对文化的描述：

> 文化指一个社会的生活方式，与弹钢琴或阅读《圣经》等没有关系。对于社会科学家而言，这些活动只不过是我们文化整体中的一部分。文化还应包括诸如洗碟子或驾驶摩托之类的活动，从文化研究的角度出发，这些活动与生活中那些高雅的活动同等重要。因此，不存在没有文化的社会或者个人。每一个社会都有其文化，不论这种文化是何等简单，就参与文化而言，每一个人都是有文化的。①

美国人类学家恩贝尔（Carol R. Ember）认为，文化包括生活的方方面面。对大多数人类学家来说，文化包含习得的行为、信仰、态度、价值以及特定社会或群体特有的观念等，指某个特定社会群体由学习积累的生活经验、行为特质及其受社会传递的模式。我们一出生就面对一个复杂的文化系统，这个文化系统将严重地影响我们之后的生活方式和行为方式。②

文化一直是社会文化人类学的基本概念。一百多年前，英国文化人类学家泰勒（E. Tylor）在其经典性著作《原始文化》（Primitive Cultures）中指出，人类行为与思维并不是随意性的，而是遵循一定的自然规律，因此可以科学地研究文化现象。他在该书中认为："文化包括知识、信仰、艺术、道德、法律、习俗以及作为社会成员所习得的其他能力和习惯。"③ 他给文化下的定义在人类学领域具有一定的权威性，至今仍有不少学者引用或以其为依据。在这个定义中，关键的是"作为社会成员所习得的"社会行为。泰勒的定义所强调的是人们在某一特定社会的文化传统里习得的信仰与行为。这种过程叫"濡化"（enculturation），即儿童学习文化的过程。④

心理人类学家林顿认为，文化是某特定社会的成员所共享并互相传递的知识、态度、习惯性行为模式等的总和。1945 年，美国文化人类学家克拉克洪（C. Kluckhohn）和凯利（William W. Kelly）在《文化的概念》（The Concept of Culture）一文中对文化的定义是：在历史的进展中为生活而创造出的设计（design）；包

---

① Linton，Ralph（1945）. *The Cultural Background of Personality*，p. 30. New York: Appleton-Century-Crofts.

② Ember，Carol R. and Melvin Ember（1988）. *Cultural Anthropology*，pp. 16-17. New Jersey: Prentice-Hall International，Inc..

③ 即"Culture…is that complex whole which includes knowledge, beliefs, arts, morals, law, custom, and any other capabilities and habits acquired by man as a member of society". 参见: Tylor，Edward，1958（1871）. *Primitive Culture*，p, 1. New York: Harper Torchbooks.

④ Kottak，Conrad P.（1997）. *Anthropology: The Exploration of Human Diversity*，p. 36. New York: The McGraw-Hill Companies.

含外显的和潜隐的，也包括理性的（rational）、不理性的（irrational）和非理性的（nonrational）一切；在某特定时间内，是人类行为潜在的指针。1952 年，美国文化人类学家克罗伯（A. Kroeber）和克拉克洪在《文化：一个概念定义的考评》一书中的定义是：文化是构成人类群体独特成就的模式，包括外显的和潜隐的模式，也包括属于行为（of behavior）或指引行为（for behavior）的模式，它是借着象征来获得并传递的。1961 年，美国人类学家古迪纳夫（Ward H. Goodenough）在总结前人研究成果的基础上指出，事实上人类学家所使用的"文化"概念含有两个不同的层面：可观察现象领域和观念领域。第一个层面指一个社群内的生活模式，也就是该社群规则性一再发生的活动，以及物质的布局和社会的布局，而且这些都是某特定群体所特有的。第二个层面指组织性的知识体系和信仰体系，一个民族借着这种体系来建构他们的经验和知觉，规约他们的行为，决定他们的选择。① 英国人类学家马林诺夫斯基在《文化论》中认为，"文化包括一套工具及一套风俗——人体的或心灵的习惯，它们都是直接地或间接地满足人类的需要"。② 具体而言，文化是指物质设施、精神活动、语言、社会组织等。在他看来，文化的意义在于人的生活本身，不是刊印在书本上的关于文化的记载，而是人们活生生的活动。人类学家不仅要回到生活中去了解人，还要在一个个人的生活中去概括出一个任何人都逃不出的总框架。③ 新进化论代表人物怀特认为，文化是依赖于符号的使用而产生的现象的种类，包括物体、行为、思想及态度。在怀特的文化定义中，符号是一个重要的概念。在他看来，创造和使用符号的能力是人类区别于动物的最根本的特征。没有符号，就没有文化，人也就仅仅是动物而不会成其为人类。④ 墨菲（R. Murphy）认为，文化是意义价值和行为标准的整合系统，社会中的人们据此生活并通过社会将其在代际传递。文化不仅告诉我们在某种特定的情境中如何行动，也告诉我们期望别人如何行动。⑤ 美国当代著名人类学家格尔茨（C. Geertz）认为，文化是人类自己编织的意义之网。他曾经这样描述文化，"我与马克斯·韦伯一样，认为人是悬挂在由他们自己编织的意义之网上的动物，我把文化看作这些网，因而认为文化的分析不是一种探索规律的实验科学，而是一种探索意义的阐释性科学。"⑥

---

① 基辛（R. Keesing）著. 陈其南校订. 张恭启, 于嘉云译. 文化人类学 [M]. 台北：巨流图书公司, 2000：36～37.

② 马林诺夫斯基著. 费孝通译. 文化论 [M]. 北京：华夏出版社, 2002：15.

③ 黄剑波. 马林诺夫斯基及其文化功能论 [M]. 庄孔韶主编. 人类学经典导读. 北京：中国人民大学出版社, 2008：35.

④ 刘华芹. 怀特重建文化进化论 [M]. 庄孔韶主编. 人类学经典导读. 北京：中国人民大学出版社, 2008：114.

⑤ 罗伯特·F. 墨菲著. 王卓君译. 文化与社会人类学引论 [M]. 北京：商务印书馆, 2009：33.

⑥ 克利福德·格尔茨著. 韩莉译. 文化的解释 [M]. 南京：译林出版社, 1999：5.

中国台湾著名人类学家李亦园认为，文化包括可观察的文化（observable culture）和不可观察的文化（unobservable culture）两部分。可观察的文化又包括物质文化、社群文化和精神文化。他常常以英国哲学家罗素（Bertrand A. W Russel）的名言"人类自古以来，有三个敌人：自然、他人跟自我"为例来解释文化的内涵。据此，他引申出，人类为克服自然创造了物质文化，包括衣食住行所需要的工具以及科学技术手段；为了克制自己与他人相处，人类发明了社群文化，包括道德观念、社会行为规范以及典章制度等；为了表达感情并以此来安慰、平定和弥补我们自己的感情，人类又发明了精神文化或表述文化，包括文学、艺术、音乐、宗教等。不可观察的文化主要是指文化的内在法则或逻辑，犹如语言的文法一样，往往存在于我们的下意识中，因而是不可观察和不易观察的。①

文化一直是 20 世纪人文学界最具影响力的观念之一。尽管人类学界至今对文化的观念仍没有统一的界定，但早期人类学家提出的文化观念，已经渗入其他人文学科，并造成很大的影响，人们不再把文化理解为仅限于上流社会的高雅风范，人类学视角下的文化概念，即通过学习积累的生活经验的文化观念早已被大众所接受和认可。

第二节　文化的共性

人类在其进化过程中创造了绚丽多彩的文化，每个民族都为丰富人类文化宝库做出了重大贡献。在研究人类文化的过程中，人类学家发现尽管由于自然环境和社会环境的不同，人类的文化存在着极大的差异性，但同时也有显著的共同性。根据科塔克的归纳和总结，文化的共性主要表现在以下几个方面：

一、文化是共享的

文化是共享的（shared），某一个人的个体行为或想法不是文化。被视为一种文化的想法或行为，一般必须得到众人的共识；即使一个观念或行为不是众人共享的，但如果大家认为这个观念或行为是合适的，那么，它们也是文化。在我们的社会里，婚姻只限于一个男人和一个女人之间的结合的观念是文化，因为我们绝大多数人都支持这个观念。文化在社会中传播，我们通过观察、听说和与他人交往来学习文化。濡化通过为我们提供相同的经历而使我们共享一种文化。今天的父母是昔日的孩童，如果我们在一种文化中成长，那么我们无

---

① 李亦园. 田野图像——我的人类学研究生涯 [M]. 济南：山东画报出版社，1999：70～71.

疑会吸收上一代人传承的价值或信仰。人是濡化的对象，同时又是濡化的媒介，一代代将文化传承下去。尽管文化在不断地变化，但某些基本的信仰、价值、世界观以及育儿的方式却会一代代传播下去。①

当我们谈及一个社会共享的风俗习惯时，我们往往是指一种文化，这正是文化人类学所关注的中心议题。我们所说的文化共享是相对的、分层次的：有些文化是某一个社群共享的，有些是一个社会共享的，还有些是全国乃至全世界共享的。比如说，点头表示认可、肯定，摇头表示否认、不同意，这一文化现象在许多社会中是通行的，但并不是全人类共享的。如在保加利亚，当别人问你渴不渴时，如果你点头表示渴，你可能永远也喝不上水。因为在保加利亚，点头表示否定，而摇头则表示同意。在非洲卡拉哈里沙漠里生活的许多部落中，点头也表示否定，摇头则表示同意和认可。再如，我们当中可能没有哪个人认为用左手或右手递食物有什么区别。但在印度，如果你用左手给别人递食物，则被认为是对他们的侮辱。因为在他们的观念中，左手是用来做"大、小净"的，因而是不洁净的。我们再来看一看手势文化。在美国，竖起拇指表示"干得好"，搭便车的旅行者也会经常用到。但不要在希腊、俄罗斯、撒丁岛或者非洲西部使用，因为在这些地区，竖拇指含有"滚开"的意思。在美国和中国，许多人用"V"这个手势表示"胜利"，但如果是在澳大利亚、爱尔兰或新西兰，做这种手势无异于说脏话骂人。在许多文化里，"OK"手势意指一切没问题，但在俄罗斯、巴西、土耳其和地中海地区，该手势表示"你是同性恋"，在法国和比利时，它相当于说别人是一文不值的废物。② 在汉文化中，用手进食是不卫生和不文雅的举止，但在印度和部分东南亚文化中，用手进食却被视为是洁净和优雅的行为。在爱尔兰，人人都有大侃特侃的习惯，如果你等公共汽车的时候不跟身旁的人聊上一阵，那是失礼和粗鲁的，而在伦敦，如果你这样做，则会被视为疯子。

二、文化是习得的

并不是所有共享的东西都是文化。一个族群特有的发色就不是文化，本能性的吃也不是文化。因为能称之为文化的东西必须既是共享的又是习得的（learned）。特有的发色（不是人为的染色）之所以不是文化，是因为这种发色是由遗传基因决定的。"吃"是人类的一种本能，不是文化。但吃什么、什么时候吃、怎么吃却是通过后天学习学得的，因文化而异，这时"吃"就是一种文

---

① Kottak, Conrad P.（1997）. *Anthropology: The Exploration of Human Diversity*, p. 36. New York: The McGraw-Hill Companies.

② 黄义务编译. 在国外可能给你惹麻烦的七种手势 [J]. 读者, 2012（11）: 31.

化。美国人认为狗肉是不能吃的，而且吃狗肉的想法也确实令美国人发怵。

在中国和世界各地，绝大多数瑶族人也不吃狗肉，因为在他们的神话传说中，狗是瑶族的始祖。相传，在远古时代，确切地说是在黄帝的曾孙帝喾高辛王当朝时期，有一年，皇后娘娘忽然得了耳痛病，一直没有治好。后来从耳朵里挑出一条金虫，耳病就好了。皇后娘娘觉得奇怪，就把金虫放在瓠篱里，用盘子盖着。哪知道盘子里的虫子忽然变成了一条龙狗，遍体锦纹，五色斑斓。因为龙狗是从盘子和瓠篱里变出来的，就取名"盘瓠"。高辛王非常喜欢这条狗，行坐随身，寸步不离。这时碰巧房王反叛，高辛王忧虑国家危亡，便向群臣说道："若是有人能斩房王的头来献，愿把公主嫁给他。"房王兵强马壮，没人敢去冒险。这话被盘瓠听到，它悄悄地离开宫廷，来到房王军帐中，见到房王，便摇头摆尾。房王非常高兴，认为这是一个好征兆，于是举行盛宴庆贺。那天晚上，房王喝得烂醉，盘瓠便趁机咬下房王的头颅，叼着它飞速返回高辛王的王宫。盘瓠等着迎娶公主，可高辛王不能把公主嫁给一条狗啊。这时，盘瓠告诉国王，把它放在金钟里七天七夜后就可以变成人。国王把盘瓠放在金钟里，等着它变成人，可是等到第六天时，公主怕它饿死，便擅自做主悄悄打开金钟，盘瓠全身都变成人了，就差头还没来得及变。盘瓠不得不从金钟里跳出来，披上大衣，公主则戴了狗头帽，他们就在王宫里结了婚。婚后，盘瓠带着公主来到南山，住在深山岩洞中。数年后，他们生下三男一女，便带众儿女们回家去见外公外婆。高辛王赐给老大盘姓，老二蓝姓，老三雷姓，女儿跟丈夫姓钟。这便是瑶族四大姓氏的由来。[①]

但是在其他一些地区，如中国东北地区和韩国等，狗肉却是一种美味佳肴。在美国，许多人认为烤火腿是节庆佳肴，而在中东的一些地区，包括埃及和以色列，吃猪肉却是《古兰经》上禁止的。[②] 在中国南方的一些省份如广东和广西，食材范围很广，如活吃猴脑（菜名叫"猴头"）、活吃乳鼠（菜名叫"三吱儿"）等。对于信奉伊斯兰教的穆斯林民族来说，他们的饮食文化中有许多禁忌，凡是属于非清真的食物都在禁食之列。

饮食文化博大精深，人类除了讲究什么可以吃、什么不可以吃之外，对于怎么吃也非常考究。饮食不仅是人类不可或缺的物质基础，同时也是人类十分重要的精神财富。在饮食过程中，我们能够看到的不仅是人们的思想道德、文化素养、生存状态、社会需求等精神和物质活动的表象，更能体悟到人们赋予食物的深层象征含义。谁先吃、怎么吃、该吃什么都有一定的规则，折射出一

---

① "盘瓠传说"引自：袁珂. 中国社火传说（上）[M]. 北京：中国民间文艺出版社，1984：72～74.

② Ember, Carol R. and Melvin Ember（1988）. *Cultural Anthropology*, pp. 17-18. New Jersey: Prentice-Hall International, Inc..

个家庭或社群的社会级序、性别角色以及权力关系。人类学家西敏司（Sidney W. Mintz）在《饮食人类学：漫话有关食物的权力和影响力》（*Tasting Food，Tasting Freedom：Excursions into Eating，Culture，and the Past*）一书中指出，人类赋予饮食的象征意义远比其简单的营养内涵丰富得多。[①] 饮食文化是人类整体文化不可分割的一部分，人们的饮食活动和行为不仅体现着人与人之间的年龄级序、社会地位以及权力关系，而且也在一定程度上表现出一个社会或一种文化所遵循的道德观念和行为规范。从象征符号的角度看，饮食文化所蕴含的社会的、文化的意义更是异常深广。[②] 礼仪是人类社会交际行为的准则。[③] 孔子说："礼也者，理也。"这里的礼，实际上指的是一种社会秩序，是具体的行为规范。表现在饮食活动中的礼俗，指的就是饮食规范。[④] 每一个民族都有一套体现本民族特点的饮食礼俗。如哈萨克族"逐水草而居"的游牧经济孕育出绚丽多姿的草原文化，他们的礼仪不但带有强烈的游牧特点，也展示出草原文化瑰丽的一面。哈萨克人的热情与好客闻名于世。在草原上，每当有客人来到哈萨克族的毡房时，无论认识与否，主人都会热情地请客人进毡房，入座上席，主妇烧奶茶，拿出食品招待。如果天色已晚，主人则会挽留客人住宿。传统上他们都会宰羊待客。宰杀之前，主人要先把羊拖到门口，将羊头伸进门内，请求客人准许宰杀，客人做"巴塔"（bata）以示祝福之后，才将其拉到毡房前的草地上宰杀。宰杀后，通常要把一只羊分割为十二块，每块都有专门的名称。即两块"江巴斯极勒克"（jangbas-jilik，盆骨肉）、两块"涡塔极勒克"（orta-jilik，后腿骨中部）、两块"阿斯克极勒克"（asek-jilik，后腿骨下半部）、两块"加吾仁极勒克"（jawren-jilik，肩胛骨肉）、两块"东姆拉斯极勒克"（domalas，前腿骨中部）、两块"克勒极勒克"（keri-jilik，前腿下半部）。[⑤] 在长期的饮食实践过程中，他们逐渐赋予不同的部位以不同的象征意义，使其从文化上具有了尊卑贵贱之分。在他们看来，哪一个部位的肉给什么人吃都有一定讲究："巴斯"（bas，羊头肉）和"江巴斯"（jangbas，盆骨肉）被视为羊身上最尊贵的部位，敬献给长者或贵客享用；"阿斯克极勒克"和胸骨肉给女婿和媳妇吃；羊舌头、羊耳朵、羊腰子、羊心通常给小孩吃。[⑥] 进餐时，主人把盛有羊头、盆骨肉、肋条肉的大盘子放

① Mintz，Sidney W.（1996）. *Tasting Food，Tasting Freedom：Excursions into Eating，Culture，and the Past* ，p. 29. Boston：Beacon Press.

② 区福宝，庄华峰主编. 中国饮食文化辞典 [M]. 合肥：安徽人民出版社，1994：8.

③ 许前. 哈萨克族礼俗志 [J]. 伊犁师范学院学报，1989（2）：44.

④ 王仁湘. 饮食与中国文化 [M]. 北京：人民出版社，1993：386.

⑤ 由新疆大学的周亚成教授和新疆阿尔泰地区行署的托肯先生提供，在此深表谢忱。

⑥ 续西发. 新疆世居民族概览 [M]. 北京：民族出版社，2001：52. 另见：贾合甫·米尔扎汗，阿不都力江·依提. 哈萨克族 [M]. 乌鲁木齐：新疆美术摄影出版社，1996：90.

在客人面前。按哈萨克人的传统礼俗，这时客人应先割下一块羊腮帮肉，敬给在座的长者，割下羊的左耳给宴席中年龄最小的孩子，再割一片自己吃，然后把羊头送还主人。之后，由主人或其他家人持刀将大块连骨肉剔成小块，大家开始吃肉。

游牧于新疆伊犁喀拉达拉草原上的黑宰人，把羊腿肉分为上乘和下等两种，后腿骨肉叫"吾勒极勒克"，前腿骨肉叫"孔极勒克"。在他们的方言中，"吾勒"是男性之意，而"孔"则指旧时没有人身自由的、可以被主人转卖的家奴。如果贵客临门或有长者在座，主家端上"孔极勒克"招待客人，贵客和长者会感到极大的羞辱。而次一等的客人，可以不上羊头，但必须有"江巴斯"和"吾勒极勒克"。正如萨林斯（M. Sahlins）的研究所表明的那样，在美国饮食文化中，牛肉是主要的肉类消费品，因为牛肉传统上被赋予了男性气概的文化内涵，象征着男性的阳刚之气，因而牛肉尤其是牛排被看作是肉中之上品，而牛的内脏则被赋予了低劣的形象。[①] 如上所述，在哈萨克族的饮食文化中，不同部位的羊肉在文化上有不同的含义，羊头和盆骨肉象征着高贵，而前腿肉则代表着卑劣。

任何一个民族都有自己独具特色的节庆活动。每个节庆，都有很充实的文化活动内容，而且往往是以多彩的饮食活动体现出节日的气氛。我们人类具有独特的使用象征、赋予事物意义的能力，并通过这些意义来规范我们的行为。[②] 从文化人类学的角度审视，节日里的饮食活动，不仅是一种体现民族特性的文化活动，而且也是一种通过饮食文化丰富的内涵寓意现实生活某种象征意义的过程，从而"寄托自己的希望，抒发自己的情怀，享受自然的乐趣，品味多变的人生"。[③]

象征人类学派的代表人物之一特纳（V. Turner）在其名作《象征的森林》(*The Forest of Symbols: Aspects of Ndembu Ritual*) 一书中认为，对于那些通过象征表述其情感、道德和价值观的人们来说，象征蕴含着极其丰富的意义。[④] 哈萨克族是一个崇尚白色的民族，在他们的传统观念中，白色象征纯洁，寓意诚实、吉祥和幸福。在喜庆之日，哈萨克人一般要挑选红毛白头或黄毛白头的羊宰杀，忌讳宰杀胸部有黑毛的羊。除了"安拉"之外，哈萨克牧民还崇拜掌管各种动物的神灵。如主管羊群的是 Qiaopan-ata（巧潘阿塔），主管马群的是 Kan-ba-er

---

① 王铭铭. 想象的异邦：社会与文化人类学散论 [M]. 上海：上海人民出版社，1998：369.

② Mintz, Sidney W. (1996). *Tasting Food, Tasting Freedom: Excursions into Eating, Culture, and the Past*, p. 153. Boston: Beacon Press.

③ 王仁湘. 饮食与中国文化 [M]. 北京：人民出版社，1993：63.

④ Turner, Victor (1969). *The Forest of Symbols: Aspects of Ndembu Ritual*, p. 44. Ithasa, N.Y.: Cornell University Press.

（坎巴尔），主管骆驼群的是 Aoyisi-er-hala（奥依斯尔哈拉），主管牛群的是 Zhen-eng-ge-baba（臻恩格巴巴）。每当畜群受到瘟疫的侵害时，他们就会向这些神灵敬献象征"洁白、纯净"的牺牲。库尔邦节是穆斯林民族的宗教性节庆之一，源于古代阿拉伯神话中的献祭日。时至今日，当哈萨克族向"安拉"献祭时，对献祭牲畜的毛色依然非常讲究。即献祭的羊须是黄色头、白色身子或白色头心的。为什么黄头羊被视为"纯洁"和吉祥呢？据说，很久以前，哈萨克先祖安纳斯，除了一只黄头羊外一无所有。一天，那只黄头羊产下一只小羊羔。安纳斯挤了满满一桶奶，他来到圣贤面前说："万能的圣贤啊，在这个世界上，除了这只黄头羊外我一无所有，请为我和我的羊祝福吧。"相传在哈萨克人皈依伊斯兰教之前，其祖先信奉圣贤。从此，安纳斯人丁兴旺、家畜成群。从那时起，因为圣贤的祝福，黄头羊便成为吉祥与幸福的征兆。

　　节令饮食活动的一个重要特点，就是表现人们对祈福祛病的心理追求，这类习俗表达的，是人们对美好生活追求的愿望。[①] 哈萨克族常常把喜庆的时刻形容为"白驼的肚子开了"。[②] 每当自己的亲朋好友久病康复或从危险的征途平安归来时，哈萨克人总会宰杀白色骆驼或额头上有白色斑点的红色或黄色羊宴请亲友，以求来日平安、幸福。而胸前有黑毛的羊则代表着缺乏真诚并寓意邪恶、灾难，因而在任何喜庆之日，哈萨克人都非常忌讳宰杀胸前有黑毛的羊。

　　不同的节庆，有不同品类的风味饮食，这些食物不一定非得是美味佳肴，但却含有一些特定的意义，其中之一就是象征性的，被认为可给人带来好兆头，带来福气。在哈萨克人的饮食文化中，有些食物在特定的场合中寓意着吉祥，人们往往通过它们表达对美好生活的向往与追求。在喜庆的仪式上，自然少不了要用食物作道具，一切也都是为了吉祥平安。新婚之时，汉族人民间有给新婚夫妇送大枣、花生之类食物的习俗，寓意"早生贵子"，[③] 哈萨克族也有类似的风俗。"恰秀"就是一种类似于汉族婚礼上向新郎、新娘抛撒谷物、豆类等粮食作物的仪式。"恰秀"指抛撒的糖果、"包尔沙克"（一种油炸面食，有汤圆大小）、"库尔特"等食品。如在"吉尔提斯"仪式上（"吉尔提斯"仪式是哈萨克族订婚之后，男方向女方家送结婚彩礼时所举行的仪式，"吉尔提斯"意即彩礼），当新郎一行人来到女方家门口时，女方一位德高望重的老年妇女手端一大盘"恰秀"抛向送"吉尔提斯"的人群，在场观看的大人小孩便会争先恐后地去捡拾撒落在地上的"恰秀"。同样，迎亲之时，男方家也会向送新娘的人群抛撒富有象征意义的"恰秀"。关于"恰秀"所蕴含的

　　① 王仁湘. 饮食与中国文化 [M]. 北京：人民出版社，1993：105.

　　② 许前. 哈萨克族礼俗志 [J]. 伊犁师范学院学报，1989（2）：31.

　　③ 王仁湘. 饮食与中国文化 [M]. 北京：人民出版社，1993：489.

象征意义，新疆学者张昀认为：

> "恰秀"除了表示良好的祝愿及吉祥之意外，还应该包含象征多子多孙的意义在里边。因为哈萨克族是游牧民族，从事畜牧业生产，不同于从事农业的汉民族以抛撒谷豆等物象征多子多孙。因此，他们只有以糖果等物来代替，以表达人类共有的传宗接代之目的。现代许多民族的婚礼上已改用抛撒五彩纸屑来象征此意。由此我们也可以看到：不论是古今，还是不同民族，虽然所用象征物品不同，但所象征的意义都是共同的。①

在"吉尔提斯"仪式和送亲仪式等特定的场合下，经德高望重的老年妇女之手，普通的糖果和平日里常见的"包尔沙克""库尔特"等食品，被人们赋予了新的文化内涵，寓有喜庆、吉祥与幸福之意，表达了哈萨克族对新人及所有参与仪式活动的人们最美好的祝愿。这些普通的食物之所以蕴含丰富的意义，是因为它们作为象征出现于特定的文化情境中，而其相关寓意也为参与者所了解。② 早在哈萨克族形成之前，汉族人就有在婚礼上向新郎、新娘抛撒红枣、花生的习俗。因此，"恰秀"可以说是哈萨克族借鉴汉文化的结果。但并不是原样照搬，而是吸收了其中寓有"早生贵子""多子多福"等象征意义的表述形式。据史料记载，早在西汉时期此俗已经形成，当时叫"撒谷豆"。据《东京梦华录·娶妇》记载，"新妇下车子，有阴阳人执斗，内盛谷、豆、钱、果、草节等，咒祝望门而撒，小儿辈争拾之，谓之撒谷豆"。③ 起初，撒谷豆有双重意义：首先是驱除一种叫"三煞"的妖怪，以免伤害新人，古时人们相信谷物神能够驱除"三煞"；其次是人们借喻植物种子，祈愿新娘早生贵子。

纳吾热孜节是哈萨克族的传统节日（通常为 3 月 22 日，即春分时），"纳吾热孜"意为"新年的第一天"。庆祝纳吾热孜节时，哈萨克人一定要喝用七种配料（小麦、黄米、大麦、面条、肉、奶和水）制成的"纳吾热孜粥"。④ 煮粥时，铁锅的四个"耳朵"上要涂抹羊尾油，寓意未来的生活永远富裕。同时要将羊的前腿骨放入锅内，祈福"阿吾勒（即部落）太平""家人及牲畜平安"。在节日里，"阿吾勒"内人人都要喝纳吾热孜粥，对于那些还不会喝粥的婴儿，家人则会象征性地在他们的嘴唇上涂抹一些稀粥，以示喜庆、吉祥，同时也表示他

① 张昀. 试论哈萨克族传统婚礼的象征性 [J]. 新疆大学学报，1993（2）：74.

② Mintz，Sidney W.（1996）. *Tasting Food，Tasting Freedom：Excursions into Eating，Culture，and the Past*，p. 153. Boston：Beacon Press.

③ 徐杰舜. 汉民族发展史 [M]. 成都：四川民族出版社，1992：512~513.

④ 周亚成，阿依登，王景起. 哈萨克族定居村落：胡阿根村社会调查周志 [M]. 乌鲁木齐：新疆人民出版社，2009：125.

们又长了一岁。羊尾油在哈萨克人的观念中，往往象征着富足与幸福。比如，男方家一般要用羊尾肉、羊肝、酸奶做成的"奎依鲁克巴吾尔"招待女方家人。宴席间，由男方家一小伙子端着盛有"奎依鲁克巴吾尔"的大盘，逐个请女方家人吃。此时，他可以边喂客人边往其脸上涂抹"奎依鲁克巴吾尔"，并祝愿其生活幸福，像羊尾油一样富足。①

与其他动物相比，人类具有独特的学习能力。根据文化人类学的研究，人类的学习大致分三种类型，其中有些是人与动物所共有的学习途径。第一种是"个体情境学习"（individual situational learning），指人与动物基于先前的经历获取知识，如发现火会灼伤而懂得避免火。第二种是"社会情境学习"（social situational learning），指人与动物通过社会群体的其他成员而不必依靠语言进行学习的过程。如狼从狼群中其他成员那里可以学得捕猎的技巧。最后一种是"文化学习"（cultural learning），指基于人类使用象征符号的独特能力。② 象征符号（symbols）是指与其指代的东西没有必然或自然联系的记号或标记。如拉温达（Robert H. Lavenda）和舒尔茨（Emily A. Schultz）认为，象征符号是某种代表其他事物的表征或标记，也就是说"甲象征或代表乙"。象征符号之所以不同于其他形式的表征，是因为符号甲与其象征的事物乙之间没有必然的联系。换句话说，某一象征符号与其所代表的事物之间的关系是约定俗成的和随意性的。③

人类进化在很大程度上基于文化学习。经由文化，人们创造、记忆，掌握和应用象征符号意义的特殊系统。人类学家格尔茨把文化界定为基于文化学习与象征符号的观念。在他看来，文化是一套"控制机制，即计划、食谱、规则以及用以控制行为的电脑技师称作程序的指令"。④ 通过特定文化传统中的濡化过程，人们习得这些程序，并逐渐内化已经确立的意义系统和人们用以阐释他们世界、表述他们情感的象征符号。这个意义系统有助于指导人们的行为。人自降生到这个人文世界起，便开始有意无意地通过濡化过程学习、与他人互动和内化文化传统。有时文化是直接习得的，如当有人送给孩子礼物或帮孩子做了什么事时，父母会教孩子说"谢谢你"。

观察也是儿童学习的途径之一。儿童会观察他们周围所发生的一切事情，

---

① 袁同凯. 穆斯林饮食文化中的象征意义——以中国新疆哈萨克游牧民为例［J］. 西北民族研究，2007（4）：101～105.

② Kottak, Conrad P.（1997）. *Anthropology: The Exploration of Human Diversity*, p. 36. New York: The McGraw-Hill Companies.

③ Lavenda, Robert H. and Emily A. Schultz（2003）. *Core Concepts in Cultural Anthropology*, pp. 18-19. New York: The McGraw-Hill Companies.

④ Geertz, Clifford（1973）. "Ritual and Social Change: A Javanese Example". In *The Interpretation of Cultures*, p. 44. New York: Basic Books.

通过观察，他们日渐懂得哪些是该做的、哪些是不该做的，从而掌握正确的行为规范。还有些文化行为是儿童无意识学得的，如北美洲的人们通过逐渐观察、体验及有意无意的行为学习过程，获得他们文化的意义，领悟到个体之间在谈话时应保持较远的空间距离，这点没有人直接告诉他们。同样，拉丁人也从他们的文化中观察、体验和领悟到与人谈话时应保持较近的距离。[1]

简言之，文化是社会成员共享的、通过学习而获得的信仰、价值或行为。传统上，人类学家一直关注一个社会的文化特征，而社会则指一群聚居于特定地域和操一种邻族通常不懂的共同语言的人们。因此，当人类学家谈及文化时，他们通常指的是某一特定社会特有的一套通过学习而获得并共享的信仰、价值和行为。[2] 也就是说，文化是通过学习获得、共享的。

三、文化是一种象征符号

人类学家所了解的所有民族，无论其社会类型怎样，都有一个高度复杂的符号交流系统。语言是一种符号，人们通过语言符号即一个词或短语能够指代与其没有关联的事物。语言的符号特征对文化的传播具有重大意义。这意味着父母可以告诉孩子，蛇是一种危险的动物，应该躲开它。然后父母再描述蛇的长度、粗细、颜色、形状和行走的方式等细节。父母还可以告诉孩子蛇常出没的地方以及如何躲开它。这样，孩子今后一旦遇见蛇，他们就可能会想起"蛇"这个符号词语，也可能会想起父母的忠告，从而避免危险。假如语言没有符号功能，那么，父母就得等到孩子真正见到蛇时才能告诉他们有关蛇的一切知识。[3]

象征或符号思维是人类所特有的能力，它对人类文化的传播具有不可或缺的作用。人类学家怀特（L. White）在界定文化时说："基于符号，文化由工具、器皿、服饰、习俗、制度、信仰、仪式、游戏、工艺品、语言等组成。"也就是说，文化是在人类获得象征符号能力之后才产生的。[4] 同样，格尔茨认为："文化是指历史地传承下来的体现为符号的一种意义模式，是由符号形式表述的一种传承的概念体系，通过这种符号体系，人们得以相互交流、世代延续，并发

---

① Kottak, Conrad P.（1997）. *Anthropology: The Exploration of Human Diversity*, p. 36. New York: The McGraw-Hill Companies.

② Ember, Carol R. and Melvin Ember（1988）. *Cultural Anthropology*, pp. 18-19. New Jersey: Prentice-Hall International, Inc..

③ Ember, Carol R. and Melvin Ember（1988）. *Cultural Anthropology*, p. 18. New Jersey: Prentice-Hall International, Inc..

④ White, Leslie A.（1959）. *The Evolution of Culture: The Development of Civilization to the Fall of Rome*, p. 3. New York: The McGraw-Hill Companies.

展出他们关于生活的知识和对于生命的态度"。① 在特定的语言或文化中,符号与所指代的事物之间没有明显的、自然的或必要的联系,如在当代社会,国旗代表着国家,是国家的象征,但国旗本身与国家并没有什么联系。如果当初美国的国旗不是设计成"星条"而是"青天白日"的图案,那么,"青天白日"就会成为美国的象征。再如"圣水"是罗马天主教权威的象征。与其他所有象征一样,象征物(水)与象征物所指代的寓意(神圣性)之间的联系是约定俗成的,是人们赋予它的。实际上,水并不比牛奶、血或其他液体更神圣,在化学成分上"圣水"与普遍的水并没有区别。但在罗马天主教中圣水的象征意义却成为国际文化系统中的一部分。通过学习和代代相传的共同信仰与经历,天主教徒赋予水这一自然物特定的意义。拉德克利夫-布朗(Radcliffe-Brown)对安达曼岛民(the Andaman Islanders)的研究也证明,"蝉之所以具有仪式价值,不是由于蝉本身有何重要的社会意义,而是因为它象征地代表了一年四季的缘故"。② 正是这种使用象征的能力使人类不断地创造文化,丰富着人类的文化宝库。

四、文化具有可适应性

在特定的社会里,有些文化行为可能会逐渐消失。如新几内亚的某些部落认为妇女在本质上是不洁的和危险的,因而尽量减少与妇女身体接触的机会。假定这类部落的男性决定完全避免与妇女的性行为,不用说,用不了多久这个社会就会消失。尽管这个例子有些极端,但它却表明某种习俗会直接影响到一个社会的存续。其结果是,要么沿袭这些习俗的人们与习俗一同绝灭,要么这些习俗被替代从而予以人们生存的机会。在这两个过程中,非适应性习俗可能会消失,而那些强化人类生存机会的社会习俗则会存续下来。

但是,当我们说某一习俗具有适应性时,我们是指就某个特定的自然环境和社会环境而言,它是适应的。人类学的研究表明,在一个社会环境中适应的文化习俗在另一个社会里就不一定是适应的。因此,许多看似无法理解的文化行为其实是人类适应其环境的产物。如某些社会为确保儿童长到两岁才断奶而禁止母亲进行性行为的产后性禁忌(post- partum sex taboos)习俗,可能会使我们感到惊讶。但是在热带地区,此类禁忌习俗是人们适应其特殊生存环境的有

---

① Geertz, Clifford (1973). "Ritual and Social Change: A Javanese Example". In *The Interpretation of Cultures*, p. 89. New York: Basic Books. 转引自: 王铭铭. 想象的异邦: 社会与文化人类学散论 [M]. 上海: 上海人民出版社,1998: 250. 另见: 维特·巴诺著. 瞿海源,许木柱译. 心理人类学 [M]. 台北: 黎明文化事业股份有限公司,1979: 156,109.

② 拉德克利夫-布朗. 禁忌 [M]. 载史宗主编. 金泽等译. 20世纪西方宗教人类学文选. 上海: 上海三联书店,1995: 119.

效方式。假如没有这种禁忌，母亲很快会生下另一个孩子，而不再喂养前一个孩子，那么这个孩子很可能会因为过早断奶而死于"夸休可尔病"（kwashiorkor），即一种营养不良症，1935 年，牙买加儿科医师威廉姆斯（Cicely Williams）首次将该病的名称引入国际科学界。其致病原因尚有争议，目前普遍认为是由于蛋白质摄入不足而导致。当儿童吃奶时，从母亲的乳汁获得生长必需的氨基酸。儿童断奶后，如果替代食物的淀粉和碳水化合物含量过高，而蛋白质不足，儿童就有可能患上夸休可尔病。因此，产后性禁忌习俗保证了幼婴生存的机会。①鉴于此，产后性禁忌习俗在某些热带地区是适应性习俗。

正如文化是适应自然环境和生理需求的产物一样，文化也是适应社会环境即与邻族关系的产物。如霍皮（the Hopi）印第安人总是把他们的聚落建筑在山顶上。他们之所以这样做肯定有他们的理由，因为把聚落建在山顶上有许多不便，比如饮水困难等。他们把聚落建在高高的台地山顶上是为了防御邻族的侵扰。也就是说，霍皮印第安人的生活习俗是应对社会压力的产物。

对于相同的自然环境，不同的社会可能会选择不同的调适方式。如在南美洲的一些地区，人们的饮食中缺乏蛋白质，虽然他们中不盛行产后性禁忌，但堕胎现象却很普遍，这与上述热带地区的产后性禁忌习俗可以说是殊途同归。霍皮印第安人在纳瓦霍（the Navajo）印第安人和阿帕契（the Apache）印第安人突如其来的入侵之后，不得不采取防御措施，但他们迁居山顶并不是唯一的方式，比如，他们也可以通过组建武装力量来进行防御。但为什么霍皮印第安人没有组建军队而采取了迁移山顶呢？这与他们的经济有密切关系，因为他们的生产方式根本无法维持军队的需求。② 因此，每个社会为求得生存，都会根据其生态环境或社会环境来调适其生活方式。

五、文化总是变化的

当我们检视一个社会的历史时，我们会发现文化一直在变化。一些曾经一度流行的共同行为、信仰和价值在历史的另一个时段可能会被替代或得到发展。中国都市人服饰文化的变迁即是很好的例子：20 世纪 60 年代末到 70 年代初是清一色的灰色、蓝色和绿色；20 世纪 80 年代改革开放后，开始流行灰色、蓝色和绿色以外的颜色，电影《街上流行红裙子》即是当时中国人服饰发生变迁的最好写照，随后便是各式各样"喇叭裤"的时代；20 世纪 90 年代之后，都市人

---

① Whiting，John W. M.（1964）．"Effects of Climate on Certain Cultural Practices". In Ward，H. Goodenough，ed.，*Explorations in Cultural Anthropology*，pp. 511-544. New York：McGraw-Hill.

② Ember，Carol R. and Melvin Ember（1988）．*Cultural Anthropology*，pp. 23-25. New Jersey：Prentice-Hall International，Inc..

服饰的变化可以说是日新月异，人们更加注重体现个性。变迁的动力可能来自于社会内部也可能源自外部。从社会内部来看，如果有很多人开始改变旧有的行为或思维方式，持续性的无意或有意压力便会引起文化变迁。但是，许多文化变迁是在外部环境发生变化的刺激下引发的。比如，如果人们迁入一个贫瘠的地区，他们要么放弃农耕，要么修建灌溉系统。在当代社会，社会环境的变迁很可能要比自然环境的变迁更易引起文化的变迁。不同的社会常常相互影响，过去几个世纪发生的大量文化变迁主要是由西方社会对世界其他地区的殖民扩张而引起的。如美洲印第安人被驱逐出自己的领地进入保留区以后，被迫改变了自己的生活方式。

既然文化不是行为、信仰和价值的随意集合，那么，不同文化之间的差异性和相似性也就不难理解了。关于人类学家对文化变迁的研究，我们将在以后的章节里讨论。

六、文化的多样性和文化相对论

尽管全球化的浪潮几乎席卷了整个地球，但我们绝大多数人仍生活于相对"狭小"的范围之内，每个社会都有自己的根植于观念深处的文化价值观。当我们走出这个"狭小"的范围，我们便能体悟到世界文化的多样性。在谈论文化的多样性之前，我们最好先看看基辛举的一个例子，也许它对我们理解文化的多样性有所启发：

> 有一位保加利亚籍的主妇招待她美籍丈夫的朋友晚餐，客人里有亚洲来的留学生。当客人把盘里的菜吃光以后，这位主妇就问客人要不要再来一盘。因为在保加利亚，如果女主人没让客人吃饱的话，是件很丢脸的事。那位亚洲学生接受了第二回，紧接着又是第三回，使得女主人忧心忡忡地又到厨房准备了下一盘。结果，那位亚洲学生吃第四盘的时候竟撑得摔倒在地板上了。因为在他的国家，宁可撑死也不能以吃不下来侮辱女主人。①

人类的思想和信仰方式的多样性以及各式各样的风俗和世界观，不时地困扰着我们对人类行为的理解。依据我们的文化价值观和道德规范是邪恶或严禁的或不可想象的行为，在另一个民族中却可能是正确而值得欣赏的事。如1831年至1836年间，达尔文曾在非洲访问过一个偏远的原始部落。这里的土著流行一种在达尔文看来十分可怕的风俗，即把那些年迈体弱的妇女放逐到深山里饿

---

① 基辛（R. Keesing）著. 陈其南校订. 张恭启，于嘉云译. 文化人类学 [M]. 台北：巨流图书公司，2000：13.

死。当达尔文问为什么要这样做时，部落酋长的回答令他惊讶万分："妇女的任务是生孩子，年老的妇女没有用了，留着她们干什么！"又说，"妇女生孩子可以传宗接代，是有用的，但在没有食物吃的时候，一部分孩子也可以当食物吃。"为了改变这个部落极其残忍的习俗，他花大价钱买了部落中一个男孩，把他带到伦敦，想把这男孩培养成一个"文明人"。16 年后，男孩长大成为标准的文明青年了，达尔文便托熟人把他带回自己的部落，希望他能改变他的部落的一些野蛮习俗。一年之后，达尔文再次拜访这个部落时却发现他苦心培养的那个青年人已经被其部族的人吃了，原因是"他什么也不会做，留着他没用"。[①] 同样，有些部族也可能杀婴以控制人口或祭祀祖先的灵魂。对此，我们到底以什么道德标准来评价他们的行为呢？我们怎么能把我们自己的文化标准强加于他们的世界呢？如果他们的科技水平比我们发达，或许他们会以同样的方式非难我们那些违背他们文化标准的风俗信仰。

　　多年来，文化相对论是社会－文化人类学领域中一个颇有影响的思想流派，主张每一种生活方式只能以它自己的是非观念去评判，所有文化的道德和伦理观都值得同等尊重，每一种文化对其所处社会现实的解释都是真实的、可信的。这种思想一直深远地影响着美国人类学，如美国人类学家赫斯科维茨（M. Herskovits）认为每一种风俗传统都有其本身特有的尊严。但文化相对论所面对的困境是，如果我们承认"所有文化的道德和伦理观都值得同等尊重"，那么，我们又如何去评价德国法西斯主义的文化价值观呢？现代世界中的许多冲突和不公，都是企图将自己的价值观和意识形态以及对生活的特殊看法强加于他人和弱者所造成的结果。[②] 因此，极端的文化相对论那种认为一切文化都是同等重要、同等真实的看法也是值得商榷的。人类学家道金斯与他同事的一段争论引人深思：

　　　　道金斯：设想有个部族，他们相信月亮是抛到天空的一个旧葫芦，挂在离树梢不太远的地方。难道你当真认为我们的科学真理——月亮距离地球大约 35.7 万公里，直径为地球的 1/4——并不比这个部落的葫芦说更近于真实吗？

　　　　他的同事：是的，我们不过是在一种文化、一种科学地观察世界的文化中长大，而他们是在另一种文化中长大的，他们以另外的方式看世界。

---

① 达尔文著. 黄素封译. 达尔文日记 [M]. 长沙：商务印书馆，1941.
② 基辛（R. Keesing）著. 陈其南校订. 张恭启，于嘉云译. 文化人类学 [M]. 台北：巨流图书公司，2000：102～104.

说不上哪一种不比哪一种更真实。①

文化相对论有多种含义，但其中有两层含义值得关注：第一层是，任何一种文化只有用它自身的观点来解释才能得到准确的解释。换句话说，用来自其他文化的观点解释一种文化是解释不通的。第二层含义是，所有文化都是对现实的合理的解释，在这一点上它们是平等的，它们的解释也都是同样真实的。②我们要做的不是完全从某种文化本身的角度来理解该文化，而是要用同样的标准来解释世界上的任何文化，要把它们当作不同的世界观来研究。但问题是我们采用谁的标准呢？

人类学家如何评价文化相对论呢？科塔克认为，人类学家的主要任务就是提供文化现象的准确描述和解释。③人类学家无须对诸如杀婴、食人等习俗进行评价，而只需详细地记录并探求这些习俗流行的根源。在尊重人类文化多样性的基础上，大多数人类学家企图以比较的眼光来客观、准确地描述他人的生活方式，探求人类文化的差异性与相似性，力求减缓或消除不同社会群体间因文化差异而造成的痛苦和冲突。

第三节　文化与环境

人类学关注文化与环境之间的关系由来已久。近一个世纪以来，一直有人类学家在这个领域从事研究。他们通过对异族文化知识的不断深入了解与积累，提出了各种试图解释人类社会文化与自然环境之间互动关系的理论观点。尤其是斯图尔德的研究对我们理解人类文化与环境之间的关系具有重要的启发性。他所倡导的文化生态学（cultural ecology）认为："文化特征是在逐步适应当地环境的过程中形成的"，"在任何一种文化中有一部分文化特征受环境因素的直接影响大于另外一些特征所受的影响"。④ 他提出的"文化生态方法"（method of cultural ecology）适用于研究特殊环境与生活于特殊环境中人们的文化特质之间

---

① 凯·米尔顿撰. 仕琦译. 多种生态学：人类学，文化与环境 [M]. 中国社会科学杂志社编. 人类学的趋势. 北京：社会科学文献出版社，2000：309.

② 赫兹菲尔德著. 刘珩等译. 什么是人类常识：社会和文化领域中的人类学理论实践 [M]. 北京：华夏出版社，2005：209.

③ Kottak, Conrad P.（1997）. *Anthropology: The Exploration of Human Diversity*, pp. 42-43. New York: The McGraw-Hill Companies.

④ 凯·米尔顿撰. 仕琦译. 多种生态学：人类学，文化与环境 [M]. 中国社会科学杂志社编. 人类学的趋势. 北京：社会科学文献出版社，2000：296.

的关系。在人类的生存环境中，他强调自然资源的质量、数量和分布对人类文化的影响作用。他所调查的文化方面主要是技术、经济活动、社会组织和人口等。他认为环境只影响他称作"文化核心"的某些文化因素，主张文化特征是适应当地环境的产物。[①] 正如一些文化特性与社会利用环境的关系要比其他文化特性更密切一样，一些环境特性与人类的生计活动的相关性也要比另一些环境特性更大，因此也对塑造文化产生更大的影响作用。

早期"环境论"（environmentalism）认为，环境是决定人类社会和文化特征的关键因素，人类的生产方式、生活习惯以及社会结构和文化特征等都可以通过人类所处的自然环境得以解释。如古希腊哲学家柏拉图（Plato）和亚里士多德（Aristotle）等就曾机械地把气候与政治体制联系在一起，认为温和的气候易于产生民主政体；炎热的气候产生专制政体；而寒冷的气候则不能形成完善的政体形式等。18 世纪法国著名启蒙思想家孟德斯鸠（Montesquieu）将这一理论观点运用于宗教分析，认为炎热的气候易于产生消极的宗教，而寒冷的气候则产生适应个人自由和活力的侵略性宗教 。英国著名学者霍姆（H. Home）也认为气候、土壤、食物以及其他外部环境因素对人类种族的形成有重要影响。[②] 地理学家亨廷顿（E. Huntington）则更为极端，认为气候是文明进步的关键影响因素，气候不仅促进了生产技术方面的发展，而且对诸如宗教信仰和仪式等也产生了积极作用。[③] 需要特别指出的是，人类学的研究早已证明，文化之所以会出现类聚现象是因为它们占据了同类栖息地以及共享若干看似重要的特征。而某些文化特征，如亲属制度与称谓、婚姻规则及政治体制等，在同一地理区域内有着显著的差异性。很明显，不管环境如何影响这些既定的规则，它们之间并不直接构成因果关系。环境决定论虽然能够建立一套"可用于任何环境与文化状态"的一般性规则，在某种程度上可以回答诸如"环境在多大程度上影响文化"之类的问题，但却无法解释有关"特殊的文化特性及其模式的起源"问题，也不能说明为什么这种特殊的文化特征及模式会在不同的区域出现。[④]

20 世纪 20～30 年代，人类学界对环境与文化的解释开始由环境决定论转向环境可能论（possibilism），引领这一理论转向的是以博厄斯为首的美国历史特殊学派。博厄斯等人认为，文化特征和文化模式的起源通常与历史传统而非环

① Steward, J. (1955). *Theory of Culture Change*. Urbana, Illinois: University of Illinois Press. Orlove, Benjamin S.. "Ecological Anthropology". *Annual Review Anthropology*. 1980（9）：236-238.

② 任国英. 生态人类学的主要理论及其方法 [J]. 黑龙江民族丛刊，2004（5）：86.

③ Milton, Kay（1996）. *Environmentalism and Cultural Theory: Exploring the Role of Anthropology in Environmental Discourse*，p. 41. London: Routledge.

④ Milton, Kay（1996）. *Environmentalism and Cultural Theory: Exploring the Role of Anthropology in Environmental Discourse*，pp. 36，42-43. London: Routledge.

境相关，也就是说，环境可以用来解释一些文化特征为什么不发生，而不能解释一些文化特征为什么发生。① 从实质上讲，环境可能论依然是一种环境决定论，只不过是一种比较低调的环境决定论而已。也就是说，环境可能论把环境看作是文化特征发展的限制因素，而不是原生性的、创造性的因素。如气候限制作物的选择，民居类型受到可利用建筑材料的限制，人群的定居模式在一定程度上受供水状况的约束，等等。例如，美洲本地玉米的种植，仅限于那些气候条件适宜、且适合生长的时间不少于 4 个月的区域，② 而在非洲，舌蝇（tsetse fly，一种吸血苍蝇）的存在则制约了非洲牧牛人的分布与迁移状况。 莫斯（M. Moss）的研究发现，爱斯基摩人的生计与生活方式随季节的变化而变化：在冬季，因为环境能为他们提供充足的食物，他们汇集在一起生活，并从事各种宗教活动；在夏季，因食物匮乏，他们便以家庭为单位过着分散狩猎的生活。埃文思-普里查德对努尔人的研究也有类似的发现，即努尔人在雨季时分散生活在一定的区域内，在旱季则汇聚在河流附近，这种社会生产生活方式直接影响到他们的政治体制。环境对文化的限制性影响是不言自明的，许多农事活动确实会受到气候的限制，生活技术也的确会受到环境所能提供的物质条件的限制。但环境可能论之所以陷于与环境决定论范式同样的困境，是因为它缺乏解释文化多样性的潜力。如斯特雷洛（T. Strehlow）研究的澳大利亚中部的阿兰达人（the Aranda），相对于位于他们西部、条件更恶劣的邻近部族而言，其富饶的环境促使他们发展出更为复杂的艺术、仪式和神话等文化传统。这一事实表明当社会"富足"时，即某种意义上他们的物质需要极易满足时，就会有更多的机会去丰富他们的文化机制。但这种表象丝毫不能解释阿兰达人文化的细节，以及他们的神话与礼仪的内容和他们的宗教知识的本质。

在探讨文化与环境的关系以及特殊文化机制起源的问题时，斯图尔德认为文化是在特定环境下逐步发展而来的，对特殊文化制度与当地环境特色之间联系的深入分析将展现文化制度的起源及其持续发展的原因。他非常强调文化与环境之间的相互作用和相互关系，认为文化之间的差异是社会与环境相互影响的特殊适应过程引起的。在他看来，以生计为中心的文化的多样性，其实就是人类适应多样化的自然环境的结果。生计方式在文化与环境中表现为一种技术、资源和劳动三方的动态的创造性的关系。其理论的实质就是认为文化与环境之间存在一种动态的、富有创造力的关系。③ 需要特别指出的是，斯图尔德不认为相同的生态环境会产生相同的文化制度。通过关注文化特质的核心及相关一

---

① 李霞. 生态人类学的产生和发展 [J]. 国外社会科学，2000（6）：3.

② Hardesty, D. L.（1977）. *Ecological Anthropology*. New York：John Wiley & Sons.

③ 罗康隆. 生态人类学述略 [J]. 吉首大学学报（社会科学版），2004（3）：37.

系列的环境特征，他提出了一套具有整合性的概念体系。在这个体系内，文化与环境要素交互作用，从"人"的角度与从"自然"的角度进行分析的尖锐分野从此消失了，因为这两种方法实质上是同一系统过程中交替使用并互相转换的概念。①

生态人类学家十分关注文化在人与环境关系中的调适作用。依据生态人类学家的跨文化研究，文化在人类与其环境之间起着不可或缺的中介作用。人类通过文化认识能源或资源，同时又通过文化获取、利用能源或资源。在人类学领域内外，有一个众所周知的假说，即人类若没有文化或许就无法生存。如果文化是一种能使我们生活在这个世界上并使我们能够应对自然的机制，那么，文化毫无疑问就是人与环境关系中的一个重要成分，也许是最重要的成分。正如英戈尔德（T. Ingold）所言："文化是人类为确保其自身的安全与生存而在人与环境之间设置的中介手段"。② 鉴于此，文化在人与环境关系中扮演的角色不言而喻——没有文化我们便无法生存，文化使这个世界充满了意义。正如米尔顿（K. Milton）所描述的那样："通过文化我们能够区分哪些东西是可食用的，哪些是不能食用的；什么是痛苦，什么是欢乐；什么是恐惧，什么是满足。通过这些区分，文化才使我们生存的实践活动成为可能。"③

拉帕波特（R. Rappaport）认为，通过分析人类文化与人类活动对环境影响之间的关系，即人类感知和解释世界的方式，我们将会理解哪些是文化以及哪些文化特征具有生态上的可持续性，哪些文化以及文化特征在生态上不具有可持续性。因此，文化已经成为"我们自身适应以及使我们自己永久地生存下去的方式，并保护那些与我们息息相关并将继续维持我们生存的生物系统的一部分"。④ 米尔顿也认为，"文化是一种机制，通过这种机制人类与他们生活的环境互相作用"。基于对文化的这种理解，他主张应该把环境论看作是通过人类的责任和努力来保护环境的一种关怀，是人类认识世界、了解人类在自然界中所处位置的一部分。同时，他还认为，人类对环境的保护也是一种"文化视角"，即一种存在于特定文化之中并指导人们行为的生存方式。⑤

---

① Geertz, C. (1963). *Agricultural Involution: The Process of Ecological Change in Indonesia*, p. 8. Berkeley and Los Angeles: University of California Press.

② Ingold, T. (1992). "Culture and the Perception of the Environment". In E. Croll and D. Parkin, eds. , *Bush Base: Forest Farm*, p. 39. London: Routledge.

③ Milton, Kay (1996). *Environmentalism and Cultural Theory: Exploring the Role of Anthropology in environmental Discourse*, p. 63. London: Routledge.

④ Rappaport, R. A. (1956) "Nature, Culture and Ecological Anthropology". In H. L. Shapiro, ed. , *Man, Culture and Society*, p. 264. Oxford: Oxford University Press.

⑤ Milton, Kay (1996). *Environmentalism and Cultural Theory: Exploring the Role of Anthropology in Environmental Discourse*, pp. 67-68. London: Routledge.

简言之，文化在人与环境之间扮演着极为重要的中介角色。一方面，人类借助文化来认识环境、利用环境和改造环境；另一方面，环境在一定程度上影响并形塑着文化的形成与变化。无数实践已经证明，人类的理性和智慧不足以了解和控制其活动所造成的后果，人类活动所造成的环境失衡问题已引起世界各国的广泛关注，而仅仅依靠科学与技术并不能有力地解决这些问题。鉴于此，通过人类学的跨文化研究，使人们普遍地认识人类活动与环境之间相互作用、相互依赖和相互制约的互动关系，了解人类生存与环境质量的生态问题，从而通过文化机制来调适人类与环境之间的关系，就显得尤为重要。人类学是一门研究人类及其社会文化的科学，人类学除了能为我们提供人类与特定环境问题相关的生态知识外，还可以从当地人的价值观、信仰体系、亲属结构、政治意识形态以及仪式传统等比较宽广的层面上寻找有利于环境保护、社会可持续发展的生活方式，可以帮助我们理解当地文化与环境，发现地方文化的生态智慧、生态意义和生态价值，并从当地人自身的文化中寻找导致环境问题的原因和解决问题的途径。

第四节　心理人类学对人类行为的研究

心理人类学对人类行为的研究始于 20 世纪 20~30 年代。不同社会的文化行为是人们心理的具体外在反映。所谓文化行为，就是人类学家把一个民族的理念世界视为一个复合体所建构起来的图像，人类学家通过对人类知识、信仰、价值等方面的研究来建构文化的概念。虽然人类个体的内心世界彼此不同，但人类学家仍企图探寻出人们彼此沟通而具有广泛共识的知识。[1]

人类学家认为，了解个人心理世界和群体共享的文化知识之间的关系，将使我们更清楚地认识到生活方式如何塑造个人以及个人如何塑造生活方式等问题。米德是美国人类学界长期从事实地田野调查的女性人类学家之一，是运用心理学知识和人类学知识致力于人类文化类型研究的开拓者。她对妇女和儿童的跨文化的比较研究，弥补了男性人类学家难以调查的空白——女性领域。她在太平洋萨摩亚岛上考察了儿童的抚养与成人后性格之间的关系，特别对该岛上青春期少女们的经验与美国的同龄者做了深入细致的比较，并发现了她们之间的差异和在人格上的相应的不同。[2] 此外，她在《在新几内亚长大》（*Growing*

---

① 基辛（R. Keesing）著. 陈其南校订. 张恭启，于嘉云译. 文化人类学 [M]. 台北：巨流图书公司，2000：112.

② 吴泽霖. 人类学词典 [M]. 上海：上海辞书出版社，1991：447.

up in New Guinea，1931）一书中探讨了一个马努斯（the Manus）村落中儿童社会化和代际关系；在《三个原始部落的性别与气质》（*Sex and Temperament in Three Primitive Societies*，1935）一书中，她试图证明男女性别角色的可塑性。

心理人类学的研究主题之一，是心理分析的潜意识理论是否能解释非西方社会的习俗、信仰与行为。弗洛伊德等西方心理学者认为，恋母情结和人类成长过程中的性压抑具有普遍性，是人类情感和行为的潜在性冲动。但马林诺夫斯基对特罗布里恩德岛民的研究发现，在非西方的母系社会中，父亲只是母亲的性伙伴，他没有抚养和训练孩子的责任和义务，他与孩子之间的关系是轻松和友好的，而孩子的舅舅才是父权的补充。他的研究表明，恋母情结不是人类本性所固有的，而是由社会文化决定的，是西方社会人们反抗父权的具体表现。米德对萨摩亚人的研究也对当时西方心理学界流行的人类成长过程中普遍存在反叛与性压抑的观点提出了挑战。在西方社会，人们总是将孩子青春期的反叛与性压抑归咎于某种自然的东西，即在西方父母的眼里，青春期反叛与性压抑是一种生理反应。但博厄斯却深信这种现象应当归因于文化。为了验证这一假设，1925 年博厄斯的得意女弟子米德只身前往南太平洋上的萨摩亚，对三个萨摩亚村落的 68 位少女进行了调查。在为期 9 个多月的实地调查之后，米德发现，青少年的叛逆性格并不存在于她所研究的萨摩亚文化中。她认为，生活在一个相对和谐和同质的文化里，萨摩亚青春期少女在个人选择和社会期待两者之间不存在着紧张与冲突。在过渡到成年过程中，她们往往得到来自社会的许多关照，使她们平稳顺利地过渡。在这个过渡期，她们显得轻松而自然，完全没有如美国青春期女性所承受的紧张和压力。因此不至于产生对家庭、对社会的逆反情绪和行为。在其成名作《萨摩亚人的成年》（*Coming of Age in Samoa*，1928）中，米德探讨了青春期与文化的关系，指出："性压抑不是全人类的心理现象，在文化提供人完全自由成长的萨摩亚社会中，教育和乐趣不可分割，年轻人的成年既充满嬉戏，也从嬉戏中获得社会的自然法规，从而压抑的感受并不存在"。① 因此，美国社会中青春期的情绪冲突和抗拒心理并不是人类的生理现象，而是西方社会特有的文化产物。在《在新几内亚长大》中，米德讨论了新几内亚北部阿德默勒尔蒂群岛（Admiralty）的马努斯人的儿童成长过程，认为文化传统对儿童的成长具有重大影响。《三个原始部落的性别与气质》是米德讨论文化影响两性角色和态度的论著。在书中，她考察了阿拉佩什（the Arapesh）、蒙杜古马（the Mundugumor）和查恩布里（the Tchambuli）印第安人在文化和气质上显现出的鲜明差异。在阿拉佩什人的社会中，男女均具有温顺、母性、合作的人格特征，表现出显著的女性行为。与其形成鲜明对照的是蒙杜古马人，

① 王铭铭. 想象的异邦：社会与文化人类学散论［M］. 上海：上海人民出版社，1998：167.

无论男女都极其男性化，性情暴躁而富有攻击性。而在查恩布里社会，男女的性格差异明显，但与一般社会的男女性别差异正好相反，即女性是养家糊口的人，整天忙于整理渔具、捕鱼和料理家务，她们热情、性格开朗、大度友善；而男人们则显得小肚鸡肠、注重装束，他们的心思通常都会用于欣赏艺术、发型、与女人相处以及应酬各种宴庆和集会上。通过对不同群体人格的研究，米德认为男女的性格不是与生俱来的，而是后天养成的，是特殊历史和文化传统的产物。男女的性格可以随着不同的文化影响而有所改变，甚至有颠倒的可能性。这与他们的育儿方式有着密切的关联性。阿拉佩什儿童从小就生活于父母及周邻成年人的关爱与呵护之下。父母不时地向他们灌输合作、与人为善之类的生活信念。成人之间和睦、融洽的关系以及相互信任的态度对儿童的成长起着潜移默化作用，影响着他们的性格形成。蒙杜古马儿童则在鼓励暴戾、凶残、粗暴和具有进攻性的社会文化氛围中成长，他们缺乏关爱，尤其是母爱。在这个社会中，男人为了获取女人，可能会以自己的姐妹作为交换，而父亲也可能会与成年的儿子为了女人而发生争执。母亲往往只顾忙于做自己的事而不顾孩子的哭喊，而"管"也常常以打骂为主。在这种文化环境中成长的儿童难免会形成暴戾的群体性格。米德在该书的结论中指出，所谓的男性化或女性化的人格特质与性别的关系如同社会上男女的衣着或发型的样式一般，是可能改变的。儿童早期的生活经历受文化的制约，而男女之间的人格差异即是这种有规律的文化产物。[①]

为了了解不同族群的心理与行为特征，人类学家试图以育儿方式来说明人类心理与行为的差异性。社会化是人类学家和心理学家普遍使用的一个概念，用以描述父母和其他成人的行为模式对儿童成长的影响过程。成人通过鼓励某些行为、忽视或体罚另一些行为的方式来对儿童进行社会化，使儿童的成长按社会期望的方向发展。此外，在社会化的过程中，父母对儿童的关心程度、对儿童的行为规范以及儿童是否有机会接受学校教育等等都会在不同程度上影响儿童的心理发展。濡化是成长中的儿童获得其社区文化意义和模式的过程，是人类学家和心理学家关注的另一个概念。人类学家通过观察特定社会中儿童断奶期的长短、哺乳过程、排泄训练、儿童的行为、母亲教导儿童的方法以及儿童的回应等现象，探讨不同文化中育儿方式的差异及其对人格形成的影响作用。卡丁纳（A. Kardiner）认为，诸如哺乳、厕所训练等儿童养育方式都影响着儿童性格的形成，提出了"基本人格结构"（basic personality structure）这个概念。他在《社会的心理前沿》（*The Psychological Frontiers of Society*，1945）中指出，某个特定社会的育儿方式虽然存有差异，但就整体而言，儿童时期所受的训练

---

① 维特·巴诺著. 瞿海源，许木柱译. 心理人类学 [M]. 台北：黎明文化事业股份有限公司，1979：156.

是大致相同的，因而很可能形成类似的人格特质。正如林顿（R. Linton）所言，"任何一个社会的基本人格类型，是大部分的社会成员共同拥有的人格形貌（personality configuration），那是他们享有共同的儿童经验之结果"。[①] 杜布瓦（Cora Dubois）在《阿罗人》（*The People of Alor: A Socio-Psychological Study of an East Indian Island*，1944）中研究了阿罗人的育儿方式，首次使用"众趋人格"（modal personality）这个概念来描述一个族体的中心人格趋势，她认为一个群体的共同育儿方式会形成儿童的众趋人格。如大多数阿罗人妇女生下孩子不久便下地劳作，每当小孩哭闹时大人总会挥舞着刀子吓唬他们。孩子长到5~6岁时，男孩由父亲进行训练，女孩则整天跟着母亲学做家务，在他们的成长过程中缺少母爱。15~16岁时，家人为他们举行成丁礼，并且女孩举行纹身仪式，男女都把牙齿涂黑，从此他们便进入了成人世界，开始性生活。基于这样的家庭、社会环境和社会化过程，阿罗人在性格上具有多疑、胆怯、自私、暴躁等众趋人格。若纳尔（Ronald Rohner）对101个社会的比较研究证明，儿童在幼年时期，如果被父母忽视或得不到父母的爱心，他们长大后一般都比较好斗、待人凶狠。在那些儿童在心灵上受到冷落的社会里，成年人似乎都以不友善的、疑虑的和敌视的态度看待生活和周围世界。[②]

在人类学家所熟悉的传统社会里，孩子很小就开始参与生计或家务劳动，从事诸如采集食物、照看家畜、捡柴或看管弟妹的劳动。在偏远的土瑶山区，大人一早就上山耕作，天黑之后才回来。喂猪、放牛、看管弟妹等家务通常都由 9~12 岁左右的孩子承担。那么，这些家务活动对他们的人格发展会产生什么样的影响呢？根据一项跨文化的比较研究，儿童早期从事的活动会影响他们未来的社会行为方式。怀廷夫妇等人对六种文化的研究表明，在那些儿童很早就开始从事许多家务劳动的社会里，不同社会的儿童会养成不同的行为方式。如传统社会中的儿童往往具有乐于助人的美德，相比之下，在当代社会，儿童很少从事上述家务活动，他们往往以自我为中心，考虑更多的是自己而不是别人。他们希望受到他人的关注，喜欢向别人寻求帮助，更喜欢以主人的姿态指挥别人。那么，这些早期的家务活动怎么会影响儿童的行为呢？恩贝尔认为，为了把活做好，儿童在从事活动的过程中逐渐习得了某些行为，而这些行为日后便成为一种习性。儿童从事活动的不同场所对他们的行为也有间接影响。怀廷夫妇在跨文化的比较研究中还发现，儿童与其同龄群体的接触越多，他们在

---

① 维特·巴诺著. 瞿海源，许木柱译. 心理人类学 [M]. 台北：黎明文化事业股份有限公司，1979：156，169.

② Ember，Carol R. and Melvin Ember（1988）. *Cultural Anthropology*，p. 255. New Jersey：Prentice-Hall International，Inc..

性格上就越具有进攻性，而成天在成人世界中生活的儿童的野性则往往会受到抑制。同时，人类学的研究也表明，长期看护弟妹的儿童的性格通常都比较温顺，懂得体贴别人和帮助别人。[①] 因此，儿童早期所从事的活动会影响他们的行为，这不仅因为某些活动要求某种行为，而且也因为不同的活动会使儿童处于不同的社会环境，而这些环境可能会影响他们的行为。

人类学家还研究和分析了学校教育对人类认知与行为的影响。为此，他们研究和比较了在没有学校教育的初民社会中和在当代社会中成长的儿童的认知和行为。他们发现学校教育对儿童的认知和行为有一定影响。文化人类学家不仅将育儿习俗与人格特性联系起来，而且还探讨这些习俗为什么会不同。一些人类学家确信育儿习俗在很大程度上具有适应性，即社会通常会培养能够适应社会生存的成员。正如怀廷和柴尔德（I. L. Child）所总结的那样，一个社会的育儿方式会受到该社会的经济、政治和社会习俗的影响。[②] 在一项跨文化的研究中，巴里（Herbert Barry）、柴尔德（I. L. Child）和培根（Margaret Bacon）等人发现，农耕和游牧社会比较强调儿童对传统的顺从，而狩猎和采集社会则注重培养儿童的果断能力。[③] 育儿方式还会受到家庭形式和家庭大小的影响。明特恩（Leigh Minturn）和兰伯特（William W. Lambert）对跨文化的研究发现，家庭中的人口越多，母亲对儿童越轨行为的宽容性就越小。[④] 他们的发现与怀廷夫妇的跨文化研究的发现是一致的，即扩大家庭的家长往往要比核心家庭的家长更严厉地体罚儿童的越轨行为。

心理人类学对人类行为的研究，可以大致归纳为对人格、民族性或国民性与文化之间关系的研究。本尼迪克特是较早从事文化与国民性之间关系研究的人类学家之一，在其名著《菊与刀》（*The Chrysanthemum and the Sword*，1946）中，她以菊花和刀的文化内涵隐喻日本国民性的双重性：既有菊花般的温柔和纯洁，又有利刃一般的刚烈。她的研究表明，日本人之所以具有这种众趋人格，是与日本人对儿童的教养方式尤其是厕所训练等密切相关的。她认为，每种文化至少可以归纳出一种与之相对应的主导人格类型，各种不同文化都可以划出相应的人格心理学类型。我们可以通过对不同文化的对比研究来探讨文化的差

---

① Ember，Carol R. and Melvin Ember（1988）. *Cultural Anthropology*，p. 256. New Jersey：Prentice-Hall International，Inc..

② Whiting，John W. M. and Irvin L. Child（1953）. *Child Training and Personality：A Cross-Cultural Study*，p. 310. New Haven：Yale University Press.

③ Barry，Herbert III，Irvin L. Child，and Margaret K. Bacon（1959）. "Relation of Child Training to Subsistence Economy". *American Anthropologist*，61：51-63.

④ Minturn，Leigh and William W. Lambert（1964）. *Mothers of Six Cultures：Antecedents of Child Rearing*，p. 289. New York：John Wiley.

异。尽管人类的行为方式是多种多样的，但每一个人群只能选择其中的一部分，并演化成自身社会有价值的风俗、礼仪及生产和生活方式，而这一系列的选择便结合成这一族群的文化模式。美籍华裔人类学家许烺光（Francis L. K. Hsu）在《美国人与中国人：两种生活方式比较》（*American and Chinese: Two Ways of Life*, 1953）中，详细地讨论了文化对人格与民族性或国民性的影响。他认为，不同的生活方式和育儿方式对形成两国国民性具有重大影响。美国人的生活方式相对强调个人，往往以自我为中心；中国人则强调人与人之间的关系，注重个人在群体中的适当位置。他指出，不同的家庭生活是直接导致不同价值取向的根源。如在传统中国，高大的院墙把家户与外界隔离开来，但在庭院之内，成员之间的生活空间却几乎没有什么明确的界限；在美国，一般没有将家户封闭起来的围墙，但美国人却十分讲究家庭成员之间的个人空间的神圣性。美国人往往注重培养儿童的独立意识，鼓励儿童自己做决定；中国人则更重视成人的权威性。他在《民族、世袭阶级和结社》一书中，从跨文化的视角探讨了文化在中国、日本和印度国民性形成过程中的作用。他指出："印度人是以超自然为中心，中国人则是以情境为中心，而美国人是以个人为中心。自我信赖是美国人性格的最主要特征，对家族或宗族的重视，则是中国人性格的重点"。[①]

有学者认为，人类的行为与其社会环境有关。美国人类学家埃杰顿（R. Edgerton）在对非洲东部的 4 个社会的牧民和农民的人格差异的比较研究中发现，牧民要比农民更容易表露自己的好斗性。实际上，牧民通常性情豪放，易于表露喜怒哀乐等情感。埃杰顿认为，农民的生活方式，即他们的生活必须基于与邻里的合作，限制着他们的情感尤其是愤怒情绪的表露。牧民则因为其特殊的游牧生产方式而无须过于顾及邻里关系。而且，由于游牧环境的特殊性，偷盗和抢掠牲畜的事情时有发生，好斗性也是他们适应游牧生活的产物和结果。[②] 心理人类学研究对于我们理解人类心理、文化与行为之间的关系，提供了跨文化的视角，使我们在检视异文化的基础上，反思我们自己的文化与行为。

专业词汇

　　文化　文化模式　文化眼镜　民族中心主义　林顿（R. Linton）　恩贝尔（C. Ember）　濡化　涵化　同化　克拉克洪（C. Kluckhohn）　克罗伯（A. Kroeber）　古迪纳夫（W. H. Goodenough）　《文化论》　墨菲（R. Murphy）　西敏司（Sidney W. Mintz）　特纳（Victor Turner）　《象征的森林》　个体情境

① 维特·巴诺著，瞿海源，许木柱译. 心理人类学［M］. 台北：黎明文化事业股份有限公司，1979：251.
② 维特·巴诺著，瞿海源，许木柱译. 心理人类学［M］. 台北：黎明文化事业股份有限公司，1979：81～82.

学习　社会情境学习　文化学习　符号　象征　产后性禁忌　文化相对论　赫斯科维茨（M. Herskovits）　文化与人格　心理人类学　《萨摩亚人的成年》《三个原始部落的性别与气质》　卡丁纳（A. Kardiner）　基本人格结构　众趋人格《菊与刀》　许烺光（Francis L. K. Hsu）　《美国人与中国人：两种生活方式比较》

思考题

1. 社会文化人类学所界定的文化概念与人们常说的文化概念有什么区别？

2. 学习分为几种类型？哪一类对人类的学习至关重要？

3. 从人类学的角度看，为什么说初民社会没有文盲？

4. 文化有哪些特征？什么是象征？

5. 什么是文化中心主义和文化相对主义？

6. 试论述人类学对文化与行为的研究。

7. 许烺光在《美国人与中国人：两种生活方式比较》中认为，家庭的生活方式及家长的教育往往会影响儿童的人格形成。如中国人常爱叮嘱孩子："在外不要惹事，一旦有危险就往家跑。"请基于文化与人格理论，分析这句话的含义。

8. 文化人类学家认为，"不存在没有文化的社会或个人。每一个社会都有其文化，不论这种文化是何等的简单，就参与而言，每一个人都是有文化的"，试对此加以分析。

9. 弗洛伊德等早期西方心理学者认为，"恋母情结"和人类成长过程中的性压抑具有普遍性，是人类情感和行为的潜在性冲动。请根据 M. 米德对萨摩亚人的研究对此进行辨析。

推荐阅读书目

1. 马林诺夫斯基著. 黄建波等译. 科学的文化理论［M］. 北京：中央民族大学出版社，1999.

2. 马林诺夫斯基著. 费孝通译. 文化论［M］. 北京：华夏出版社，2002.

3. 维特·巴诺著. 瞿海源，许木柱译. 心理人类学［M］. 台北：黎明文化事业股份有限公司，1979.

4. 克利福德·格尔茨著. 韩莉译. 文化的解释［M］. 南京：译林出版社，1999.

5. Benedict，Ruth（1934/1959）. *Patterns of Culture*. New York：Mentor.

6. Benedict，Ruth（1946）. *The Chrysanthemum and the Sword*. Boston：Houghton Mifflin.

7. Lavenda，Robert H. and Emily A. Schultz（2003）. *Core Concepts in Cultural Anthropology*. New York：McGraw-Hill.

8. Kroeber，A. L. and C. Kluckhohn（1952）. *Culture：A Critical Review of Concepts and Definitions*. Cambridge，MA：Papers of the Peabody Museum.

第五章　语言、文化与社会

人之所以不同于其他动物，主要是因为人类有创造和使用象征符号（symbols）的独特能力。这种能力使人类超越其生物性限制从而创造并传承文化。语言、文化、社会三者密不可分，语言是文化的主要方面之一，而文化又是人类社会的文化；语言使文化得以传承，从而使社会得以延续。

第一节　人类学家对语言的研究

早在 19 世纪，部分人类学家便开始研究美洲印第安人及其语言。1886 年，美国人类学家博厄斯（F. Boas）到美洲西部海岸研究印第安人，提出了记录和分析土著语言的方法，并先后于 1911 年、1922 年、1933～1938 年和 1941 年出版了《美洲印第安语言手册》（*Handbook of American Indian Languages*）一至四卷。[①] 他在关注美洲印第安人语言的同时，十分重视语言与文化之间的关系。他在研究爱斯基摩人时发现，虽然爱斯基摩人的社会组织与经济生产方式非常原始，但其语言体系却相当复杂。这一发现驱使他在研究人类文化时，在关注种族、语言以及文化概念之间相关性的同时，又把它们区分开来。他指出，任何人类群体都有学习语言和吸收文化传统的能力，而且，在不同的社会中可能会有某些高度发达或相对原始的文化现象同时存在，这对于其他社会来说都是相对的。他的这一观点，有力地反驳了当时盛行的以进化论为中心的民族中心主义思潮。在他看来，每一个社会都依据其特有的自然环境和社会环境独立地发展出适应模式。

从字面上理解，语言人类学就是运用语言材料和语言学的研究方法来进行研究的人类学。众所周知，各种社会现象和文化都会在一定程度上在其语言材料里得到反映。也就是说，人们的生活方式以及社会、自然环境的特点，总会或多或少地在语言中有所反映。萨丕尔（E. Sapir）是博厄斯培养的学生中最优秀的一个，他是美国语言人类学的奠基人之一。1910～1925 年，他在北美印第

---

① Salzmann, Zdenek (1998). *Language, Culture, and Society: An Introduction to Linguistic Anthropology*, p. 12. Boulder: Westview Press.

安人地区进行了大量的语言学调查。他对语言与文化之间关系的研究，对后人产生了重大影响。他认为，语言是"文化的象征指针"，"为交流之目的，人类基于语言建构其世界"。① 如爱斯基摩人（the Eskimo）对雪的分类即是典型的例子。根据他与他的学生沃尔夫（Benjamin L. Whorf）提出的"萨丕尔—沃尔夫假说"（Sapir-Whorf hypothesis），人类的语言形式决定着人类的思想方式，而现实世界在很大程度上是人们基于语言习惯建构的，这个过程通常是无意识的。因此，不同的语言会产生不同的世界观。在这一假说中，萨丕尔认为不同语言的表达方式会对同一客观现象做出不同的分析和解释，沃尔夫则把这一观点推向了极端，认为人类的语言系统决定人的思维甚至感觉。他提出了"语言决定论"（linguistic determinism）和"语言相对论"（linguistic relativity）的观点，前者是指一个人的语言结构决定其思维方式，后者是指语言的差异性会从讲话者的世界观的差异性中反映出来。他们的观点虽然受到后人的批评，但却为我们开辟了一条理解人类语言与文化关系的新途径。

马林诺夫斯基在《珊瑚园与他们的巫技》（*Coral Gardens and Their Magic*，1935/1966）一书中从语言学的角度探讨了巫术术语的翻译问题。他指出，巫术用语不能通过翻译来理解，因为单从语义内容看，巫术用语是不可理解的。只有将它们置于特罗布里恩德社会文化情境中才能理解、才有意义，也才能体悟出巫术在特罗布里恩德岛民中的功能作用。他的观点对以弗思（John R. Firth）、阿登纳（Edwin Ardener）等为首的英国语言人类学派的形成具有重要影响作用。②

第二节 语言与文化

人类学是研究人类及其文化与行为的科学，而语言是人类文化最主要的特征之一，因此，语言是人类学研究的主要内容之一。人类学家试图通过探讨语言来了解人类文化与行为的其他方面。一方面，如果文化影响语言的结果和内容，那么，就能证明语言的多样性至少部分地源自于社会与文化的多样性；另一方面，语言的结构也可能会影响社会与文化的其他方面。萨丕尔和沃尔夫认为，语言会影响到一个社会的人们如何感知和构思现实世界，贝蒂（John Beattie）也指出，人类的思维分类与语言类型是相关联的。③ 一个民族语言中的分类，

---

① Barfield, Thomas, ed.（1998）. *The Dictionary of Anthropology*, p. 290. Oxford: Blackwell Publishers Ltd..

② Barfield, Thomas, ed.（1998）. *The Dictionary of Anthropology*, pp. 290-291. Oxford: Blackwell Publishers Ltd..

③ Beattie, John（1960）. *Bunyoro: An African Kingdom*. New York: Holt, Rinehart & Winston.

可以反映出该民族眼中的现实世界。如所罗门群岛上的槐欧人（the Kwaio），就把淡水和咸水分为两种不同的物质，而且他们把大部分我们会说是蓝色或黑色的颜色归为同一种颜色。①

语言人类学家发现，语言的分类与人类的生存环境、生计方式密切相关，某一特定民族的语言往往能够反映该民族的社会结构以及他们的共同认知、感觉和意向。不同的民族，由于其社会经济发展的状况、与其他民族之间的关系以及所经历的文化阶段等不尽相同，其语言发展必定有其独特性。从这个意义上说，一个民族的语言（特别是词汇）就像一面镜子，能如实地反映出该民族的族群特点。不同民族语言的词汇系统，在词的内容和数量上都有各自的特点。新疆草原上的哈萨克族由于世代从事畜牧业，他们的语言系统中关于牛、马、羊、驼等牲畜有极为丰富、精确的专门术语，只要说者说出某个术语，这个术语所指代的牲畜便是清晰准确的。他们不仅有表示牛、马、羊、驼的统称，而且对每一类牲畜按岁数也分得清清楚楚。不仅如此，他们还能分出四畜的性别，对不同年龄的雄性和雌性牲畜也有不同的名称，如三岁的公牛叫"库南越古兹"（Kunan ögiz）②，母牛叫"库纳金斯依勒"（Kunajen seyer）；三岁的公马叫"库南"（Kunan），母马叫"巴依塔尔"（baytar）；三岁的公绵羊叫"库南阔依"（Kunan Koy），母绵羊叫"沙吾勒克"（sawlek），公山羊叫"赛尔克"（sêrki），母山羊叫"叶希克"（êxki）；三岁的公驼叫"布尔软库南恰"（buwerxen Kunanxa），母驼叫"营格恩"（inggên）。

因此，对于哈萨克牧民来说，只要听到某一关于四畜的具体名称，如"叶希克"，其脑海里便可出现它的类别、公母和年龄的具体形象。而从事农耕的民族，就不可能有这种反映。比如说"羊"这一概念，它到底是指山羊还是绵羊，两岁还是三岁，公的还是母的，在农耕民族的头脑中是模糊不清的，除非加上长串的定语。③ 可以说，哈萨克牧民的牲畜名称反映出牛、马、羊、驼等在游牧生活中所处的地位，同时也反映出牧民对于四畜的态度与认知程度。同样，许多人类学家的研究也表明，生活于北极圈内的爱斯基摩人对于雪花的大小、形状等有极其精确而生动的术语。美国人类学家康克林在菲律宾的哈努诺族的调查也发现，当地语言中用于描述植物各种部位和特性的语汇多达 1500 多种，而植物分类单位有 1800 多种，比西方现代植物学的分类还多 500 多种。世上罕为人知的极少数人使用的语言可能在把握现实的某个方面比自以为优越的西方

---

① 基辛（R. Keesing）著. 陈其南校订. 张恭启，于嘉云译. 文化人类学 [M]. 台北：巨流图书公司，2000：77.

② 括号中为新哈文注音，下同.

③ 袁同凯. 新疆哈萨克族黑宰部落原始文化遗迹研究：以特克斯县喀拉达拉乡田野调查为主 [J]. 西北民族研究，1997（1）：47～48.

文明的任何一种语言都要丰富和深刻。[1] 因此，虽然语言人类学家有关人类语言结构决定思维结构或认知表述的理论还有待于进一步验证，但语言在某种程度上却反映出人类的社会与生活以及人类的思维方式。

表 5-1 哈萨克族黑宰部落四畜称谓详表[2]

类别和年龄／名称		马	牛	骆驼	绵羊	山羊
		译音	译音	译音	译音	译音
通称		吉勒克	斯依尔	吐越	阔依	叶希克
一岁		库伦	布枣吾	波塔	阔兹	拉克
两岁	公	塔依	塔英恰	塔依拉克	叶斯克	赛尔克西
	母				吐沙克	吐恰
三岁	公	库南	库南越古兹	布尔软库南恰	库南阔依	赛尔克
	母	巴依塔尔	库纳金斯依勒	营格恩	沙吾勒克	叶希克
四岁	公	多捏恩	多捏恩越古兹	多捏恩阿坦	多捏恩阔依	赛勒克
	母	多捏恩比耶	多捏恩比耶	营格恩	沙吾勒克	叶希克
成年	公	阿依喀尔	布喀	布拉	阔希喀尔	铁盖
	阉	阿特	越古兹	吐越	阔依	赛尔克
	母	极勒克	斯依尔	营格恩	沙吾勒克	叶希克

　　此外，某个民族的亲属称谓与禁忌词语也会在一定程度上反映出该民族的文化意义。人类学家通过对亲属称谓的研究，可以从比较深的层次了解家庭成员之间的亲疏关系，甚至可以通过亲属称谓发现不同性别、不同辈分之间的回避或嬉戏关系。在某些民族中，有些词语由于其神圣性而归属于禁忌类，在一般场合尤其是公共场合避讳使用它们。在哈萨克游牧民中，公公与儿媳之间存在回避习俗。尤其是儿媳，在他人面前绝对忌讳直呼公公的名字，在非要说出公公的名字时，她们往往用"我丈夫的父亲"来替代。关于这种避讳，哈萨克民间有一则传说：很久以前，有一个儿媳去芦苇中打泉水，结果看见一只被狼咬伤的羊，她忙拿出刀在磨石上磨了几下，宰了那只羊。她回来会设法把这件

---

[1] 中叶舒宪. 地方性知识 [J]. 读书，2001（5）：122～123.

[2] 袁同凯. 新疆哈萨克族黑宰部落原始文化遗迹研究：以特克斯县喀拉达拉乡田野调查为主 [J]. 西北民族研究，1997（1）：47～48.

事告诉她的婆婆："在 selderama 那边，sarkarama 边上，mengerama 被 ulema 咬伤，我忙拿出 jamema，在 bliêmê 上磨了几下，宰了它"。她为什么不把芦苇说成 Kames、不把泉水说成 bulak、不把羊说成 Koy、不把狼说成 Kasker、不把刀子说成 bêki、不把磨刀石说成 Kayrak 呢？原来她公公、丈夫兄长的姓名中含有这些词。因此，她只能用隐语巧妙地表述了自己的意思。[①] 同样的禁忌在吉尔吉斯人中也极为普遍。吉尔吉斯妇女不敢直呼她丈夫姻亲中长辈的名字，甚至类似那些字音的词也不可用。例如，如果那些长辈中有叫"牧羊人"的，她就不能说"羊"这个词，而叫作"那哀鸣的东西"；如果丈夫名叫"小羊"，她就把小羊羔叫作"那哀鸣的小东西"。[②] 一个民族的语言与其风俗习惯也有密切关系。如在尼泊尔和印度等把牛奉为神明的社会里，决不可能产生诸如汉语中含有讽刺和贬抑色彩的"对牛弹琴""吹大牛""牛鬼蛇神"之类的俗语或口头语。宗教对语言的发展也有一定影响。如自佛教传入中国后，佛教文化对汉语产生了深刻影响。随着佛教文化的传播以及译经的兴起，佛教文化中的一些词汇便不断地引入汉语中，如来世、未来、博爱、平等之类的词汇，成了汉文化中常用的词语。

需要补充说明的是，尽管语言促进了人类复杂的文化系统的发展，但在某种文化类型和语言类型之间并没有必然的关系。实际上，世界上有些族群可能会共享相似的文化，但他们的语言体系无论在结构上还是发音上都有很大的差异性。如美洲平原印第安人在文化特征上极为相似，但他们的语言至少属于六个不同的语系。[③] 当然，也有相反的例证，如爱沙尼亚（the Estonian）印第安人和拉普（the Lapp）印第安人的语言十分相近，但他们的文化却完全不同。这一研究批驳了早期那种将语言、文化与种族混为一体的观点，博厄斯在其《美洲印第安语言手册》的前言中就明确指出，人们的体质类型、文化和语言之间没有必然的联系。尽管萨丕尔确信语言和文化之间没有内在的必然联系，但他却坚信人类的语言与思维是紧密地交织在一起的，甚至从某种意义上讲，二者是相同的。可以说，博厄斯和萨丕尔都认为某个群体的语言、体质特征和文化之间的关联性不是与生俱来的，而只能是一种历史的巧合。萨丕尔对印第安人语言的研究发现，与文化变迁相比，语言的变化要缓慢得多，平稳的多。主要的革新往往会引起社会结构的深刻变化而语言则会保持不变，因此，通过现存语言结构的分析，我们可以在一定程度上了解使用该语言的群体的文化。

① 包拉什·舍科耶夫. 哈萨克古代畜牧业用语刍议 [J]. 哈萨克族古籍，1994（2）：34.

② 袁同凯. 新疆哈萨克族黑宰部落原始文化遗迹研究：以特克斯县喀拉达拉乡田野调查为主 [J]. 西北民族研究，1997（1）：39.

③ Salzmann, Zdenek (1998). *Language, Culture, and Society: An Introduction to Linguistic Anthropology*, p. 39. Boulder: Westview Press.

第三节　语言与社会

　　社会是一群人的集合，这群人居住在特定的社区里，拥有共同的语言和一套风俗，他们彼此之间的互动比起与外人的互动更亲密而且频繁。他们共享或共同参与一种文化，同时他们也是一个社会的成员。一个社会就是以这种方式，即基于地域的隔离和共同的语言文化来与周邻的社会区别开来。和文化一样，社会也是一个抽象的概念。一个社会的成员可能会死去，但他生活于其中的社会却会继续存续下去。社会也是一种特殊的体系，即人群互动的集合。社会体系小至一个家庭大至整个社会。社会通过人与人之间的反复互动模式来建构有其特定结构和地位的体系。①

　　语言是特定社会的成员进行交流的工具。人类学的研究表明，社会结构会影响或决定语言的结构或行为，各个社会年龄组通常都会有各自偏好的语言表述方式或语汇的现象就是例证。南开大学社会学系硕士研究生吴晟曾对所谓"新新人类"即1980年以后出生的一代人的语言进行过调查，他发现在语言表达方面，这一代人有其不同于"旧人类"的特点。下面是一对"新新人类"情侣在一家服装店里的对话：

　　　　男：哎！哎！那件衣服你瞅着还行吗？

　　　　女：**分特**（faint），太弱了吧，穿上整个一**村儿蜜**！

　　　　男：那这件呢？

　　　　女：嗯，还凑合吧……别逗了，这和**小 S** 那件不是一样的吗，我穿上岂不和她**撞衫**？！

　　　　男：小 S？就她那**恐龙样**，穿什么都是糟蹋。你比她 **PP** 多了，穿了准比她强百倍。

　　　　女：唉，说她干吗，没劲！她太会装了，嘴里没一句实话，整个一**弱弱**，puke 死我了……哎，你看这件苹果绿怎么样，蛮炫的！

　　　　男：还好啦，你看着合适我就等着掏 ***money*** 呗。②

　　这些混杂外来语、网络用语的语言现象使许多"旧人类"感到费解。如长沙市某小学的一位语文老师曾抱怨学生的作文里大量使用网络用语，致使老师无法批改作文。据调查，目前网络用语已经成为"新新人类"日常生活中的常

---

① 基辛（R. Keesing）著. 陈其南校订. 张恭启，于嘉云译. 文化人类学 [M]. 台北：巨流图书公司，2000：45.

② 南开大学2004级社会学专业硕士研究生吴晟同学于2003年7月在天津市滨江道某时装店记录.

用语，是同龄群体认同的重要标志。

同时，语言结构或行为也影响或决定着社会结构。沃德霍（Ronald Wardhaugh）认为，人类语言的多样性反映了诸如区域、社会、民族起源甚至性别的差异性，讲话的特殊方式、词语的选择以及交谈的规则等都会受到特定社会环境的影响。他发现权力是阐释诸多语言行为的一个非常有用的概念，它严重地影响着人们对语言的选择。[①] 如一个说爪哇语的人，在某种特殊情境中，必须从三种说话的层次中选一种，或粗俗的层次或高雅的层次或中间层次。他选择哪一个层次要视他自己的地位、对方的地位、彼此之间的关系以及说话时的情境而定。再如，瓜拉尼（the Guarani）印第安人在正式社会交往、官方交涉中以及表示敬意时用官方语言西班牙语，但跟亲友谈话、谈情说爱、对地位低下的人讲话时，则用自己的母语瓜拉尼语。[②] 这一现象在我国少数民族地区也非常普遍，如南方的一些少数民族，他们大多数都会讲官方语言或通用语（普通话）和他们自己的语言，有的甚至懂几种语言或方言。以瑶族的一个支系土瑶人来说，他们在自己的社区内说土瑶语，走出大桂山，在集镇上他们与当地的汉人主要讲客家话或桂柳话，在城里他们则多讲生疏的普通话。

第四节 语言与学校教育

谈论传统文化与学校教育，语言自然是不可忽视的论题之一。语言是人类社会最重要的交流手段，同时也是文化得以代代相传的最主要载体。学校使用何种语言授课，对少数民族儿童的学业成就也有一定程度的影响。在中国，除了回族和满族使用汉语外，其他少数民族都有自己的语言，但大多数没有文字，不得不以汉语为课堂教学语言。这些少数民族儿童在入学之前完全生活在本民族的语言环境中，他们的思维方式以及对事物的认知都会或多或少受到其语言习惯的影响，但他们一旦到了入学的年龄便必须开始学习与他们的语言有很大差异的汉语。从这个意义来说，语言是少数民族学生取得学业成功的基础。少数民族学校教育所面临的挑战或困境在于：一方面，国家鼓励他们在教学中使用本民族的语言，这无疑有利于少数民族儿童的学习；另一方面，对于大多数少数民族而言，汉语是他们参加一些重要考试如入学、招工等考试的标准语言。而且，掌握汉语也是他们拓展就业机会的重要途径之一。从法律上讲，少数民

---

① Wardhaugh, Ronald（1992）. *An Introduction to Sociolinguistics*, pp. 10-11. Oxford: Blackwell.

② 基辛（R. Keesing）著. 陈其南校订. 张恭启，于嘉云译. 文化人类学 [M]. 台北: 巨流图书公司, 2000: 83~84.

族语言和汉语具有平等的地位，但政治和经济发展的不平衡使得语言在功能上也处于不平等的地位。斯泰茨（Regie Stites）对壮、彝、维、藏四种少数民族语言在学校教学中的使用情况的研究富有启发性。[①] 国家虽然提倡这些民族在教学上使用双语教学，即汉语和本民族语言，但因融入主流社会的需要，这些少数民族往往倾向于使用汉语，为的是将来毕业后能更好地适应主流社会。

语言积淀了一个民族大量的文化内容，尤其是思维方式，但交际是语言的第一功能，尤其在民间。[②] 生活于大桂山脉深处的土瑶人有他们自己的语言——土瑶话，属汉藏语系苗瑶语族瑶语支系，但没有文字。土瑶话与过山瑶话同属于勉语，除少数语汇外，土瑶和过山瑶在语言上几乎没有什么差别，可以相互交流。由于社会、历史以及环境的原因，土瑶人祖祖辈辈都生活在大桂山里，除赶集外很少与外界接触。在土瑶社区内，土瑶话可以说是土瑶人日常交流的唯一语言。尽管大多数土瑶人一般都会讲一些客家话，但在本族内几乎没有人使用，只有他们到山外赶集时，才讲客家话。客家话是土瑶人与山外的汉族人和壮族人等进行交易活动的主要通用语，也是他们与外界交流和沟通的最主要的工具。

毫无疑问，与其他无文字的少数民族一样，语言问题也是土瑶学校教育所面临的障碍之一。土瑶儿童在入学之前，几乎没有人离开过大山，更没有机会学习普通话。因为在土瑶社区，能听懂普通话的人不多，会讲的人就更少了。据笔者实地考察，在土瑶老人和学龄前儿童当中几乎没有人能听懂普通话。众所周知，语言作为人际交流与沟通的工具，是一种自然而然习得的习惯。土瑶儿童从小就生活在自己的语言环境中，他们的思维方式自然会遵从其母语的表述习惯。但当他们一旦有机会走进学校，就不得不面对十分生疏的普通话，而普通话的表述方式与他们从小习得的语言表述规律之间存在明显的差异，因此，土瑶儿童入学后首先遇到的就是语言问题。他们得花上 1～2 年的时间打好语言基础，但问题是，当他们可以听懂普通话或学会讲普通话时，他们大多数人已到了协助父母务农或做家务的年龄，因此，他们面对的可能是辍学。离开了学校这个唯一可以多少讲点普通话的场所后，所学的那点知识连同普通话一起会在很短的时期内被遗忘。因为书本上的知识与他们的实际生活相距太远，同时也没有什么机会讲普通话。在土瑶社区考察时，笔者曾多次与土瑶儿童一起听课。总体而言，在一、二年级的课堂上，除朗读课文外，老师几乎完全用土瑶

① Stites, Regie（1999）. "Writing Cultural　Boundaries: National Minority Language Policy, Literacy Planning, and Bilingual Education". In Gerard A. Postiglione, ed.　, *China's National Minority Education: Culture, Schooling, and Development*, pp. 95-129. New York: Falmer Press.

② 李劼. 中国少数民族教育的历程与民族发展 [J]. 民族教育研究, 2000 (3): 53.

话授课；三年级以后，老师开始逐渐用普通话授课，但老师提问和学生回答问题仍多用土瑶话。走出课堂，无论是老师还是学生，几乎没人再讲普通话，也就是说，他们根本就没有使用普通话的环境。由于语言和文化上的障碍，他们不可能很好地理解与他们实际生活相脱节的书本知识。加上土瑶口语与汉语之间的差异，老师在翻译过程中也必然会有出入，这就增加了学生的理解难度。

虽然语言人类学家有关人类语言结构决定思维结构或认知表述的理论还有待于进一步验证，但语言在某种程度上却反映出人类的社会与生活以及人类的思维方式。土瑶人的思维和表述方式自然也与他们的生存环境密不可分。在他们的语言中，有关大山、树木和野草等与他们生活密切相关的词语要远比我们所想象的要丰富。因此，他们对这些知识的感知、理解和掌握也容易得多。而相比之下，电视、网络、足球、动物园等教材上常见的内容对于他们来说，则完全是陌生的。在他们的语言体系中，根本就没有这些与现代都市生活相关联的词语，有很多知识，如网络，连老师自己也不知道是什么东西，更不要期望他们能给学生解释清楚了。陈志明在分析马来西亚沙捞越腹地儿童的学校教育时也论及这个问题。他指出，由于偏僻或交通闭塞局限着当地人们的社会经历，偏远地区的学生要学习许多那些城里的学生习以为常的事情。因此，偏远地区的学生不仅仅要学习文化知识，还要绞尽脑汁地去理解城里孩子早已司空见惯的生活方式。[①]　情况确实如此，学校教科书里所描述的许多都市儿童的经历，如乘飞机、坐火车等对于偏远地区的土瑶孩子来说都是些难以想象的事，因此，他们要比城里的孩子花费更多的精力去学习和理解课本里的知识。当然，这是一个具有普遍性的问题，面对这一障碍的不仅仅是土瑶儿童，但由于社会生活和语言环境的限制，土瑶儿童在学校所面临的困境要比其他少数民族儿童更难以克服。因此，虽然已有不少论著讨论少数民族学校教育中的语言问题，但笔者认为在讨论少数民族儿童的学业成就时仍有必要提及这个老问题。

专业词汇

《美洲印第安语言手册》　语言人类学　萨丕尔（E. Sapir）　爱斯基摩人　萨丕尔—沃尔夫假说

思考题

1. 社会、文化、语言之间有何种关联性？语言人类学与普通语言学有何异同？

2. 什么是萨丕尔—沃尔夫假说？它与文化多样性有何关联？

---

① Tan, Chee-Beng（1993）. "Education in Sarawark". *Borneo Review*, 4（2）.

3. 为什么说语言是社会、时代的产物？试举例说明。

4. 语言对弱势群体的学校教育有什么影响？

推荐阅读书目

1. Barfield，Thomas，ed.，（1998）. *The Dictionary of Anthropology*. Oxford: Blackwell Publishers Ltd..

2. Salzmann，Zdenek（1998）. *Language，Culture，and Society：An Introduction to Linguistic Anthropology*. Boulder： Westview Press.

3. 纳日碧力戈. 语言人类学［M］. 上海：华东理工大学出版社，2010.

4. 罗常培. 语言与文化［M］. 北京：北京出版社，2011.

第六章　性别与文化

　　人类学家研究人的生理、社会和文化，因此他们在研究人类行为时，不可避免地要面对自然（生理特性）和教养（环境）问题。人类的态度、价值和行为不仅受到先天基因特性的影响，而且也受到后天涵化经历的影响。一些学者认为，人类的行为和社会组织是由生理决定的，而另一些学者则认为，人类的适应性在很大程度上基于文化学习，通过学习，人类要比其他任何物种更能调适自己的行为。众所周知，性别的社会差异是在历史过程中逐渐形成的，但在历史中积淀下来的传统和文化以及在历史过程中形成的性别角色和地位，却往往被误认为是人类与生俱来的。①

第一节　性别差异

　　说到性别，我们自然而然地会想到男人和女人，从生理上区分他们之间的差异。尽管在大多数文化中，男人在某种程度上比女人更具进攻性，但其许多行为和态度上的差异更多是由文化而不是生理所造成的。性（sex）是男女生理上的差异，但性别（gender）则更多体现出社会与文化赋予的男女差异。换句话说，性别是指男女特征的文化建构，② 而女性则完全是经济和社会力量的产物。③ 波伏娃（Simone de Beauvoir）认为："女人不是天生的，而是塑造出来的。"长久以来，父权论把"男强女弱" 说成是男女生理差异的必然结果。但自由女性主义者却指出，男女权力不均并非出于生理差异，而是由庞大的社会性别体系所导致的。奥克利（Ann Oakley）在《性、社会性别与社会》（*Sex，Gender and Society*）中，严格区分了性（sex）与社会性别（gender）之间的差异，认为前者为生物

---

① 叶汉明. 女性主义史学与中国妇女社会史[M]. 张如清，叶汉明，郭佩兰等主编. 性别学与妇女研究. 香港：香港中文大学出版社，1995：97.

② Rosaldo，M.（1980b）."The Use and Abuse of Anthropology：Reflections on Feminism and Cross-Cultural Understanding". *Sign*（3）：389-417.

③ Fisher，H.（2001）."An Immodest Proposal". In Phillip Whitten ed.，*Anthropology：Contemporary Perspectives*. MA：Allyn & Bacon，p. 242.

与自然的性，后者为社会与人为的性。①

　　米德是较早从事性别角色民族志研究的学者之一。上文中提到，她在《三个原始部落的性别与气质》中描述了新几内亚三个部落社会即阿拉佩什（the Arapesh）、蒙杜古马（the Mundugumor）和查恩布里（the Tchambuli）的性别与男女人格特性。她的研究表明，人的性格不是天生的，而是从小养成的，男女的性格可以因不同的社会化过程而不同，甚至可以颠倒过来。如她发现阿拉佩什人温顺、富有爱心和责任感。在阿拉佩什人当中，所有的人际关系都带有相互信赖和交流情感的色彩，都带有相互合作、共享生活的信念。而生活在同一地区的蒙杜古马人却残暴而富有进攻性，他们粗暴地对待儿童，其社会文化鼓励凶残和强暴。一个蒙杜古马男人可以用自己的姐妹换取妻子，父子可能会为同一个性伙伴而拳脚相见；妇女在说话时可能根本不会顾及正在哭闹的孩子，如果孩子做错了事，可能的遭遇就是一顿毒打。查恩布里男人很女性化，喜欢打扮化妆和购买东西，很少从事生产劳动，多数时间忙于参加仪式和集会。他们的生活充满了无聊的妒忌、争吵和臆测。但女人却一味地男性化，不好打扮，整天忙于整理渔网、编织、做饭、捕鱼，她们性格开朗、不拘小节，说话粗俗。米德的研究证明，男女性格上的差异更多的是文化上的而不是生理上的，文化塑模了男女之间的性格差异。

　　有趣的是，在几乎所有社会里，男女之间的劳动分工相差无几，如女性主要从事采集食物、照料孩子、挑水做饭、酿制饮料和乳制品、洗涤衣物、捡柴以及纺纱等与家庭生活密切相关的劳动，而男子则更多地参与狩猎、捕鱼、伐树、采矿、制作工具或乐器、械斗或战争、政治管理等劳动或活动。② 大家比较认可的解释之一是男性具有生理上的优势，即具有强健的体魄和敏捷的身手，但这一说法却不能解释为什么男人会从事采蜜或制作乐器等对体能要求较低的活动，也无法说明像新几内亚的查恩布里之类的社会中为什么妇女会承担起养家糊口的主要责任：她们承担起所有的捕鱼劳动，早上乘独木舟去捕鱼，再用捕到的鱼到很远的集镇去交换西米粉（sago）和甘蔗。另一种解释是由于妇女的生理特性，她们更适合照料婴孩。在绝大多数社会中，妇女生育之后至少要花一到两年的时间喂养和照料孩子。因此妇女不宜从事连续性的劳动，这一观点可以解释，虽然传统上主要由妇女负责做家里的饭菜，但餐厅中的厨师和面包师却都是男性。但这一观点却解释不了为什么男性通常会从事制作船只、建

　　① 周华山. 当代西方女性主义概论［M］. 郑新蓉，杜芳琴主编. 社会性别与妇女发展. 西安：陕西人民教育出版社，2000：157.

　　② Ember，Carol R. and Melvin Ember（1988）. *Cultural Anthropology*，pp. 144-145. New Jersey：Prentice-Hall International，Inc..

造房屋或制作骨、角以及贝壳之类物器等劳动。[①] 实际上，由于女性长期主要从事采集活动，而男性长期从事狩猎活动，他们也进化出不同的视觉能力和视觉习惯。英国作家亚伦·皮斯发现，男人的视野是管状的，他们观察正前方的事物和寻找远距离目标的能力要远远强于女人。但是，大部分男人的近距离视野和周围视野都远不如女人，男人总是很难在冰箱、橱柜和抽屉里找到自己想要的东西。女人的周围视野很大，两只眼睛的视野至少能向外扩展45度。这就意味着，女人看起来正视着对方的脸部时，很可能同时在观察对方身上佩戴的珠宝首饰。[②]

第二节　性别角色和性别分层

性别角色（gender role）是指社会和文化赋予男女的不同任务和活动。人类学的研究表明，性别角色会因自然环境、经济生产方式、适应策略以及政治体制类型的不同而不同。性别分层（gender stratification）是指男女两性因掌握不同的社会资源、权力、声誉以及人身自由而获得的不平等身份，反映出男女在社会阶层中所处的不同地位。

在无国家的部落社会里，性别分层在声誉上也有所体现。20世纪80年代初期，罗萨尔多（M. Rosaldo）对菲律宾北部吕宋岛的伊隆戈人（the Ilongot）进行了研究，认为性别差异与赋予冒险、旅行以及外界知识的文化价值有关。伊隆戈男人常常因外出旅行或打猎而了解外面的世界，回来后他们在公共场合向人们讲述他们的冒险经历、感受和在外界的见闻。他们因此赢得了荣誉。伊隆戈妇女因没有机会接触外界而缺乏这种能赢得声誉的经历，因而也就不能像男人那样有声誉。基于罗萨尔多的研究，美国人类学家王爱华（Aihwa Ong）指出，我们必须区分某一特定社会的荣誉体系与实际权力，男性拥有的高威望并不一定赋予他们在家庭中的经济和政治权力。[③] 美国人类学家沃尔夫（Margery Wolf）是较早提出妇女在中国家庭制度中扮演重要角色的外域学者之一。她在《台湾农村的妇女和家庭》（*Women and the Family in Rural Taiwan*，1972）一书中描述了台湾农村妇女在以男性为主的传统家庭中如何巧妙地发挥她们的有限权力来

---

① Ember, Carol R. and Melvin Ember（1988）. *Cultural Anthropology*, pp. 144-148. New Jersey: Prentice-Hall International, Inc..

② 亚伦·皮斯，芭芭拉·皮斯著. 王甜甜，黄佼译. 身体语言密码 [M]. 北京：中国城市出版社，2007：141.

③ Kottak, Conrad P.（1997）. *Anthropology: The Exploration of Human Diversity*, pp. 316-317. New York: The McGraw-Hill Companies.

维护自己的利益并发挥影响力，从而向过去一直偏重男性占主导地位的家长制的研究取向提出了挑战。她的研究对中国传统妇女在家庭之外的社区中所具有的权力进行了讨论。著名汉学家、人类学家弗里德曼（M. Freedman）认为，沃尔夫所描写的台湾村落的关于育儿与人际关系的例子，从整体上讲适宜于中国的一般家庭。他特别列举了沃尔夫对家庭中兄弟间关系的研究，即兄弟之间因生活资源而长期存在竞争的张力，因此，当家里的长辈一旦去世，父系联合家庭便会面临解体（分家）的危险。弗里德曼认为，沃尔夫的贡献在于她指出了孩童经历中相互竞争的根源，即孩提时代，老大总是让着小的，但他们一旦长大成人，即期望小的屈从于长兄的决定或意见，对此，小的缺乏养成。她假定，如果小的从小就一直遵从长兄，中国联合家庭将会是另一番景象。她还注意到妯娌在兄弟关系间所起的负面影响，她们加速了原本就很脆弱的兄弟关系的瓦解。沃尔夫的研究还表明，家庭成员之间的复杂的人际关系的研究，有利于我们进一步理解中国人的社交行为。在她的影响下，越来越多的人类学者开始关注中国妇女研究。这些研究冲破了许多对中国妇女的偏激看法，从妇女自身的视角出发，探讨妇女在家庭生活和社会活动中所承担的角色。

但是，在另一些社会，妇女地位不仅显赫，而且她们的看法也有举足轻重的作用。她们对于财产的分配以及儿女的婚姻具有与男子同等的权力。在中国西南地区泸沽湖畔的永宁聚居区，至今还保留着母系家庭对偶婚的习俗，子女从母居，血统世系按母系计算，女性在家庭中有着崇高的地位。此外，生活在甘肃省肃南裕固族自治县的裕固族迄今仍留存着重女轻男的遗风，家中许多生产事务由女子承担，一些重大事务通常也都由家里的女性长者来决定，女性在家庭中的地位非常高。在马林诺夫斯基做过田野调查的特罗布里恩德岛，亲属制是母系的，妇女享有很高的社会地位，在部落的日常生活中扮演重要的角色，有些妇女甚至因为拥有巫术力量而具有相当的影响力，如多布妇女不但主理园圃，而且参与施行园垦巫术。此外，她们还控制着呼唤神力、惩罚过错的主要工具。[①]

有许多关于妇女地位方面的理论，其中一种较为流行的观点认为，妇女的地位与其在生计经济中所起作用的大小有关。依据这种观点，妇女在以狩猎、游牧或精耕农业为主的男性占主导地位的社会中将居于从属地位。第二种观点认为，在经常征战的社会中，男性要比女性占有更为重要的地位。第三种说法认为，在政治集权的社会中，男性往往在政治行为中起主导作用，因而享有较高的社会地位。还有一种理论认为，如继嗣群体和婚后居住模式以妇女为中心，则她们会享有较高的地位。上述理论所共同面临的问题是，我们通过哪些变量

---

① 马林诺夫斯基著. 梁永佳，李绍明译. 西太平洋的航海者［M］. 北京：华夏出版社，2002：31，34.

来界定地位？在《前工业社会中妇女的地位》（*The Status of Women in Preindustrial Societies*，1978）中，怀特（Martin K. Whyte）研究了52种可以用来界定男女地位的变量，包括诸如是男性还是女性可能继承财产、对于未婚子女谁具有权威性、社会中的神是男性还是女性，等等。研究表明这些变量中极少有相互关联的。因此，怀特得出结论说，不能把地位视为一个孤立的概念，而是应该在不同生活领域内探讨女性的社会地位。[①]

人类学的一些研究表明，经济角色影响性别分层。美国当代人类学家桑迪（Peggy Sanday）在一项跨文化研究中发现，当男女在生计活动中处于相同地位时，性别分层就会不明显，但如果妇女在生计活动中处于主导地位或者从属地位，那么，性别分层会极为突出。在家庭和公众领域没有截然分离的社会，男女的性别地位几乎没有什么差别。家庭领域与公众领域的分离，可以促使男女之间的性别分层，因为与家庭劳动相比，公众活动能赢得更多的声誉，而从跨文化的角度看，一般都由妇女来料理家务，而男子则更多从事公众活动。罗萨尔多在《女性、文化与社会》（*Women, Culture, and Society*，1974）一书中用"公共领域"和"家庭领域"的概念来解释男女之间的不平等地位。她指出，妇女通常在家庭中从事的最主要活动是生养孩子，而生养孩子这一人类再生产活动在以男性为中心的社会中往往得不到足够的重视，在声誉上也不及男性在公共领域里所从事的活动，因此，她们的社会地位低于男性。公共领域不仅代表着权力与威望，而且男性在公共领域的活动很容易得到社会的认可，而女性在家庭中付出的艰辛劳动却难以得到社会的承认。她认为，只有当男性更多地承担起家庭生活的角色和劳动时，男女之间的不平等才能得到缓解。[②] 而奥特纳（Sherry Ortner）在讨论男女性别不平等关系时，则使用"文化"和"自然"二分法来解释女性的从属地位。她认为，几乎所有的社会都把女性与自然、男性与文化联系在一起。由于人类创造文化的目的在于征服自然，因而文化也就高于自然、优于自然。以上研究都试图说明女性低下的社会地位是文化建构的。

第三节 当代西方女性主义研究

20世纪70年代初，激进女性主义（radical feminism）在美国崛起，激进女

[①] Whyte, Martin K. (1978). *The Status of Women in Preindustrial Societies*, pp. 95-120. New Jersey: Princeton University Press. Ember, Carol R. and Melvin Ember (1988). *Cultural Anthropology*, p. 153. New Jersey: Prentice-Hall International, Inc..

[②] Kottak, Conrad P. (1997). *Anthropology: The Exploration of Human Diversity*, pp. 317-318. New York: The McGraw-Hill Companies.

性主义指出自由女性主义所追求的性别"平等"与"公正"，根本不是价值中立。被誉为第一个激进女性主义者的费尔斯通（Shulamith Firestone）在《性辩证法》（*The Dialectic of Sex: The Case for Feminist Revolution*，1970）中指出，"女性"跨越政治、经济、文化与种族上的差异，构成了一个独特阶级。这是女性拥有生育能力的生物属性使然。男女生殖角色是性别阶级压迫的基础。传统上，女子毫无选择地结婚生儿育女当妈妈，生育后体弱必须依赖男子，孩童必须由母亲照顾，因而"母职"（motherhood）使女性陷入从属、次等的私有领域。里奇（Adrienna Rich）在整个西方女性主义发展过程中扮演着极为重要的角色。她在《强制性异性爱以及女同性爱存在》（*Compulsory Heterosexuality and Lesbian Existence*，1980）中把（女性）生理与（异）性爱"政治化"，异性爱不是私人的自由选择，而是具有强大客观体制的，是强制性的政治机制。维蒂希（Monique Wittig）进一步指出，"女"与"男"不是天然的生理类别，而是人为的政治概念。在西方语言里，所有有关"人类"的词汇，如 human（人类）、chairman（主席）、freshman（新生）、policeman（警察）、fireman（消防员）等，统统以男人为准，而大部分图示和照片都是用男性来表示"人类"，主流社会所说的人类就是男人。维蒂希认为，女性主义的首要使命不是颠覆男性霸权，而是把"性"这个类别连根拔起，拒绝以女、男这个性类别给人定位。鲁宾（Gayle Rubin）批评激进女性主义混淆了社会性别与性——前者是关于男女性别的论述，后者关涉到情欲机制。她指出，每个文化都有"性—社会性别制度（sex/gender system）来建构个人情欲、家庭与社会性别关系。性别制度建立在交换关系上，而在人类社会里，最重要的交换礼物就是女人，婚姻成为交换女人——从父亲到丈夫——的主要制度。她认为女性被压迫的根源不是阶级或经济，而是这种以交换女人为本质的性—社会性别制度。

黑人女性主义（black feminism）指出，白人中产阶级女性主义在种族与阶级上占尽优势，所以其热衷于谈论社会性别，并将它视为人类历史最根本的权力压制，一味强调自己是父权制的受害者，正好回避并掩饰自身在种族、文化与阶级霸权上的特权。白人女性主义把性别压迫说成是所有妇女的首要问题，但黑人妇女不一定愿意把性别议题放在种族之上，因为她们同时面对多元压迫，有时连白人女性主义者也参与对黑人的压迫。如白人女性主义强调家庭压迫，把家庭和婚姻视为压迫的根源，妇女"个体"摆脱家庭的羁绊便是妇女的解放之道。但对饱受白人歧视和压迫的黑人妇女来说，被白人视作落后、粗暴、低下、庸俗的黑人家庭却是她们的一种慰藉和寄托。著名黑人女性主义洛德（Audre Lorde）猛烈抨击激进女性主义所歌颂的"女性特质"——温柔善良、和平友爱。黑人妇女长期以来深受殖民主义、帝国主义和阶级霸权的压迫，每天工作十五六个小时，都是低收入、无社会地位的体力劳动者。所以能干、拼搏、奋斗才是大部分黑人妇女的特质，要求黑人妇女"温柔善良"，无疑是让她们对种族与阶级压迫不吭一声，逆来顺受。

第三世界女性主义认为，第三世界的妇女所受到的歧视、压迫和剥削，绝不仅是性别问题，更重要的是殖民体制、帝国主义与阶级压迫的问题。其进一步指出，西方女性主义所强调的"工作权利""家庭压迫""情欲解放"以及"女性温柔善良的本质"等，统统是白人中产阶级的概念，不一定适用于非西方世界。西方女性主义者认为，女性解放的关键就是摆脱家庭与婚姻的束缚，走出家门就业。但这只是中产阶级白人妇女的情结。而第三世界以及发达国家中的少数民族裔妇女所从事的工作却不能使她们经济独立，反而在工作过程中受尽跨国资本主义的种种经济剥削和种族歧视。西方女性主义常把第三世界妇女视作无能无助的受害者，所以研究的兴趣往往是非西方中心的猎奇——中国的杀婴和缠足、非洲的妇女割礼术、伊斯兰妇女的蒙面纱，从而强化西方白人文明的优越感。

福柯（Michel Foucault）深信"身体/性"并不是凝固不变的天然原料，而是"知识/权力"论述加工制成的产品，"权力"无处不在。后现代女性主义者依据福柯提出的多元权力分散论，提醒女性主义者不必仅仅局限于"男压迫者与女受害者"的二元对立，而应该不断强调女性的多元和具体性。后结构主义大师德里达（Jacques Derrida）则拒绝界定"女性"，也不认同"性差异"，因为把男女二元对立起来的论述，男性不占据优势。他认为就连"女性"和"男性"这个传统观念，也必须连根拔起。巴特勒（Judith Butler）和福斯（Diana Fuss）是20世纪90年代西方重要的女性主义理论家。她们基于女性主义的视角并吸取福柯与德里达的理论精髓，认为西方女性主义一直天真地认为"性"是天生的、自然的、先验的原材料，以为社会性别是父权制社会加诸人们的文化产品。而在她们看来，"性别"其实是一个竭力伪装出来的表演过程，与生物学或解剖学定义的"男人"和"女人"不可同日而语。尼克尔森（Linda Nicholson）在《女性主义与后现代主义》（*Feminism and Post-modernism*，1990）中认为，女性主义研究不应再追求放之四海而皆准的"女性本质"，因为这只是掩饰着自身的独特文化、种族与阶级位置与偏见。应该发展高度本土化的具体细致研究，不但要清楚列明被研究者在阶级、文化、种族、年龄、宗教、性取向等元素上的背景，同时也必须把自身的文化、种族、宗教、学术、阶级等背景，视作研究的一部分，让"人们"明白某研究者是从怎样的社会文化与学术背景走出来，又是以什么角度、语言和态度来关心这个议题的。

简言之，西方的性别研究是从早期争取妇女权益和社会地位的女权主义发展而来的。在后现代主义大潮在西方学术界衰落之后形成的多元文化格局下，女权主义作为一种边缘话语力量在西方文化理论界扮演的角色开始显得愈来愈不可替代。具体说来，性别研究经历了不同的发展阶段。19世纪末至20世纪60年代，性别研究的特征是争取妇女的权利和参政意识，所强调的是社会的、政治的、经济的改革。所关心的问题主要局限于女性所面临的诸如生存和社会地位问题。进入全球化时代以来，性别研究开始关注女性的独特性及其与男性的差异等问题，开始强调女性在生理上与男性存在的天然差别，也即不同于男性的"女性特征"和女性身份，如生物学上的差异、经历上的差异、话语上的差异以及社会经济条件上的差异等。当下，性别研究越来越倾向于它与其他理论的共存性，形成了多元走向的新格局。①

专业词汇

性别　性别角色　性别分层　罗萨尔多（Michelle Rosaldo）　《女性、文化与社会》　"公共领域"　"家庭领域"　激进女性主义　费尔斯通（Shulamith Firestone）　尼克尔森（Linda Nicholson）　《女性主义与后现代主义》

思考题

1. "sex"与"gender"有什么区别？

2. 什么是性别角色和性别分层？

3. 米德对印第安人性别角色的研究给我们的启示是什么？

4. 在研究性别的社会分层时，人类学家罗萨尔多提出了什么概念？你是否认为她的概念具有一定的解释性？为什么？

5. M. 沃尔夫对中国妇女的研究说明了什么？

6. 在解释女性社会地位时，人类学家认为哪些因素具有关键性的作用？

7. 激进女性主义、黑人女性主义、第三世界女性主义以及后现代女性主义分别有哪些理论观点？

推荐阅读书目

1. 张如清，叶汉明，郭佩兰等主编. 性别学与妇女研究 [M]. 香港：香港中文大学出版社，1995.

2. 郑新蓉，杜芳琴主编. 社会性别与妇女发展 [M]. 西安：陕西人民教育

---

① 周华山. 当代西方女性主义概论 [M]. 郑新蓉，杜芳琴主编. 社会性别与妇女发展. 西安：陕西人民教育出版社，2000：162～177.

出版社，2000.

3. 鲍晓兰主编. 西方女性主义研究评介［M］. 北京：生活·读书·新知三联书店，1995.

4. 王政主编. 社会性别研究选译［M］. 北京：生活·读书·新知三联书店，1998.

5. Rosaldo，M. and Louise Lamphere，eds.，（1974）. *Women，Culture，and Society*. California：Stanford University Press.

6. Wolf，M.（1972）. *Women and the Family in Rural Taiwan*. Stanford：Stanford University Press.

7. Wen Hua（2013）. *Buying Beauty：Cosmetic Surgery in China*. Hong Kong：Hong Kong University Press.

第七章　婚姻家庭与亲属制度

婚姻家庭和亲属制度是传统人类学研究的重要内容之一，也是我们了解人类社会之多样性与差异性的主要方面之一。人类学的研究表明，亲属制度是婚姻家庭的衍生物，是在人类婚姻家庭的基础上沿着其发展轨迹而发展的。现行的亲属制度反映和记录着昔日的婚姻家庭形式。我们知道，婚姻是人类社会的普遍现象，但这并不意味着每个人都会结婚，而是指一个社会中绝大多数人在其一生中至少会有一次婚姻。同时，婚姻的普遍性也并不是说，所有社会的婚姻与家庭习俗都是相同的。相反，一个人如何婚配、与谁结婚以及与几个人结婚等因地而异。婚姻唯一的文化普遍性就是所有社会都禁止兄弟姐妹等直系亲属间的婚配。

第一节　人类婚姻与家庭

人类"种"的延续并非基于杂乱的性交。为维持"种"的延续和社会的存续，人类的性行为必须遵循一定的规则，并创造养育儿女的家庭环境。但是，只以性关系来确立家庭单位是不足以维持一个社会的存续的，诸如财产权的继承、日常的权利和义务以及一个人的社会地位等等也需要同时得到认可。① 根据美国人类学家摩尔根的研究，人类的婚姻主要经历了血缘婚（consanguineal marriage）、普那路亚婚（punalua marriage）、对偶婚（paring marriage）、父权制婚姻（patriarchal marriage）和一夫一妻制婚姻和多偶婚（monogamy and polygamy）等形态。血缘婚是指限于在同辈（如兄弟姐妹）间互为夫妻，排除不同辈分之间的婚配，如父与女、母与子、祖父与孙女、祖母与孙子之间的性关系，是人类第一种婚姻形态，大约形成于文字出现之前的若干万年之前。普那路亚是夏威夷土著语，意为"亲密的伙伴"，即禁止同胞兄弟和姐妹之间的婚姻，但一个男子仍有一群妻子。随着人类狩猎活动和原始农业的进一步发展，促使生产力水平不断提高，人类居住地相对稳定，人口增多，血缘家族开始分裂为不同族体。为了扩大物质生产，满足人口增长需要，群体之间开始通过婚

---

① 刘其伟. 文化人类学 [M]. 台北：艺术家出版社，1994：162.

姻联合，人们逐步认识到群外通婚的好处，开始形成同母子女之间不应婚配的观念，于是在家庭内开始排除兄弟姐妹间的婚姻关系。对偶婚，即每个男女都有一个比较稳定的性伴侣，但同时还有许多非固定的性伴侣，这时的婚姻关系还不稳定。父权制婚姻是人类婚姻发展过程中的一个过渡阶段。一夫一妻制婚姻是当今世界占主流的婚姻形式，同时，在非洲部分地区和喜马拉雅山北麓地区还存在着为数不多的多偶婚。

一、婚姻的定义

由于人类社会文化的多样性，至今为止，有关人类婚姻的定义还无法涵盖人类社会的所有婚姻形态。英国皇家人类学会编撰的《人类学询问与记录》(*Notes and Queries on Anthropology*，1951）一书对婚姻的界定，迄今仍是人类学界引用较多的定义之一："婚姻是一个男人和一个女人之间的结合单位，该女人所生的孩子被承认是他们合法的子女"。[①] 此外，斯特芬斯（William N. Stephens）在《跨文化视野中的家庭》(*The Family in Cross-Cultural Perspective*，1963）一书中提出的定义也具有一定影响力：婚姻仅仅是指社会对一个男人和一个女人之间性关系和经济关系的认可，具有一定的稳定性，包含夫妻之间、夫妻双方与其未来子女之间的相互权利和义务。[②] 美国当代人类学家墨菲（R. Murphy）在《文化与社会人类学引论》(*Cultural and Social Anthropology: An Overture*，2009）中也提出了类似的界定：婚姻是一个男人（男人们）与一个女人（女人们）之间持久的联结，赋予配偶互相专有的性权利和经济权利，赋予由婚姻而生的孩子以社会身份。[③] 但人类学的民族志研究表明，这些有关婚姻的定义是有其局限的。如有些国家承认同性间的婚姻，有些地区盛行一夫多妻制或一妻多夫制，还有些所谓的婚姻形态则更加离奇。比如，在非洲苏丹，一个努尔人家庭中如果没有承袭父系家族的男性，那么，做父亲的可以要求其女儿娶一个女子为"妻"。这种夫妻之间只是一种象征和社会关系而没有性关系。有趣的是，这个娶"妻"的妇女或许已是他人之妻。她在其"妻"怀了别的男人的孩子后才与她一同生活。其"妻"生下的孩子被认为是她合法的孩子，其中的男孩从而成为家族的继承人。这里强调的是社会上而不是生物上的父子关系。努尔人的"鬼婚"或"亡灵婚"（ghost marriage）也是如此：如果丈夫去世，寡妇再婚的对象通常是亡夫的兄弟或近亲。她再生的孩子都以其去世的丈夫作为社会认

① Royal Anthropological Institute（1951）. *Notes and Queries on Anthropology*, p. 111. London: Routledge and Kegan Paul.

② Stephens，William N.（1963）. *The Family in Cross-Cultural Perspective*, p. 5. New York: Holt, Rinehart & Winston.

③ 罗伯特·F. 墨菲著. 王卓君译. 文化与社会人类学引论 [M]. 北京：商务印书馆，2009：88.

可的父亲。另一种形式是地位重要的老妇女可以和一个女孩"结婚",这个女孩和情人生的小孩以老妇女作为"父亲",可以继承她的财产。① 印度南部的托达人(the Toda)有另一种婚姻和奇异的认亲形式。兄弟多人共娶一个妻子,父亲的法定地位是由这些丈夫依序进行"献弓"仪式来决定,最后一位献弓者即是孩子的父亲。② 在埃及西部的锡瓦绿洲(Siwah Oasis)地区,所有的正常男子都和少男发生同性恋关系。同性恋不仅可以公开讨论,而且还得到社会的许可。一直到近代,男子和少年的婚姻不只是合法的,而且还大肆庆祝;这种婚姻中付给少男的聘礼,有时高达付给女子固定聘礼的 15 倍。

对于人类的婚姻,部分人类学家如高凯琳(Kathleen Gough)和古纳夫(Ward H. Goodenough)企图探寻不同社会中婚姻的共性,而另一些人类学家如利奇(E. Leach)则认为不可能给婚姻下一个普同的定义。那么,男女两性之间的婚姻家庭规则是如何形成的呢?据基辛的研究,首先是心理生物性的压力和社会压力,促成具有性关系的男女形成相当稳定的成对关系。其次是当人类创造出文化习俗时,将成对的男女置于连续的性关系之中。高凯琳认为婚姻是习惯的协议,由此确立新生儿的法律地位,使他们成为社会可接受的分子。因此,可以说婚姻规范了男女之间的性关系,界定了个人的社会地位及其在群体中的成员身份,创造了家庭经济单位,并担任个人和群体间政治关系的媒介。③

也有人认为,人类之所以有婚姻,婚姻之所以如此普遍,主要是因为:一是婚姻能解决所有社会里的某些问题,实现某些社会功能。二是以性别为基础进行劳动分工的需要。在相当长的历史时期内还是人类社会的主要(或唯一)的分工原则。通过这种机制,男女便可以互相分享各自的劳动成果,同时这也能增强双方的生存能力。三是避免性竞争的需要。减少了这样的性竞争,可以使人类把大多数时间用来从事生产,而且也有利于人与人之间的合作,有利于人的群居生活,共同协作。而不是像很多哺乳动物那样把大多数时间用来争夺配偶。四是人类婴儿较长依赖期的需要。人同其他动物一样,有繁衍后代的本能。与其他灵长目动物相比,人类幼儿的生活依赖期是最长的。而在以生存为目的社会里,这个重要而繁重的任务只能由男女双方合作来完成。

从婚姻存在的这几点原因我们不难理解为什么在现代社会,离婚率越来越高,坚持单身生活的人越来越多,不要孩子的家庭越来越多,单亲家庭越来越

---

① Kottak, Conrad P. (1997). *Anthropology: The Exploration of Human Diversity*, p. 184. New York: The McGraw-Hill Companies.

② 基辛(R. Keesing)著. 陈其南校订. 张恭启, 于嘉云译. 文化人类学 [M]. 台北: 巨流图书公司, 2000: 184～185.

③ 基辛(R. Keesing)著. 陈其南校订. 张恭启, 于嘉云译. 文化人类学 [M]. 台北: 巨流图书公司, 2000: 234～236.

多。因为现代社会经济的发展，个人生存能力的提高，即使没有夫妻双方的劳动分工也能生活得很好，即使没有两个人的努力，即使不通过婚姻，也能有许多渠道来满足性的需求；单凭一个人也能很好地养活孩子。

二、外婚制

在讨论婚姻时，我们所面临的一个问题是，为什么人类社会普遍禁止直系亲属之间的婚配？为什么直系亲属之间的性关系会被视为乱伦（incest）？尽管人类历史上也曾有过例外，如在托勒密（Ptolemaic）王朝时代和古罗马时代的埃及，兄妹或父女之间的婚配就很普遍，非洲阿赞德人（the Azande）也认可一些贵族将女儿和姐妹留作情人，只不过不许她们生孩子而已。为保持王室世系的神圣性，古埃及、秘鲁和夏威夷等地，均有王室乱伦的例子。① 墨菲（R. Murphy）认为乱伦禁忌有两个特征：一是乱伦引起极度憎恶，二是乱伦似乎出自本性。他举例说，虽然没有人详尽地向我们解释过什么，但从很小的时候起我们就懂得不能与近亲有性关系。这种自发性已导致某些人从理论上将对乱伦的反感归结为天生的和遗传性的，是防止有害的近亲繁殖的进化发展。② 部分学者企图从心理学、人类学以及演化论的角度来解释乱伦禁忌（incest taboo）的普同性。我们首先来看看心理学的解释。弗洛伊德在《图腾与禁忌》一书中，提出了一个关于人类从野蛮的原始状态向文明社会过渡的假设：在人类幼年时代，原始人曾生活在这样一种状态中，一个暴烈而嫉妒的父亲，他自己占有所有的女人，把他长大的儿子们统统赶走。有一天被驱赶的儿子们联合起来杀死并分食了自己的父亲。但是，当这一切结束之后，罪恶感使他们产生了深深的悔恨，并开始执行两条戒律：第一，祭奉象征父亲的某种动物图腾，第二，大家宣布放弃那些促成他们和父亲发生冲突的女性。这就是图腾和外婚制的由来。人类学家塔尔蒙（Yonina Talmon）对以色列集体农场（kibbutzim）数百名从小一同长大的同龄群体的婚姻的研究表明，在 125 例婚姻当中没有一例是从小一起长大的男女。③美国人类学家沃尔夫（A. Wolf）通过对台湾童养媳的研究，也认为从小一起长大的男女之间缺乏性的吸引力。④ 如果这一理论成立，我们又如何解释心理学派的恋母情结和恋父情结呢？另一些学者试图从生态和

① 基辛（R. Keesing）著. 陈其南校订. 张恭启，于嘉云译. 文化人类学 [M]. 台北：巨流图书公司，2000：250.

② 罗伯特·F. 墨菲著. 王卓君译. 文化与社会人类学引论 [M]. 北京：商务印书馆，2009：91.

③ Talmon，Yonina（1964）. "Mate Selection in Collective Settlements". *American Sociological Review*，29：491-508.

④ 阿瑟·沃尔夫撰. 周建新，袁同凯译. 威斯特马克假说 [J]. 广西民族学院学报（哲学社会科学版），1996（1）：37～40.

人口学的角度进行解释。他们认为，很可能因为在家族内找不到适龄的婚配对象，原始人才到其他族群去寻找配偶。泰勒在解释外婚制（exogamy）的社会意义时说，外婚制可以强化部落之间的联盟，从而压倒任何孤立无援的小型内婚群体。在人类社会进化过程中，任何群体都面临两个简单而又现实的选择：要么实行外婚制，要么被其他群体杀光。① 我们从演化论的解释中或许能体悟出一些关于人类禁止直系亲属婚配的原因。一个群体为了存续不得不与其他群体联合起来抗敌，而婚姻则是群体之间结盟的最佳方式。

在委内瑞拉和巴西，亚诺玛米（the Yanomami）男子通常会把他们的交表姐妹叫"妻子"，把交表兄弟称作"妹夫"或"姐夫"。同样，亚诺玛米女子则把她们的交表兄弟称作"丈夫"、交表姐妹称作"大姑子"或"小姑子"。与其他实行单系继嗣的许多社会一样，在亚诺玛米人看来，交表之间的婚配是适宜的、正常的，而平表之间的婚配则属于乱伦。东南亚的拉赫人（the Lakher）实行严格的父系制。假如一个男子的父母离异，且父母双方都又结婚并各自有了一个女儿甲和乙。每一个拉赫人总是属于他或她父亲的那个群体，由于他们都属于同一个父系继嗣群，所有的成员都被认为有血缘关系，因而不能相互婚配。依据这个规则，这个男子不能娶他同父异母的妹妹甲，但却可以娶他同母异父的妹妹乙。原因很简单，即甲与他属于同一个继嗣群，而乙则属于另外一个继嗣群——她父亲的继嗣群。因此，如果他与甲婚配，则会被视为乱伦。同样，在一个严格实行母系继嗣的群体，如果一个男子的父母离异，他可以娶其同父异母的姐妹，但却不能娶他同母异父的姐妹，否则就被视为乱伦。②

三、婚配标志的多样性

在许多社会中，都举行结婚仪式，以示婚姻的结盟。但是，在另一些社会当中，如塔拉谬特（the Taramiut）爱斯基摩人、南太平洋的特罗布里恩德岛民、新几内亚的阔玛人（the Kwoma），却以不同的社会标志证明婚配的合法性。在塔拉谬特爱斯基摩人中，订婚被视为非常重要的仪式，在男女双方还未到达青春期时，双方家庭就为他们举行订婚仪式。当他们成人后，男子就会到女方家去住，开始试婚期。如果一切正常，也就是说，如果女子有生育能力，那么他们的婚姻关系就可以正式确定了，此时他便把妻子带回自己的营地。在特罗布里恩德群岛，当一个女孩接受了一个男孩的礼物，即证明她父母已同意了他们

---

① 基辛（R. Keesing）著. 陈其南校订. 张恭启, 于嘉云译. 文化人类学［M］. 台北: 巨流图书公司, 2000: 251～252.

② Kottak, Conrad P.（1997）. *Anthropology: The Exploration of Human Diversity*, pp. 299-301. New York: The McGraw-Hill Companies.

之间的婚配。不久，她便会去男孩家住，整天陪伴着男孩。他们这种公开形影不离的行为便是他们婚配的社会标志。据怀汀（J. Whiting）的研究，新几内亚的阔玛人在举行了订婚仪式后便进入试婚期。女孩会到男方家住一段时间，如果男孩的母亲对其满意同时也知道儿子满意的话，她就等儿子出门时，要女孩为儿子准备饭菜（在此之前，女孩只给自己做饭吃，而男孩的饭是他的家人准备的）。男孩回来开始喝汤，当他快喝完第一碗汤时，他母亲便会告诉他，饭是他未婚妻做的。此时，男孩会冲出房间，边吐边说："呸！太难喝了！这饭做得太难吃了！"这就是他们正式结婚的仪式。① 在许多文化里，婚姻仪式上还包含有敌对意识，如男女双方亲族相互羞辱、取笑或嬉戏对方等。如肯尼亚的古西伊人（the Gusii）在迎娶新娘时，男方家会派 5 个强壮男子来到女方家，在征得女方父母的同意后，新娘会紧紧抱住房里的柱子不放，但她会被强行拖出去。此时，她双手捧住脸哭着被带走。不仅如此，在婚床上男子要展示其性能力而女子则应做好迎战的准备。正如莱文夫妇（Robert LeVine 和 Barbara LeVine）所描述的那样："据说，新娘新郎会为他们各自持久的性行为感到自豪。"如果第二天新娘不能下地走路，人们会赞誉新郎是个"真正的男子汉"。②

四、聘礼与嫁妆

在许多部落社会里，婚姻一般是基于两个世系群或两个家族或两个亲族之间的契约，这种契约关系通常是建立在新郎的亲人付给新娘的亲人一定数目的聘礼（bride wealth）的基础上的。在传统社会，聘礼的形式多种多样，与人们的生产方式以及所处的自然环境和社会环境密切相关，一般由牛、马、羊、驼等牲畜或象牙、羽毛、贝壳等具有象征性价值的物品组成。聘礼的交接要在公开的仪式上进行，目的在于宣布契约关系的正式确立。人类学的研究表明，聘礼的潜在意义不仅在于确立新娘子女的合法权益，而且还包含其他权利的让渡。正如基辛所说：

> 如果订约的双方为父系世系群，那么丈夫的世系群所买的恐怕不在于妻子本身，而是她未来的孩子——将来的世系成员。但这种看法过于简单，因为聘礼包含其他权利的让渡，如妻子的性能力、她的工作能力，而更普遍的就是她的存在，因为她的失去，其亲人要得到聘礼的补偿。③

---

① Whiting, John W. M.（1941）. *Becoming a Kwoma*, p. 125. New Heaven: Yale University Press.

② Ember, Carol R. and Melvin Ember（1988）. *Cultural Anthropology*, p. 170. New Jersey: Prentice-Hall International, Inc..

③ 基辛（R. Keesing）著. 陈其南校订. 张恭启, 于嘉云译. 文化人类学 [M]. 台北：巨流图书公司, 2000: 239.

在另一些社会，人们以"聘娶劳役"（bride service）的形式来替代聘礼。在这种情况下，新郎通常要迁入新娘的父母家，在那里服务几年。另一种"免费"娶妻的变通方式是"入赘"，即新郎"嫁"入新娘父母家。在这种情况下，甚至子女都随女方姓。在中国广西贺州土瑶社区中，招郎上门比较普遍，没有儿子可以招婿，儿子不在身边也可以招婿上门。上门女婿入赘时不带任何财产，一般与女方的父母生活在一起，但如果有经济能力也可以另立门户。与瑶族其他支系一样，土瑶人不歧视上门女婿，如果女婿是外寨上门的，要成为客居村落的永久性成员，他必须宴请全寨人吃一餐，并象征性地给村落捐献几块钱，便可获取村民资格。上门女婿不仅享有与亲生儿子同样的权利与义务，即享有参与继承家产的权利和赡养老人的义务，而且还会取得社区成员的资格，有权参与村落集体财产的分配。说通俗些，他们类似于养子，但不改姓氏，其子女在家庭中的地位要优于出嫁女儿的子女的地位，这与他们与妻方家人共同生活有关。在努尔人中，男方得到性的权利，但对其妻子及其子女却没有独占权；在尼罗河三角洲的欧奎喀伊柔族（the Okrika Ijo）中，只有支付一大笔聘金的男人才拥有对妻子及其子女的独占权，而那些仅支付少许聘金的男人，他们只得到与妻子的性关系的权利。①

在父系继嗣制度中，来自另一个世系群的妇女所生的子女属丈夫的世系群。这种情况通常也表现出一种象征的交换要素，即当一个女子嫁给了另一个世系群的男子时，她的兄弟可由该世系群获得聘礼，并回过头来用这些聘礼去娶妻，因此聘礼就变成交换互惠的象征。在这个意义上，聘礼就成为一种纽带或桥梁。在母系继嗣制度中，聘礼比较少见。在这种制度下，丈夫的世系群得不到对子女的权利。聘礼通常是丈夫的世系群补偿妻子的世系群失去劳力的一种方式。此外，在亚洲和欧洲的部分社会中，有陪送嫁妆（dowry）的习俗。在这些社会中，女子出嫁时往往陪送一定数额的嫁妆。但嫁妆不属于丈夫，而是出嫁女子及其子女的财产。② 这可能与女子因出嫁而无法参与家产分配及女方家族展示其声誉和社会地位等有关。

从表面上看，聘金似乎有点新娘的父母"卖女儿"的意思，但实际上，这一婚姻习俗还有更深层的社会意义，那就是聘金赋予女方以一定的权利，或者说聘金具有婚姻保险金的作用。如果婚后女方没有什么过错而被遗弃的话，聘

① 基辛（R. Keesing）著. 陈其南校订. 张恭启，于嘉云译. 文化人类学［M］. 台北：巨流图书公司，2000：238～239.

② 基辛（R. Keesing）著. 陈其南校订. 张恭启，于嘉云译. 文化人类学［M］. 台北：巨流图书公司，2000：230～240.

金就可以不再归还给新郎家。当然，从另一个角度看，聘金对新娘也有一定的约束性，如果新娘不满意新郎而想解除婚约，她的亲属可能会强迫她将婚姻维持下去，因为他们不想归还聘金或他们已经把聘金送给了他们儿子的亲家。因此，男女双方顾及经济上的损失，只好容忍婚姻上的不如意，从而使婚姻更加稳定。

五、夫兄弟婚制和妻姐妹婚制

在部分社会，由婚姻所缔结的契约关系可能在一方死亡后仍继续下去。如果丈夫死亡，其世系群仍可能拥有对妻子的性关系和对未来子女的权利。在这种情况下，亡夫的兄弟或其他近亲会继娶其遗孀。这就是所谓的夫兄弟婚制（levirate）。游牧于新疆广袤草原上的哈萨克族在远古时期就曾流行过兄弟或部落其他近亲继娶兄嫂或舅母的习俗，其主要目的是防止部落财产外流。如果寡妇外嫁给另一个部落的男子，娶她的男子则要将一部分聘礼转给亡夫的亲属作为补偿。努尔人的"鬼婚"也是这种婚姻形式，不过继婚后的子女仍属于亡夫。在以母系继嗣占统治地位的特罗布里恩德岛民中，一个人的舅舅死后，他具有继娶舅母的优先权，担负起照顾舅母的责任，但同时他也可以再娶一个年轻女子为妻，延续后代。这种婚俗的背后所展示的是一个男子对舅舅的地位和财产的继承权。如果妻子死亡，为维持两个世系群之间的契约关系，亡妻的姐妹、其兄弟之女或其他近亲会替代亡妻。这就是"妻姐妹婚制"（sororate）。

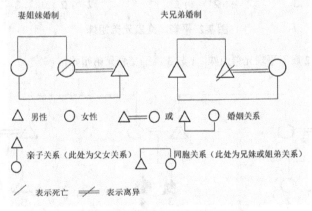

图 7-1　妻姐妹婚制和夫兄弟婚制①

① 基辛（R. Keesing）著. 陈其南校订. 张恭启，于嘉云译. 文化人类学 [M]. 台北：巨流图书公司，2000：189.

六、优先婚

　　婚姻对象的选择不仅受到姻亲联盟政治关系的限制，也受到文化上认为适当的婚姻标准的限制。亲上加亲的观念在许多社会都很盛行，这与人们巩固财产的愿望不无关系，因此婆表妹或其他亲戚可能是理想的安排，也就是我们常说的"优先婚"。在中国许多乡村，"肥水不流外人田"的观念比较严重，姑舅表婚即是这一观念的产物。在部分阿拉伯民族中，流行"平表婚"（parallel cousin marriage），即一个男子可以优先婆他父亲兄弟的女儿。问题是，婆父亲兄弟的女儿在婚姻结构上就意味着族内婚（endogamy），即在父系继嗣系统中，一个男子可以婆自己族内的女子。这样，数代之后，任何两个人都可能会有亲戚关系。人类学的研究认为，从某种意义上说，平表婚代表一种交换，即兄弟直接交换他们的子女。在某些实行交表婚的社会里，男女都有财产继承权，这样，交表婚便成为一种世系群近亲之间巩固财产的方式。[①]

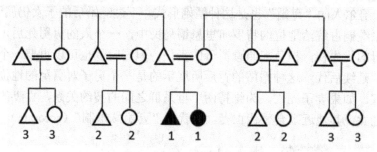

图 7-2　平表、交表兄弟姐妹

　　注释：1 与 2 属于平表兄弟姐妹，1 与 3 属于交表兄弟姐妹。

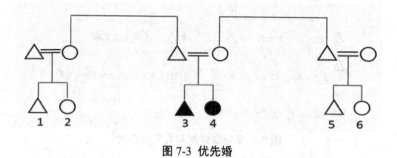

图 7-3　优先婚

　　注释：3 与 2 或 6 之间的婚配、4 与 1 或 5 之间的婚配就是姑舅表婚，即优先婚。

---

　　① 基辛（R. Keesing）著. 陈其南校订. 张恭启，于嘉云译. 文化人类学 [M]. 台北：巨流图书公司，2000：245～246.

七、多偶婚

一夫一妻制婚姻（monogamy）虽然是人类婚姻的主流，但仍有诸如一夫多妻制（polygyny）、一妻多夫制（polyandry）等多偶婚姻（polygamy）的补充形态。一夫多妻制是指一个男子娶两个或两个以上的女子为妻。如在中国的西藏、尼泊尔、印度及非洲的许多部落社会中，这种婚姻形态是常见的婚姻模式。造成这种婚姻模式的原因是多方面的，社会生产方式、因战争而引起的男女性别比率差异、男女结婚年龄结构等都可能成为促成一夫多妻婚姻模式的因素。如在尼日利亚的卡努里（the Kanuri）社会，男人结婚的年龄在18～30岁之间，而女子则通常在12～14岁。这种结婚年龄结构上的差异所造成的直接后果是，寡妇要远远多于鳏夫，而大多数寡妇则主要加入一夫多妻的婚姻家庭当中。在包括卡努里在内的许多采集社会中，所娶妻子的数量代表着一个男子的家庭生产能力、声誉和社会地位。妻子越多采集食物的人手就越多，也就意味着更多的财富，而这些财富又会吸引更多的女子嫁进这个家庭，财富和妻子为男人赢得更多的荣誉。[①] 在南太平洋的希外（the Siwai）社会里，社会地位是通过举办盛宴获得的。因为猪肉是宴席上的主菜，而妇女又是种植养猪饲料的能手，因此，男人为获取声誉，就需要多娶几个妻子，为他饲养猪。但在获得声誉的同时，他也可能会因诸妻之间的妒忌而遇到许多麻烦。如一位希外男子叫苦说：

> 在一个多妻的家庭里很少有持久安宁的时候。如果丈夫在一个妻子那里过夜，另一个妻子第二天可能会一整天闷闷不乐。如果他愚蠢到在同一个妻子那里连续过两夜，另一个妻子就会拒绝为他做饭，说："某某是你的妻子，到她那里去吃吧。"两个妻子还会常常吵架甚至打架。我叔叔曾有五个妻子，最小的那个常与其他妻子发生争执。有一次她将其中的一个打晕后逃跑了，后又被抓了回来。[②]

在外人看来，一夫多妻制是妇女地位低下的产物。其实在许多社会中，当一个新婚的女子觉得需要一个帮手来分担繁重的农事生产时，她可能会鼓励丈夫再娶一个或几个妻子来分担家务和农事生产，甚至主动为丈夫提亲。她可能会说服自己的同胞姐妹加入她的家庭，这样可以有效地避免妻子间因妒忌而起

---

① Kottak，Conrad P.（1997）．*Anthropology: The Exploration of Human Diversity*，p. 309. New York：The McGraw-Hill Companies.

② Ember，Carol R. and Melvin Ember（1988）．*Cultural Anthropology*，p. 179. New Jersey：Prentice-Hall International，Inc..

冲突。从上述例子中，我们可以看出，在不同的社会甚至在同一社会造成一夫多妻制婚姻的原因都有所不同。有些人是因为继娶了兄弟的遗孀，有些人是为了寻求声誉或增加家庭收入，还有些人是为了政治或经济目的。怀汀（J. Whiting）认为，长期的产后性禁忌（postpartum sex taboo）可以部分地解释一夫多妻制婚姻的存在。在许多部落民族中，为了保证儿童能健康成长，一般在儿童两岁前是禁止夫妻之间进行性生活的。在这些社会里，一个男子娶两个或两个以上的妻子也许是对产后性禁忌的一种文化调适。正如一位约鲁巴（the Yoruba）妇女所说的那样："在给孩子喂奶的两年中，我们和丈夫不过性生活，但我们知道丈夫会去找别的女人。在这种情况下，我们宁愿再给丈夫娶一个妻子以便于控制他，同时也能避免丈夫把钱花在野女人身上。"[①]

人类学家通过研究发现，一夫多妻制婚姻一般有以下三个特征：第一，如果妻子之间不是姐妹关系，那么她们往往住在不同的寓所，如非洲的汤加人（the Tonga）；如果她们是姐妹，则常常住在一起，如乌鸦印第安人（the Crow Indians）。第二，妻子间对丈夫的性要求和家庭财产享有平等的权利。如马达加斯加的塔纳拉人（the Tanala）就要求丈夫依次轮流在每个妻子那里去生活一天，否则会构成通奸行为，受到慢待的妻子有权提出离婚并要求丈夫支付他所有家产的三分之一作为她的生活费用。第三，大老婆享有一些特权。如波利尼西亚的汤加人称第一个妻子为"大老婆"（chief wife）。她的住所在她丈夫房子的右侧，被称作"父亲的房子"（the house of the father）。其他妻子被称为"小老婆"（small wives），其居所在丈夫居所的左侧。家里的大事首先要咨询大老婆，丈夫在出远门之前的那一夜也要在她那里过。这一规定看似可能会引起其他小老婆的妒忌，但她们毕竟会因年龄上的优势而得宠。在一夫多妻制的家庭中不仅存在妻子之间的争执和妒忌，而且她们的子女间为争夺财产也存在潜在的冲突。很明显，孩子与其母亲之间的关系远比与其父亲的亲密，妻子之间的积怨往往会在她们子女的身上得到复制。一旦某个妻子的孩子受到父亲的宠爱，很可能就会招致其他同父异母的兄弟姐妹的妒忌与怨恨。[②]

在另一些社会，两个或两个以上的男子可以分享一个女子的性权利，这种婚姻形态叫一妻多夫制，其中兄弟共妻（fraternal polyandry）是最常见的一种。事实上，这种婚姻形态往往是一个男子结婚后，允许妻子和其他男子（主要是其兄弟）有性关系而已，他们对女子并非具有同等的权利和义务。如在生活于

① Kottak, Conrad P. (1997). *Anthropology: The Exploration of Human Diversity*, p. 180. New York: The McGraw-Hill Companies.

② Ember, Carol R. and Melvin Ember (1988). *Cultural Anthropology*, p. 179. New Jersey: Prentice-Hall International, Inc..

喜马拉雅山地区的藏族人中，一个男子结婚后，如果其弟弟们到了结婚的年龄却没有能力支付聘礼时，他往往会邀请他们加入他的家庭，共享对他妻子的性权利，直至他们饲养够足够的牦牛后才一个个地离开这个家庭，另外组建家庭。同样，据斯提芬斯（W. Stephens）的研究，生活在印度北部喜马拉雅山地区的托达人，[①] 因男女性别比例的差异，长兄成婚后，其所有的兄弟都是其妻子的合法丈夫，随后，他们再相继结婚。新加入这个家庭的女子便会成为所有兄弟的性伙伴，她们的孩子称呼所有的兄弟为"父亲"。[②] 在尼泊尔，生活在珠穆朗玛峰脚下的夏尔巴人、宁巴人至今仍流行一妻多夫婚。在夏尔巴人和宁巴人中，丈夫在家庭中没有地位，如来客人时，他们只能在屋外吃饭，不能陪客人在家里的餐桌上吃。在非洲东部的一些部落社会中也有类似的婚姻形式：几个兄弟共同积攒高额的聘礼，然后娶一个妻子，享有对妻子性的平等权利。但妻子所生的孩子均属于长兄。[③] 此外，在波利尼西亚的马克萨斯群岛（Marquesas Islands），人们强调长子的权利以及他对权力和声望的追求。为此，长子往往会娶一个社会地位较高的女子为妻，然后给妻子找几个情人（自己的弟弟和地位较低的男子）作为自己身边的侍从，[④] 这些人只享有对他妻子的性权利。

2004年，《中国国家地理》杂志的执行主编单之蔷等人考察了雅砻江流域的婚姻家庭形态，他们发现，雅砻江上游的鲜水河流域的大部分地区至今还保留着比泸沽湖畔的摩梭人更原始的走婚制度。他在考察云南省德钦县梅里雪山下雾浓顶村时发现，全村20户人家就有8户是几兄弟共娶一个妻子，最多者为4兄弟娶一个妻子。据他了解，在四川的甘孜州，除泸定县外的其他17个县都有"一妻多夫"的婚姻形态。[⑤] 在雅砻江流域，走婚、一妻多夫等婚姻形态保留完好，并被当地人认为是最好的婚姻。正如他的一位被访者不假思索地说出的那样："走婚好，不累，没负担，结婚太累，一个人什么都要搞，要挣钱、种地、盖房子、养娃娃，吃不消。走婚最大的好处是住在母亲家，不分家，大家一起干，有种地的，有搞运输的，有上山捡虫草的，在这大峡谷中，只有大家庭，才能富起来。"[⑥] 他认为摩梭人的走婚制维持了大家庭的存在，很好地解决了诸如亲情淡漠、资源短缺、老龄化等现代社会所面临的问题，而这正是走婚给现

---

① 据斯提芬斯的记录，托达人和生活于喜马拉雅山地区的藏族人有杀女婴的习俗。以上内容转引自：Ember, Carol R. and Melvin Ember（1988）. *Cultural Anthropology*, p. 181. New Jersey: Prentice-Hall International, Inc..

② Kottak, Conrad P.（1997）. *Anthropology: The Exploration of Human Diversity*, p. 311. New York: The McGraw-Hill Companies.

③ 刘其伟. 文化人类学 [M]. 台北：艺术家出版社，1994：164.

④ 基辛（R. Keesing）著. 陈其南校订. 张恭启，于嘉云译. 文化人类学 [M]. 台北：巨流图书公司，2000：249.

⑤ 单之蔷. 这里的婚姻真精彩：一妻多夫·走婚·横断山考察记 [J]. 中国国家地理，2004（7）：56～57.

⑥ 单之蔷. 这里的婚姻真精彩：一妻多夫·走婚·横断山考察记 [J]. 中国国家地理，2004（7）：47.

代人的启示。

造成一妻多夫婚姻的主要原因之一是男女性别比例失调，如印度的托达人社会。在西藏，一妻多夫制除了与难以支付的牦牛聘礼相关外，可能与土地有着最直接的关系，兄弟共娶一妻可以维持家庭土地的完整性。单之蔷对雅砻江流域走婚和一妻多夫制婚姻的考察则说明，特殊的生存环境和生产方式也是促成一妻多夫制婚姻的重要原因。

八、婚姻的变体

在人类的婚姻史上，除了上述各类婚姻外，还有一些奇异的"婚姻"。19世纪，印度南部的纳雅人（the Nayar）的两性与经济关系似乎与我们所界定的婚姻没有太大的关联。纳雅女子到青春期以后，家人为她举行结婚仪式，丈夫在公开举行的仪式上在她的脖子上戴上金首饰。但自那以后，新郎再也没有机会与新娘见面（纳雅男子传统上从事雇佣兵职业，婚后他们会到印度其他地区服役）。习惯上，新娘婚后生活在她父母的大房子里，在其后的年月里，常有一些"丈夫"来拜访她。这些"丈夫"可能是一个过客，也可能是一个常客。他们晚上来与她过夜，第二天一大早便离去。如果是个常客，他可能会给她送些小礼物。如果她怀孕了，他们无须承担任何做父亲的责任，养育孩子的义务由她的家人担负。在个别社会里，人们认同同性之间的婚姻，但这种婚姻只是特例。在非洲苏丹的阿赞德人中，那些娶不起妻子的武士常常会娶一"男童妻"（boy-wife）来满足其性需求。与正常的婚姻一样，武士也要给"男童妻"的父母"聘礼"，但不是以实物而是以劳役的形式为他们提供服务。"男童妻"不仅为他们的丈夫提供性服务而且也料理家务、伺候丈夫。在非洲的许多社会中，流行女同性恋之间的婚姻，但她们之间可能没有性关系。女同性恋婚姻只是要社会认可一个女人所承担的父亲和丈夫的合法的社会角色。如一个家族没有男性继承人，女性"丈夫"可以通过娶"妻"来为家族确立继承人。她为其"妻"指定性伙伴，所生之子即为家族的合法继承人。[①]

九、家庭

任何社会都有家庭，尽管其形式多种多样。家庭是一个由父母及其子女组成的社会与经济单位。家庭成员之间往往存在权利和义务关系，尤其是经济关系。家庭为孩子学习提供第一环境，保证其获得社会所需要的文化行为、信仰以及价值，使其掌握能够在特定自然环境和社会环境中生存的能力和技艺。

---

① Ember, Carol R. and Melvin Ember（1988）. *Cultural Anthropology*, pp. 165-167. New Jersey: Prentice-Hall International, Inc..

家庭的形式因社会而异，主要有核心家庭（nuclear family）、扩大式家庭（extended family）等。默多克（George P. Murdock）的《社会结构》（*Social Structure*，1949）是研究家庭的经典之作。该书收集了 250 个地方群体中有关婚姻、家庭、亲属称谓和性禁忌方面的材料，首次提出了"核心家庭"这个概念。他认为家庭主要具有满足人类的性需求、经济上的相互合作以及生育养育后代的功能。[①] 在人类学家研究的社会中，最常见的是扩大式家庭，即一对夫妇和他们的已婚子女及其子女共同生活在一起。有时扩大式家庭由两个或两个以上已婚兄弟及其子女组成。人类学的研究发现，扩大式家庭主要存在于定居农业社会，因此，经济因素是形成这种家庭形式的主要原因。扩大式家庭可能是阻止家庭财产分散的社会机制。此外，扩大式家庭也是人类应对险恶自然环境和社会环境的调适方式，因为在这样的环境中，单凭核心家庭的力量是无法生存下去的。

家庭是社会的细胞，婚姻家庭关系的和谐稳定直接影响到社会的安定团结。改革开放以来，随着社会的发展与物质生活水平的提高，思想观念和社会意识也时刻在发生变化，特别是婚姻责任感不断淡化，由此给很多家庭带来诸多不幸，特别是妇女、儿童等弱势群体，更是深受其害。当前中国婚姻家庭中存在的主要问题有：一是婚外恋矛盾日益突出。近年来，婚外恋、第三者插足、网恋等导致的家庭矛盾纠纷案件日益上升。二是家庭暴力问题。三是家庭成员面临的社会压力越来越大，心理问题越来越多。四是离婚率越来越高。五是特殊家庭的子女教育问题越来越突出，如离婚的单亲家庭、留守儿童家庭、再婚家庭等。六是养老问题，独生子女婚后将担负赡养四个老人的重任。

第二节　继嗣与亲属制度

亲属关系是指人们通过婚姻、家庭而结成的相互关系，是得到社会认可的、包括血亲和姻亲在内的谱系关系。乡民社会中最复杂、最迷人、最重要的社会组织方式是以亲属关系为基础的社会关系。在这种无文字的社会中，甚至经济利益和政治权力的竞争，都能用亲属关系来说明。因此，人类学家在研究乡民社会时，必须先了解亲属关系才能了解其他的事情。尽管人类学家在研究一个部落社区时，知道人们并非一直遵守亲戚之间行为的理想标准，他们彼此互动所采取的角色，除了以血缘关系为基础者之外，还有许多。然而人类学家的首要任务是划分"演员"的阵容，最佳策略通常是从血缘和婚姻的复杂关系网络

---

① Murdock, George P.（1949）. *Social Structure*. New York: Macmillan.

出发。完成了这个之后就可以进而阐释这方面复杂的社会过程，了解亲属关系如何作为人与人之间关系的基本范畴。亲属之间的义务被视为道德上的责任，而完成这些义务在部落民族中是最高的道德表现。亲属制度始于婴儿和成人，通常是儿童与母亲之间亲密的生理心理联系，继而建立在父亲和母亲、父母和子女以及同胞之间的复杂关系上，最后推展到整个地域性群体之内和之外。亲属义务具有重要的象征意义，对狩猎民族和部落民族而言，亲属象征了集体而非个人，象征了社会义务而非自我满足，更象征了与生理对比的文化。①

亲属群体的形成，首先是建立继嗣制度（descent system），使一群人通过追溯实际的或假想的共同祖先而联合成各种各样的继嗣群体（descent group）。其次通过婚姻关系，使配偶双方的家庭和亲属群体再连接起来，建立更加广泛的亲属关系网络。

一、继嗣制度

继嗣制度是指一套规定某个亲属群体中哪些成员享有继承其祖先财产的权利的规则，它将亲属群体中大多数成员排除在继承财产范围之外。最常见的继嗣原则是父系（patrilineal/ agnatic）制度，即以一系列的男性成员追溯继嗣关系，同时也只有男子可以把自己的身份传给子女。此外还有母系继嗣（matrilineal/uterine）制度，即以一系列的女性成员追溯继嗣的制度，以及双边继嗣（the ambilineal descent）制度，即以始祖的所有后代作为一个继嗣范畴。父系继嗣法则通常附带外婚（the exogamy）法则，即要求群体内的人只能与群体之外的人结婚。一块土地开垦者的父系子孙可组成一个法人团体（the corporation，corporate group），共同拥有这块土地。永久性的法人团体和继嗣法则界定了地域团体的成员身份及人与土地的关系，解决了继嗣身份和权利如何一代代转移和维持，而外婚法则解决了个人如何与其他团体及地域保持关系，因为一个人与他母亲一方的团体、他外祖母一方的团体等都会有亲属关系。② 继嗣是根据父系还是母系，与男女两性在生计活动中所扮演的角色有关。父系继嗣之所以流行于欧洲、亚洲各游牧民族及非洲大多数游牧部落，是因为男子能够适应范围比妇女更广大、条件更恶劣的生态环境。但我们也不能低估政治权力和意识形态的重要性，正如基辛所言："男人和女人的政治权力无疑与其经济权力密切关联；但经济权力也还是政治问题，而不仅仅是人类对生态系统的适应问

---

① 基辛（R. Keesing）著. 陈其南校订. 张恭启，于嘉云译. 文化人类学 [M]. 台北：巨流图书公司，2000：181～182.

② 基辛（R. Keesing）著. 陈其南校订. 张恭启，于嘉云译. 文化人类学 [M]. 台北：巨流图书公司，2000：194.

题。一个社会由女人控制生产工具与农业的巫术知识，而另一个社会则由男人控制，反映出来的不是技术与环境的差异，而是两性政治历史的差异。"① 因此，在探讨继嗣是根据父系还是母系时，我们应该充分考虑适应与权力政治、生态与意识形态、阶级利益与个人策略以及均衡与变迁等问题。

在乡民社会，一个显然以父系继嗣为主的群体，在不同的场合下可以发现三种继嗣法则以及普遍的双边亲属网络关系。如加纳的塔伦西族（the Tallensi）以父系继嗣为主，遵循父传子的法则。他们的法人团体由共同祖先父系继嗣的后裔组成，是人类学研究中最典型的"父系社会"的例子。但是，在塔伦西社会中，以个人为中心的复杂亲属网络不只限于父方，也包括母方。一个人祭拜的祖先，除了父系祖先外，也包括母系祖先以及母方近亲的祖先。当一个父系继嗣群的成员祭祀祖先时，其祖先所有的后代（不论是否属于该继嗣群）都有资格参加宴饮。此外，塔伦西人还注重母系关系。一对姐妹的母系后代，通常关系都比较亲密，他们相信巫术经由母系关系传递。②

霍皮（Hopi）印第安人的社会群体是典型的外婚母系氏族，每个氏族都以特殊的动物、植物或自然现象作为始祖。这些氏族是拥有土地的法人团体，一群有母系关系的人组成核心群体。妇女在家内具有绝对的权威地位，在公共场合有相当的权力。在霍皮印第安人社会，夫妻均居住在妻子一方的法人团体中，即常说的从妻居（uxorilocal residence），群体一般由一群有母系关系的女人及其丈夫、未婚子女以及部分离婚男子组成。住在妻子家的男人面临着随时被赶出家门的处境，也就是说，他是个外人。同样，这个以妇女为核心的群体里的成年男子也要以外人的身份到妻子家中去住，也会遭到同样的命运。在父系社会中，子女可继承其父亲的身份与权利，从而使法人团体永久地传承下去。但是在母系社会中，要想维持法人团体，女人的兄弟必须对她的子女拥有最大的控制权利，并必须以她的儿子为继承人。因此，在这种结构性冲突中，婚姻关系就不可避免地显得脆弱。

另外，在许多母系继嗣的群体中，也有妻子到丈夫一方居住的情况，这种居住模式叫从夫居（virilocal residence）。这种居住模式常见于美拉尼西亚与非洲各地，是母系制转变为父系制的一种过渡形式。此时，母系继嗣群不再是强大的法人团体，而是一种残余形式。③

① 基辛（R. Keesing）著. 陈其南校订. 张恭启，于嘉云译. 文化人类学 [M]. 台北：巨流图书公司，2000：221.

② 基辛（R. Keesing）著. 陈其南校订. 张恭启，于嘉云译. 文化人类学 [M]. 台北：巨流图书公司，2000：196.

③ 基辛（R. Keesing）著. 陈其南校订. 张恭启，于嘉云译. 文化人类学 [M]. 台北：巨流图书公司，2000：207～212.

双边继嗣（the ambilineal systems）是指只要与始祖有血缘关系就具有继嗣资格，可以成为继嗣法人团体的成员。在以双边继嗣为主的社会中，一对夫妇可以与丈夫或妻子的团体住在一起，他们选择哪一方，其子女便属于该团体。双边继嗣在实际操作过程中具有相对的灵活性。如槐欧（the Kwaio）族的双边继嗣即是典型的例子。西太平洋美拉尼西亚的槐欧族把他们崎岖的山地划分为几十块，据说每块都是其始祖开垦的。凡与始祖有血缘关系的人都拥有居住和使用那一块土地的权利，他们则以猪祭祀始祖。因为共有几十块土地，一个人通常只对其中一块以及建立在这块土地上的继嗣群体有强烈的认同感，他与其他认同这块土地的人组成法人团体的核心，而认同其他土地的人对这块土地只有部分权利。问题是人们如何在众多的选项中给自己定位呢？其一，始祖的父系后代在法人团体中具有优先权，其二，一个人通常加入其从小在那里成长的团体。因此，大多数人加入了父亲一方的继嗣群，他们在这个继嗣群中享有优先权，而其他成员则只有次一级的权益。但那些在母亲继嗣群长大的人，只要他们一直积极参与该法人团体的仪式、耕作或宴饮，就可以被视为正式成员。①

二、单系继嗣群的功能

单系继嗣群（the unilineal descent groups）是人类社会最普遍的继嗣群体，在人类的社会、经济、政治以及宗教生活领域等具有重要作用。第一，在遵循单系继嗣制度的社会中，人们禁止族内婚配。第二，单系继嗣群具有较明显的经济功能。世系群或氏族成员具有帮助其他成员成家立业、度过生活中的危机时期的义务。互助行为往往演变为常规性的经济合作，如继嗣成员共同协作垦荒、建筑房屋等等。第三，单系继嗣群还有一定的政治功能。如头人或长者就起着解决族内纠纷、调解族人与外人争执甚至组织族人共同抵御外敌的作用。第四，单系继嗣群通常会有自己的宗教信仰和仪式，祭拜自己的神祇和祖先。如西非的塔伦西人（the Tallensi）尊奉祖先，他们仅视生命为人生的一部分，对于他们来说，生命在人出生之前即已存在，死后还会持续。他们确信祖先的喜怒哀乐会给人们带来祸福，但他们却不知道以何种方式取悦于祖先。因此，他们将生活中许多无法解释的现象都归咎于无时不在窥视他们的祖先在作怪。宗教使霍皮印第安人结为一体，每个氏族都是整个霍皮印第安人不可分割的一部分。每个氏族每年至少主持举行一次宗教性庆典，其他氏族共同参与。印度的纳雅种姓世袭阶层崇拜战神、疾病神、土地神和生育神薄伽梵帝（Bhagavad），

---

① 基辛（R. Keesing）著. 陈其南校订. 张恭启, 于嘉云译. 文化人类学 [M]. 台北: 巨流图书公司, 2000: 214～215.

它具有控制疾病和其他灾祸的能力。纳雅人除了每年为其举行庆典外，每天还要到庙宇中进行祭拜活动。[1]

三、亲属称谓

亲属称谓（kinship terminology）是称呼有亲属关系的人们的一套专门术语。一个社会的亲属称谓可以反映该社会普遍存在的家庭形态、人们婚后的居住形式、继嗣规则以及社会组织的其他方面。亲属称谓的变化较婚姻形态的变化缓慢，因此，从现存亲属称谓中我们可以了解前一阶段的婚姻形态。根据人类学的研究，亲属称谓主要分为以下六种类型：奥马哈亲属制、克罗亲属制、易洛魁亲属制、夏威夷亲属制、爱斯基摩亲属制和苏丹亲属制。

奥马哈亲属制（Omaha System）：奥马哈亲属制是以北美洲的奥马哈印第安部落命名的。这种称谓制度普遍存在于世界各个地区，通常流行于父系继嗣群体。其特征是：首先，父亲与父亲的兄弟称谓相同；其次，母亲和母亲的姐妹以及母亲兄弟的女儿称谓相同，母亲的兄弟与母亲兄弟的儿子使用同一个称谓。平表兄弟（父亲兄弟的儿子和母亲姐妹的儿子）与自己的兄弟称谓相同，平表姐妹（父亲兄弟的女儿和母亲姐妹的女儿）与自己的姐妹称谓相同。其特点为注重父方亲属中代际的区别而忽视母方亲属中代际的区别。

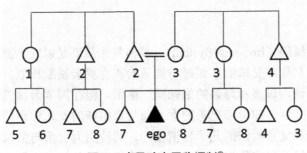

图 7-4　奥马哈亲属称谓制[2]

注：父亲（2）和父亲的兄弟称谓相同，母亲（3）和母亲的姐妹以及母亲兄弟的女儿称谓相同，母亲的兄弟（4）和母亲兄弟的儿子称谓相同，父亲兄弟的儿子和母亲姐妹的儿子（7）与自己的兄弟称谓相同，父亲兄弟的女儿和母亲姐妹的女儿（8）与自己的姐妹称谓相同，姑姑及其子女另有称谓。

---

① Ember，Carol R. and Melvin Ember（1988）. *Cultural Anthropology*，pp. 201-202. New Jersey: Prentice-Hall International，Inc..

② Ember，Carol R. and Melvin Ember（1988）. *Cultural Anthropology*，p. 205. New Jersey: Prentice-Hall International，Inc..

克罗亲属制（Crow System）：克罗亲属制也是以北美洲印第安部落命名的，这种称谓制一直被称作是奥马哈称谓制的"倒影"，主要流行于母系继嗣群体。其特点为注重区分母方亲属中代际的称谓而忽视父方亲属中代际的区别。如父亲、父亲的兄弟以及父亲姐妹的儿子称谓相同，父亲的姐妹与父亲姐妹的女儿称谓相同，这是母亲继嗣制度的反映。

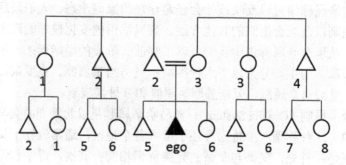

图 7-5 克罗亲属称谓制[①]

注：母亲（3）和母亲的姐妹称谓相同，父亲（2）和父亲的兄弟以及父亲姐妹的儿子称谓相同，父亲的姐妹（1）和父亲姐妹的女儿称谓相同，母亲姐妹的孩子和父亲兄弟的孩子（5、6）与自己的兄弟姐妹称谓相同，母亲的兄弟（4）及其儿子（7）和女儿（8）另有专门的称谓。

易洛魁亲属制（Iroquois System）：易洛魁亲属制是以北美洲易洛魁印第安部落命名的，在称呼父辈的亲属时与奥马哈和克罗亲属制相似，即父亲和父亲的兄弟同一称谓，母亲和母亲的姐妹同一称谓。但在同辈亲属的称谓上与前两种称谓制度有区别，即母亲兄弟的女儿和父亲姐妹的女儿称谓相同，而且，母亲兄弟的儿子和父亲姐妹的儿子称谓相同。其特点为父亲与父亲的兄弟不加区别，但母亲的兄弟另有称谓，同时，注意将平表兄弟与交表兄弟区分开来。它在实行单系继嗣制度的社会中较为常见。

① Ember，Carol R. and Melvin Ember（1988）. *Cultural Anthropology*，p. 206. New Jersey：Prentice-Hall International，Inc..

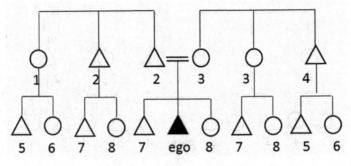

图 7-6　易洛魁亲属称谓制[①]

注：父亲（2）和父亲的兄弟称谓相同，母亲（3）和母亲的姐妹称谓相同，父亲姐妹的儿子（5）和母亲兄弟的儿子称谓相同，父亲姐妹的女儿（6）和母亲兄弟的女儿称谓相同，父亲兄弟的子女（7 和 8）和母亲姐妹的子女与自己的兄弟姐妹称谓相同，父亲的姐妹和母亲的兄弟各自有不同的称谓。

苏丹亲属制（Sudanese System）：苏丹亲属制因流行于非洲苏丹地区的广大地域而得名。苏丹亲属制是描述性称谓制，每个亲属都有不同的称谓。它将所有的表亲按照其与"自我"的关系加以区别开来。这种称谓制与相对发达的政治体系、阶级分层以及职业分工密不可分。

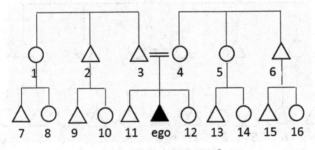

图 7-7　苏丹亲属称谓制[②]

夏威夷亲属制（Hawaiian System）：夏威夷亲属制是一种比较简单的亲属称谓制度，其特点为只区分不同代际和不同性别的亲属，同代同性别的亲属使用相同的称谓。这种称谓流行于双边继嗣的地区。

---

① Ember，Carol R. and Melvin Ember（1988）. *Cultural Anthropology*，p. 207. New Jersey：Prentice-Hall International，Inc..

② Ember，Carol R. and Melvin Ember（1988）. *Cultural Anthropology*，p. 207. New Jersey：Prentice-Hall International，Inc..

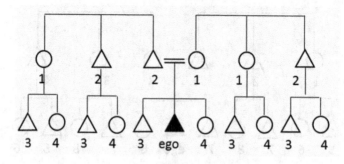

图 7-8 夏威夷亲属称谓制①

注：父亲（2）和父亲的兄弟以及母亲的兄弟称谓相同，母亲（3）和母亲的姐妹以及父亲的姐妹称谓相同，父亲兄弟姐妹的儿子（3）、女儿（4）和母亲兄弟姐妹的儿子和女儿与自己的兄弟和姐妹称谓相同。

爱斯基摩亲属制（Eskimo System）：尽管爱斯基摩亲属称谓制以爱斯基摩社会命名，但这种称谓也流行于美国以及许多其他地区。其特点为区分父母的兄弟姐妹并对亲兄弟姐妹与表兄弟姐妹加以区分，但所有的表亲则只有一种称呼。这种亲属称谓中，父方和母方的亲属同等重要，但对以自我为中心的核心家庭成员而言却都位于次一级地位。②

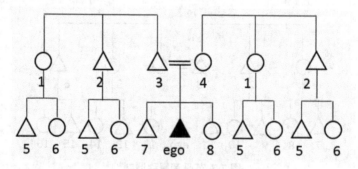

图 7-9 爱斯基摩亲属称谓制③

注：父亲的姐妹（1）和母亲的姐妹称谓相同，父亲的兄弟（2）和母亲的兄弟称谓相同，

① Ember，Carol R. and Melvin Ember（1988）. *Cultural Anthropology*，p. 208. New Jersey：Prentice-Hall International，Inc..

② Ember，Carol R. and Melvin Ember（1988）. *Cultural Anthropology*，pp. 205-208. New Jersey：Prentice-Hall International，Inc..

③ Ember，Carol R. and Melvin Ember（1988）. *Cultural Anthropology*，p. 208. New Jersey：Prentice-Hall International，Inc..

所有的堂、表兄弟（5）称谓相同，所有的堂、表姐妹（6）称谓相同。

　　尽管从表面上看，亲属关系是一个生物学范畴的问题，但实际上生物学仅仅是提供亲属关系的基础。人类对亲属关系的区分和使用更大程度上是由社会文化所决定的。如印度纳雅人的婚姻、苏丹努尔人的鬼婚以及印度托达人以献弓确定子女的习俗等，其亲子关系均与生物学没有联系。在流行鬼婚习俗的努尔人社会中，子女的"正式父亲"是一个死人，而在认可女人"娶妻"的努尔社会中，子女的父亲甚至可以是一个妇女。再如拉赫人相信同母异父的两个孩子没有任何亲缘关系。所以，人类学的研究表明，我们不能武断地认为亲属关系只是一种血缘关系。

　　每一个社会都有一套亲属制度，即对血亲和姻亲的分类、相互权利和义务、彼此相待的行为和态度均有细致的规定。在许多社会中，亲属关系是一系列社会相互作用的基本因素。在一些传统社会中，亲属关系甚至是影响人们生活的最重要的社会因素，它决定着人们的社会角色和地位。因此，在研究亲属关系时，要注意观察亲戚在日常生活中彼此相待的实际行为、态度，在宗教仪式和其他社会活动中的有关礼节以及社会变动中亲属关系的变化。比如，在一些民族中，女婿和岳母、公公和儿媳、长兄和弟媳等之间就有回避习俗。有时这种关系可以扩展到同类亲戚，如女婿不仅对岳母而且对岳母的姐妹也要回避。相互回避的对象不能单独相处，不能提及对方的名字，甚至不能同桌共餐、不能相互正视，走路时遇到对方时往往要绕道而行。与回避相反的是亲昵关系，即某些亲属如孙子对爷爷、外甥对舅舅等可以特别亲近，甚至可以互相嬉戏。

专业词汇

　　婚姻　血缘婚（Consanguineal Marriage）　普那路亚婚（punaluan marriage）对偶婚（paring marriage）　多偶婚　墨菲（R. Murphy）　鬼婚或亡灵婚（ghost marriage）　外婚制　乱伦（incest）　《图腾与禁忌》　聘礼（bride wealth）　聘娶劳役（bride service）　夫兄弟婚制（levirate）　妻姐妹婚制（sororate）　平表婚（parallel cousin marriage）　姑舅表婚　族内婚（endogamy）　纳雅人（Nayar）　男童妻（boy-wife）　核心家庭（nuclear family）　扩大式家庭（extended family）　亲属关系　亲属制度　继嗣制度（descent system）　继嗣群体（descent group）　父系（patrilineal/ agnatic）制度　母系继嗣（matrilineal，uterine）制度　双边继嗣（ambilineal descent）制度　从妻居（uxorilocal residence）　从夫居（virilocal residence）　亲属称谓（kinship terminology）　奥马哈亲属制（Omaha System）　克罗亲属制（Crow System）　易洛魁亲属制（Iroquois System）　苏

丹亲属制（Sudanese System）　夏威夷亲属制（Hawaiian System）　爱斯基摩亲属制（Eskimo System）

思考题

1. 什么是婚姻？根据人类学的研究，人类婚姻经过了哪几个发展阶段？

2. 依据人类学家的研究，乱伦禁忌有哪两个特征？

3. 你认为有关乱伦禁忌的哪一种解释比较合理？为什么？

4. 什么是聘礼？聘礼的本质是什么？

5. 弗洛伊德在《图腾与禁忌》一书中，提出了一个关于人类从野蛮的原始状态向文明社会过渡的假设，这个假设是什么？

6. 什么是一夫多妻制？什么是一妻多夫制？它们之所以在部分人类社会中存在的缘由什么？

7. 什么是优先婚？优先婚的社会根源什么？在汉族传统社会，哪一种优先婚更流行，为什么？

8. 什么是家庭？在人类学家所研究的传统社会中，哪种家庭类型更普遍？为什么？

9. 引用经典民族志案例，论述当前中国婚姻家庭中存在的主要问题。

10. 什么是亲属关系？什么是亲属制度？为什么说人类学家在研究传统社会时要首先研究亲属制度？

11. 单系继嗣制度有哪些社会功能？

12. 根据人类学的研究，人类有哪几种亲属称谓？

13. 试论述人类婚姻形态与亲属称谓之间的关系。

推荐阅读书目

1. 费孝通. 乡土中国·生育制度［M］. 北京：北京大学出版社，1999.

2. 和钟华. 生存和文化的选择——摩梭母系制及其现代变迁［M］. 昆明：云南教育出版社，2000.

3. E. A. 韦斯特马克著. 李彬译. 人类婚姻史［M］. 北京：商务印书馆，2015.

4. Ember，Carol R. and Melvin Ember（1988）. *Cultural Anthropology*. New Jersey：Prentice-Hall International，Inc..

5. Kottak，Conrad P.（1997）. *Anthropology：The Exploration of Human Diversity*. New York：The McGraw-Hill Companies.

第八章　政治制度：社会秩序与社会控制

政治制度是一个社会保证其内部的合作与稳定及处理外部事务（即处理与其他社会之间的权力关系）的一种手段。对于当代大多数人来说，谈及政治我们自然而然地会想到国家自上而下的各类政府机构、政治团体和不同的政党派系等。同时，我们也可能想到制定政策法规、维护社会秩序等复杂的政治过程和政治行为。但是，对于人类学家来说，这仅是政治生活的一部分。传统上，人类学家所研究的部落或乡民社会往往是无国家的社会，在那里没有我们所熟悉的各类政府组织和政党派系，也没有维持社会秩序的法院、正规军队或警察。没有政府，自然也就没有制定或执行政策的机构和官员。但是，从人类学的角度看，这并不意味着在这些社会里就没有政治生活。任何社会都有其制定政策和解决争端的政治活动、理念和态度。这些活动、理念和态度就是维持社会秩序和治理社会混乱问题的方法和途径。人类学讨论的许多组织如家庭、继嗣群、部落等都有其政治功能，但人类学谈及政治制度时往往是指地域性群体（territorial groups）。根据塞维斯（E. Service）的界定，人类社会大致可以分为四种主要的政治组织，即群队（bands）、部落（tribes）、酋邦（chiefdoms）和国家（states）等地域性政治组织，前两种属于非集权政治制度，后两种属于集权政治制度。

第一节　非集权政治制度

传统上，人类学家所研究的社会群体，大多数都没有正规的政府组织。在这些传统社会，所谓的权力关系渗透于家族、群队、继嗣群以及年龄组等社团之中，政治制度与亲属制度、继嗣制度紧密地联系在一起。社会秩序主要依靠传统习俗和乡规民约而不是法律、军队、警察和监狱等强制性手段来维持。虽然存在一些"权威性人物"，但他们的权威是建立在他们自身的能力与信誉之上的。为了抵御外来威胁，可能会联合成临时性的政治联盟，但威胁一旦解除，联盟便自动解散。社群内部的重大决策主要由男性成员集体协商来通过，某些"权威性人物"的建议可能会受到重视，但并不具有决定性。

一、群队

有些社会由人口很少的政治上自治的游牧或采集群体（通常为有血亲或姻亲关系的人们）组成，人类学家习惯上称它们为群队。也就是说，在这些社会里，群队是行使政治职能的最大组织单位。群队是人类社会非集权传统政治制度的最初形式。根据人类学家的推测，大约在一万年以前，也就是前农业时期，群队组织是人类社会的主要政治类型。鉴于有限的生活资源，群队组织的规模通常都比较小，便于随季节迁徙，因为群队赖以生存的主要方式是狩猎或采集。如果群队过于庞大，地域内有限的食物资源就无法保证群队的存续。因此，当某个群队的人口发展到一定规模时，该群队就得将部分人口分离出去，到其他地域去寻求新的生活资源。但也有极少数群队的人口在 400~500 人左右，如南美洲巴塔哥尼亚的德卫尔彻人（the Tehuelche）。根据斯图尔德（J. Steward）的生态人类学研究，群队社会的人口密度一般为 12.95~129.5 平方公里一人。① 亚马孙盆地的瓜亚基人（the Guayaki）的群队通常是 20 人，马来半岛的塞芒人（the Semang）的群队一般是 50 人。群队人口的规模一般随季节的变化而变化，即根据特定时期和区域所能提供的食物资源而变化。通常的情况是食物资源充裕时，人口聚拢；食物匮乏时，人口则分散。如生活于北极地区的爱斯基摩人群队，就根据季节的变化来决定群队的聚散，冬季食物匮乏时，人口分散；夏季食物充裕时，群队重新聚拢。

均等（egalitarian）是群队社会的特征之一。同一性别和年龄级序的人几乎对荣誉和资源享有均等的机会。土地等财产均属群队集体所有，因此，某个人或某些人捕获的猎物、采集的食物均由群队的成员共同享用，捕获者或采集者仅享有很小的一点特权。这种风俗至今仍在部分社会中留存，如一个土瑶人猎杀了一头野猪，猪肉平均分成若干份，社区的每家都可以得到一份，但猪头和猪内脏归猎杀者所有。

群队的政治决策一般都是非正式的。因为没有正式的政治组织机构和政府官员，诸如群队迁徙或集体围猎之类的所谓重大活动，一般由群队中部分有经验的男性成员或全体成员共同决定。尽管每个群队都可能有大家公认的但非选举的"头人"，他通常是身怀高超技艺的猎手或负责主持各种仪式的德高望重的长者。他之所以能够赢得荣誉，被尊为"头人"，是因为他的技艺、果断的判断力以及质朴的人品而不是财富，更不是权力。他可能会常常忙于协调或处理群队内部或群队与其他群队之间的纠纷、矛盾或冲突。他的言行可能会对群队的其他成员产生影响，他对事件的看法和态度也可能会对事件的处理具有一定程

---

① Steward, Julian H.（1955）. *Theory of Culture Change*, p. 125. Urbana: University of Illinois Press.

度的作用，但他绝对没有强加于他人意愿的权力。如果事件的当事人认为他的话没有说服力或依据，他们完全可以不理会他，他也可能因不理会他的意见的人过多而失去昔日的声誉。如爱斯基摩人的群队都有自己的头人，他因其他群队成员敬仰他的判断力和不凡身手而获得影响力。头人有关群队迁移以及其他事务的建议通常会受到重视，他通常会是一位聪颖机智的猎手或一家之长。但他还称不上是酋长，尽管在大多数情况下人们会因他丰富的经历和良好的声誉而听从他的建议，但没有义务一定要遵从。

在布须曼群队中，尽管头人的地位常常是世袭的，但头人的权力极其有限，并没有明显的特权。他的生活与其他布须曼人没什么两样，他也没有比其他族人更多的物质财富。尽管他的许多决定受自然、古老的习俗或群队成员一致意志的影响，但他对群队生计资源的使用方式是有影响力的。假如有外人偷了群队成员的财物，他通常会出面处理。此外，对于接纳外人，他的意见也是重要的。但是，一旦他失去了群队所需的能力，人们就会求助于其他人，他也可能因此而失去"头人"的头衔。因此，在布须曼群队中，头人的头衔是与他能为族人办事的能力密切相关的，事情处理得好，他是头人，否则，他就会成为大家谴责的对象。①

霍贝尔（Adamson E. Hoebel）曾考察过生活于北极圈内的爱斯基摩人的传统社会控制制度。在爱斯基摩人的社会中，最重要的社会组织是核心家庭和群队。有些群队有头人，也可能有萨满，但这些头衔并没有赋予其驾驭他人意志的实际权力。与生活于热带丛林的群队不同，爱斯基摩人的生活不是依靠妇女的采集为主，而是依靠男子的狩猎和捕鱼。爱斯基摩男性要比女性面临更多的危险，成年男子的死亡率通常要高于女性。因此，爱斯基摩人中曾盛行杀婴（女婴）习俗，以平衡男女性比例。尽管如此，在现实生活中，成人女性的人数仍多于男性。这就为一夫多妻创造了条件，有能力迎娶多妻在某种程度上会赢得一定的声誉，但同时也会招致妒忌。男人之间的冲突大都因女人而起，如偷妻或通奸等。如果一个男人发现妻子未经过他的同意而与其他男子有奸情，他会感到极大的耻辱。为此，他可能会杀死偷妻者。但是，一旦他真的杀死了偷妻者，被杀者的亲族定会报复他，将他杀死。这场冲突可能会引发一系列人命案。而在群队社会，没有官方权力机构来干预此类复仇。除此之外，也可以选择另一种方式来解决通奸之类的事情。这就是冲突双方在公共场所进行对歌，以歌羞辱对方，最后的赢家由听众裁定。但这并不能彻底解决矛盾，因为即便是"原告"赢了，他的妻子往往还是会选择与情夫生活在一起。

在爱斯基摩群队中，许多我们认为是犯罪的行为在他们看来却是合乎情理

---

① Ember, Carol R. and Melvin Ember（1988）. *Cultural Anthropology*, pp. 228-230. New Jersey: Prentice-Hall International, Inc..

的，如前面提到的杀婴习俗就是例子。传统上，病弱的老人或不能自立的残疾者如果不想活了，可以要求身边的亲人结束自己的生命。为了避免结成世仇，结束他性命的必须是他最亲近的人。

在以财富差异悬殊为特征的国家社会里，偷盗是常见的事，然而在大多数群队社会里，根本不存在偷盗现象。人们在特定的生活区域内狩猎、采集，所有的财富仅以能维持生存为限，人们还没有土地或动物等财产的概念。尽管每个人可能都会有用以维持生计的一些简单的私有财产，如弓箭、长矛、衣物和简单的配饰等，但这些东西如果别人想要，可以随时拿去。①

二、部落

部落（tribes）是非集权传统政治制度的另一种形式，通常由居住在一定地域、操同一种语言、享有共同文化习俗的继嗣群或村落组成，一般没有社会分层，也没有正规的政府机构。一般而言，将各继嗣群或村落结成部落社会的是共同的经济、社会、宗教或血缘关系。

与群队社会相似，部落社会也采用非集权的均等主义制度。部落内部没有社会分层，也没有正式的政治机构，但部落社会的生产方式已与群队社会有了本质上的区别。人们不再停留于狩猎与采集，而是开始从事农业和畜牧业生产。由于生产方式已由简单的狩猎、采集发展到效率更高的农作物栽培和动物驯养，人口密度增大，村落规模要较群队大得多，人们的生活方式也较群队社会稳定。与群队社会相比，部落社会的一个显著特征是氏族、年龄组等组织的出现。这些组织可以在必要时将一些地域性村落联合起来，形成一个统一行动的整体。如当几个部落群体共同面临外敌入侵时，他们便会联合起来抵御外敌；外来危机解除后，临时形成的政治联盟便自动解散。也就是说，部落社会中缺乏永久性的政治联盟。

部落之间的临时结盟往往基于亲属关系。氏族是泛部落亲属群体（pan-tribal kinship groups）的最常见形式。根据摩尔根（L. Morgan）的定义，氏族（clans）是一个由共同祖先传下来的血亲所组成的团体。在某些氏族社会中，氏族长老负责处理氏族成员之间的纠纷和矛盾或代表氏族协调本氏族与外氏族之间的关系。在战时，同一个继嗣群的成员往往会联合起来共同御敌。②

裂变世系群（segmentary lineages）是以亲属关系为基础的泛部落群队的另一种形式，流行于北非和中东的传统社会。各裂变世系群在结构和功能上相似，

① Kottak, Conrad P.（1997）. *Anthropology: The Exploration of Human Diversity*, pp. 239-241. New York: The McGraw-Hill Companies.

② 路易斯·亨利·摩尔根著. 杨东莼，马雍，马巨译. 古代社会 [M]. 北京：商务印书馆，1995：62.

每一个裂变世系群都属于世系群体中的一个级序，在谱系上逐渐向外推延。世系群制度把不同的裂变分支联合成越来越大的谱系群（genealogical groups）。谱系上最近的两个群体通常关系也最密切。不同裂变分支的成员之间一旦发生争端，人们便会支持与其谱系关系最近的一方。尼日利亚北部的提夫人（the Tiv）的部落组织是此类裂变世系群制度的典型例子。所有的提夫人都属于同一个谱系结构——金字塔式的世袭系统。提夫是一个大部落，人口约100万，三级世系群的人口在100人至1000人之间，有各自的土地，每两个相邻的三级世系群组成一个二级世系群。同样，两个相邻的二级世系群组成一个一级世系群，最后由两个一级世系群组成整个提夫人的部落组织。提夫人确信，按系谱追溯，所有提夫人都是一个名叫提夫的祖先的后裔，几个世纪前是他开拓了今天提夫人的领土。

提夫人的裂变世系群是其政治组织的基本形式。相邻的两个世系群发生冲突的可能性最小，每一个世系群都有其关系最密切的邻里。如果两个不属于同一个二级世系群的三级世系群之间发生矛盾，那么它们各自会得到其同脉世系群的支持。但如果两个非同脉的二级世系群发生冲突，同脉的三级世系群之间即便是存在矛盾，通常也会因大局而暂时联合起来。同样，如果某个提夫群落受到外族入侵，整个提夫人都有可能联合起来共同御敌。因此，提夫人的这种世系组织具有很强的抵御外来威胁的功能。

关于裂变世系群的另一个典型例子是苏丹的努尔人（the Nuer）部落。据人类学家埃文思-普里查德（Evans-Pritchard）对努尔人的研究，努尔人是一个拥有约20万人的部落，裂变为不同级序的部落支系。尽管努尔人也从事种植业，但他们却是地道的游牧民。牛是他们最主要的家庭财产，也是他们生活的主要来源。牛在他们的生活中占据重要地位，他们的大部分社会活动也都与牛有关。正如埃文思-普里查德所描述的那样：

> 努尔人对牛的关爱及其对得到牛的渴望影响着他们对邻近人群的态度和关系。他们极为鄙视那些没有牛的人群，比如阿努阿克人。他们与“丁卡”部落的战争也是为了要夺取牛群和控制牧场。每一个努尔人部落及其分支都有自己的牧场和水源，他们的政治裂变与这些自然资源的分布紧密相关，这些资源的拥有者一般是氏族和宗族。在部落的各个分支之间所发生的争端常常是与牛有关的，在这种争端中，常常会有人丧生或伤残，于是便可以用牛来对此进行补偿。……同样，在谈到年龄组和年龄等级时，我们发现自己正对人与牛的关系进行描述，这是因为，努尔人从少年到成年的转变很明显地是以他们在成丁礼中人与牛的关系的相应变化为标志的。[①]

---

① 埃文思-普里查德著. 褚建芳，阎书昌，赵旭东译. 努尔人 [M] . 北京：华夏出版社，2002：20～21.

　　努尔人的社群有许多部落社会特征。他们是典型的父系社会，其政治组织主要基于继嗣法则和谱系关系。在努尔人的父系裂变社会中，父亲是一家之长，他具有绝对的权威性。与提夫人的社会组织相似，努尔人裂变世系群也是金字塔式的级序组织。裂变支系越小，其成员之间的谱系关系越近，群体感就越强，人们之间的关系也就越亲密。在裂变世系制社会，社会稳定的基本原则是：继嗣群之间的谱系关系越近，它们之间的相互依赖性就强。这种社会政治组织为努尔人提供了强烈的部落认同感，使那些谱系关系密切的裂变分支能够在需要时很好地联合起来共同抵御外来威胁。同时，这种裂变继嗣制也具有平息部落内部纠纷和冲突的功能。如果同一祖先的两个继嗣群之间发生冲突，而且这个祖先还健在的话，那么，他自然会出面平息它们的纠纷。但如果发生冲突的继嗣群不是同一祖先的后裔，它们之间的冲突很可能会发展成为世仇。

　　在努尔社会，人们不会因土地而产生纠纷，因为作为最小继嗣群的成员，每一个人对本继嗣群的土地都拥有种植和使用的权利。常见的冲突往往是由通奸或婚姻而起，如果一个人打伤或杀死另一个人，两人所在的继嗣群很可能会结下世仇。豹皮酋长往往是纠纷或冲突的调停者，他因平时爱在肩上披一块豹子皮得名。豹皮酋长通常负责主持仪式，但他最主要的角色是调停纠纷和冲突。他虽然没有权力强迫产生争执的双方接受他的建议，但他却可以以神灵的惩罚相威胁。参加调停的不仅有争执者本人，还包括他们双方世系群的老人和其他近亲。在做出裁定之前，各方的意见都会被考虑。通常的情况是，争执双方会慢慢地接受大家的建议，从而避免双方结下世仇。

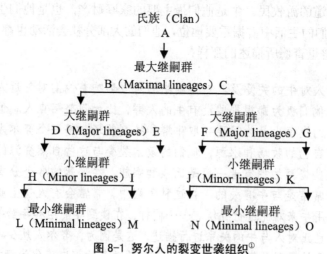

图 8-1　努尔人的裂变世袭组织[①]

　　① Kottak, Conrad P.（1997）. *Anthropology: The Exploration of Human Diversity*, p. 247. New York: The McGraw-Hill Companies.

第二节 集权政治制度

随着人类社会的发展，群队或部落社会那种以权力分散、民主群体决策为特征的政治制度已不能满足社会控制的需求。社会生产力的快速发展、人口和财富的增长以及社会分层的出现等都需要一种正规、稳定、集中的政治机制来维持社会的稳定与发展。在这种社会形态中，政治权力与社会威望往往掌控在某个人或某个社会群体手中，政治权力不再依附于亲属或继嗣群体，而是通过专门的政治机构来实现。但是，在酋邦社会中，社会关系在很大程度上仍基于亲属制度、婚姻关系、继嗣制度及年龄和性别。

一、酋邦

与非集权制的群队和部落社会相比，酋邦社会在人口、社会生产力、社会分工等方面都有所发展。在政治上，酋邦社会具有复杂的整合不同社会群体的政治功能。酋邦社会一般都有比较稳定的集权政治机构，主要由以酋长为首的议事委员会组成。酋长拥有很大的权力，他可以支配土地和财产的分配和再分配，也可以酋邦的名义召集军队对外征战。在酋邦社会，社会分层明显，每个人都处于不同的社会级序中。在某些情况下，酋长的地位是世袭的，酋长的权力和威望是永久性的。酋长的重要职责之一是社会资源再分配。社会财富首先由民间以纳贡的形式汇集到酋长手中，然后再由他以施舍的方式分配给百姓。他有权分配社会劳力，可以监督宗教节庆。通常情况下，他本人可能会获得很高的宗教地位。

在南太平洋群岛的斐济酋邦社会中，酋长负责社会产品的再分配和社会劳力分配。酋长可以以他自己、其他人或社群的名义招募劳力。此外，通过各个村落的纳贡，他聚积了大部分农业收成和其他财富。因此，地位至高无上的酋长除自己消费之外，还有充裕的财富可以以他的名义施舍给百姓。

在波利尼西亚群岛的酋邦社会，酋长是专职的政治领袖，负责调控社会生产、分配和消费。波利尼西亚的酋长依靠宗教来巩固自己的权力地位，他们通过神圣的宗教禁忌来调控社会生产。在诸如丰收庆典之类的仪式节庆上，酋邦的臣民会将自己收成的一部分上贡给酋长本人或酋长的代理者。财富由金字塔的底部逐渐向顶部汇聚，最后到达酋长手里。而酋长则通过举行盛大宴会等形式再把大部分财富返还给百姓。

在酋邦社会，一个人的社会地位与其所在的世系群的地位密不可分。在波利尼西亚的酋邦社会中，人们之间都有谱系关系，并假定所有继嗣群都源自一个继嗣群的始祖。这个继嗣群在所有继嗣群中居于最高地位，其成员在酋邦社会中自然也享有最高的社会地位。即使在同一个继嗣群中，社会地位的级序也十分森严。如酋长处于最高地位，其子女的地位按性别和长幼排序；再下来是酋长的兄弟姐妹和近亲，也都按亲疏排序。整个酋邦社会就这样一层层排下去，直至最底层百姓，但他们即便是假想的也都是酋长的亲属。

二、国家

国家是基于法律规范的自治政治组织，其内部社会阶层分明，有正式的政府组织。与群队、部落和酋邦相比，国家的规模更大，人口更多，社会的行业分工也更加精细。按照美国人类学家卡内罗（Robert L. Carneiro）的定义，国家是一种自治的政治组织，在其领土内有众多的人口。① 国家有一个集权中央政府，它有收税、调配人们服役或作战以及制定、颁发或强化法律的权力。因此，国家社会具有一个复杂的中央政治机构，其中包含具有立法、执法和司法功能的永久性机构，拥有庞大的官僚体系。警察、军队、监狱等国家权力机构在维持国内社会稳定和协调国际关系方面发挥着重大作用。当然，国家的统治者不能单纯依靠武力来维持其统治和社会秩序。他们还必须使人们相信，至少在某种程度上，那些掌控权力的统治阶层具有合法的统治权力。否则，统治阶层最终会失去控制人民的能力。②

据人类学家的考证，最早的国家社会大约出现于 5500 年前，而最早的酋邦社会可能要比国家社会早 1000 多年。最早的国家出现于美索不达米亚（Mesopotamia）地区，即今天的伊拉克和伊朗地区，之后埃及、巴基斯坦和印度的印度河（Indus）流域以及中国的北方地区相继出现国家。几个世纪之后，今墨西哥、危地马拉、巴西、秘鲁和玻利维亚等地区也出现了国家社会。

正如恩贝尔（C. Ember）所描述的那样，国家社会有明显的社会阶层差异，不同阶层的人们对经济、政治和文化资源的占有不同。一般而言，国家社会是靠集约农业体系支持的。集约农业的较高生产率使城市得以出现，同时，经济的快速发展，使得商业成为独立的部门，从而使国与国之间的贸易得以开展。古罗马是一个典型的国家社会，曾统治地中海和近东地区几个世纪。在古罗马社会，贵族阶层控制着国家的大多数财富，与普通百姓形成了鲜明的对比。在古罗马时代，集约农业得到了迅猛发展，与周边地区的商业往来较为频繁，罗马的货币成为欧洲大多数地区及部分非洲地区的通用货币。在政治上，古罗马

① Carneiro，Robert L.（1970）. "A Theory of the Origin of the State". *Science*，August 21：733.

② Ember，Carol R. and Melvin Ember（1988）. *Cultural Anthropology*，p. 234. New Jersey：Prentice-Hall International，Inc..

有着极其复杂的政治机构。在罗马帝国时期，国王和参议院共同统治着整个罗马帝国。帝国的政府部门雇用了大批科层官员，拥有强大的海军和陆军部队，展现出强大震慑力。另一个国家社会的典型例子是西非的努佩王国（The Nupe Kingdom），其疆域在今尼日利亚境内。努佩社会内等级森严，社会结构的最上层是国王，其下是皇室成员，他们构成了最高的贵族阶层。其次是由地方长官和军队领袖组成的上层阶层。最底层的是普通百姓，他们既没有声誉也没有权力，无权过问政治。在努佩社会中，国王有着至高无上的权力。村落一级的小纠纷一般由地方委员会做出裁定，但严重的刑事案件则由国王裁定。努佩国王有权向每一户臣民征税，征集来的税收大部分被国王留用，其余的由地方官员支配。纳税的普通百姓所得到的回报是受国王的庇护。[1]

从以上的论述中我们可以看到，从群队、部落、酋邦和国家的发展，代表着人类社会的政治制度由简单到复杂、由小规模的地方性自治发展到大规模区域性统一的四个前后相继的发展阶段。但是，我们必须清楚，与社会科学家所使用的许多概念一样，无论是群队、部落，还是酋邦、国家都是一种完美的"理想"类型。[2] 也就是说，这些代表不同发展阶段的标签的界定过于理想化，过于泾渭分明。但在现实中，它们之间的界限并不十分清楚，从群队到部落到酋邦到国家的发展是一个渐进的连续过程，每一个更高一级阶段都或多或少地包含有低一级阶段的某些特征。因此，有许多社会是难以清楚地归于某个标签之下的。一些人类学家谈论的复杂的酋邦社会，实际上也含有许多国家社会的特征。

表 8-1 传统政治制度一览表[3]

	非集权制度		集权制度	
	群队	部落	酋邦	国家
生计类型	狩猎采集，还没有驯养动物和栽种作物，或者只是刚刚开始	粗放农业（园圃农业）和畜牧业	粗放农业，集约渔业	集约农业
领导类型	非正式的、随情况而变化的领导；可能有一位首领，在团体的决策中充当仲裁者	感召性的首领，没有权力，但在团体的决策中总拥有一定的权威	感召性的酋长，权力有限，靠给追随者提供某些好处来维持	拥有最高权力的领导，依靠贵族官僚阶层的支持

① Ember，Carol R. and Melvin Ember（1988）. *Cultural Anthropology*，p. 235. New Jersey：Prentice-Hall International，Inc..

② Kottak，Conrad P.（1997）. *Anthropology：The Exploration of Human Diversity*，p. 258. New York：The McGraw-Hill Companies.

③ 董建辉. 政治人类学 [M]. 厦门：厦门大学出版社，1999：38～39.

		非集权制度		集权制度	
		群队	部落	酋邦	国家
亲属关系的类型	和重要性	双边亲属关系。群队的规模和构成不同，对亲属关系的利用方式也不同	单系亲属关系（父系或母系），构成了社会的基本结构	以单系亲属关系为主，有的是双边亲属关系；继嗣群分为不同等级	国家要求超出亲属关系层次的忠诚。掌握权力的是高等级的亲属团体，或者是单系的，或者是双边的
社会整合的主要	手段	婚姻联盟组成更大的团体，群队靠亲属关系和家族来统一。经济上，以互惠为基础，相互依赖	以亲属关系、志愿性社团和（或）年龄级序为基础的泛部落社群	通过对酋长、高等级的世系群和志愿性社团的忠诚来达到整合	所有低层次的忠诚让位于对国家的忠诚，通过商业和功能的专门化来实现整合
政治继承		可能是世袭首领，但实际的领导者是那些具有特殊知识或能力的人	没有正式的政治继承手段	酋长的职位不是直接继承的，但酋长必须出身于高等级的世系群	王位直接世袭继承。国王不断委任科层官员
经济交换的	主要类型	互惠（平分）	互惠；与群队相比，贸易可能有了扩大	通过酋长进行再分配，低层次的互惠	以正式的贡和（或）税为基础进行再分配，市场和贸易
社会分层		平等主义	平等主义	出现了等级（个人和世系群）	出现了阶级（至少分为统治阶级与被统治阶级）
财产所有制		很少或没有个人所有制观念	农用耕地和牲口实行世系群或氏族公有制	土地为世系群所有，但头衔、名誉、特权、仪式用品等，有强烈的个人所有制观念	在损害公有制的条件下，私有制和国家所有制不断发展
法律和合法的	武力控制	没有正式的法律或刑罚，使用武力的权力是公共的	没有正式的法律或刑罚；使用武力的权力属于世系群、氏族和社团	可能有正式的法律和专门对付违禁忌者的刑罚；首领只有有限的使用武力强制的权力	正式的法律和刑罚，国家垄断了使用武力的合法权力

续表

	非集权制度		集权制度	
	群队	部落	酋邦	国家
宗教	没有祭司或专职宗教人员，萨满信仰	萨满信仰，十分强调成年仪式和其他借以把世系群联合起来的生命仪式	早期正式祭司，以祖先崇拜为中心的等级制宗教	利用专职祭司来论证国家的神圣合法性
近代和现代的例子	昆·布须曼人、俾格米人（非洲）、爱斯基摩人（加拿大、阿拉斯加）、肖松尼人（美国）	凯普勒人（西非）、雅诺玛谟人（委内瑞拉）、纽埃尔人（苏丹）、切依因纳人（美国）	前殖民时期的夏威夷人、夸扣特尔人（加拿大）、蒂柯比亚人（波利尼西亚）、达翰尔人（蒙古）	安科莱人（乌干达）、季马人（埃塞俄比亚）、卡查里人（印度）、沃尔特人（非洲）
历史上和史前的例子	实际上所有旧石器时代的社会	易洛魁人（美国）、瓦哈卡谷地人（墨西哥，公元前1500～1000年）	前殖民地时期的阿散蒂人、贝宁人、达荷美人（非洲）、苏格兰高地人	前殖民地时期的祖鲁人（非洲）、阿兹特克人（墨西哥）、印加人（秘鲁）、苏美利亚人（伊拉克）

专业词汇

政治制度　群队（bands）　非集权政治制度　均等（egalitarian）　头人　部落（tribes）　氏族（clans）　裂变世系群（segmentary lineages）　谱系群（genealogical groups）　提夫人（the Tivs）　埃文思-普里查德（Evans-Pritchard）《努尔人》　豹皮酋长　集权政治制度　酋邦（chiefdoms）　酋长　国家　古罗马社会　努佩王国（The Nupe Kingdom）　狩猎采集　粗放农业

思考题

1. 什么是群队、部落？它们各有什么特征？

2. 在群队或部落社会中，人类的主要生计类型是什么？

3. 在非集权制社会和集权制社会中，亲属关系分别起着什么样的作用？

推荐阅读书目

1. 董建辉. 政治人类学 [M]. 厦门：厦门大学出版社，1999.

2. 特德·C. 卢埃林. 政治人类学导论 [M]. 北京：中央民族大学出版社，

2009.

　　3. 阮云星，韩敏. 政治人类学［M］. 杭州：浙江大学出版社，2011.

　　4. 路易斯·亨利·摩尔根著. 杨东莼，马雍，马巨译. 古代社会［M］. 北京：商务印书馆，1995.

　　5. Fortes，M. ，E. E. Evans-Pritchard（1940）. *African Political Systems.* London：Oxford University Press.

　　6. Balandier，Georges（1970）. *Political Anthropology.* New York：Random House.

　　7. Gluckman，Max（1955）. *Custom and Conflict in Africa.* New York：Barnes and Noble.

第九章　宗教与巫术

　　本章以马克思主义关于宗教的基本理论为指导，概要性讨论宗教的起源、本质特性、发展规律、社会功能以及宗教与文化生态等问题，使当代大学生科学地认识宗教，树立正确的马克思主义宗教观，从而能够正确地认识和对待现实生活中的宗教问题。那么，什么是马克思主义宗教观呢？马克思主义宗教观就是"以辩证唯物主义和历史唯物主义的世界观和方法论为指导的，关于宗教、宗教问题以及如何正确认识和处理好宗教问题的一系列基本观点、原则的总和。"[①]就宗教的本质而言，"一切宗教都不过是支配着人们日常生活的外部力量在人们头脑中的幻想的反映"。在这种反映中，人间的力量采取了超人间力量的形式。[②]

　　马克思主义宗教观认为，宗教是对神灵的幻想和笃信，是对超自然力量的崇拜和信仰。[③]如美国人类学家华莱士（Anthony F. C. Wallace）把宗教定义为关于超自然力量的信仰和仪式。与族群和语言一样，宗教也与社会和国家之间或社会和国家之内的社会分层相关联。关于什么是宗教、什么是巫术以及它们之间有什么区别等，至今学界还没有统一的界说。长期以来的研究已经证明，人类学家要想了解人类的信仰体系，就必须尽可能地放弃严格的定义和先入之见，去发现异民族是以何种视角来看宇宙，人在宇宙中占据什么样的地位，他们又如何与不可见的事物和力量互相关联和沟通。[④]毋庸置疑，宗教行为和信仰既具有统一性又具有多样性。一方面，宗教仪式可能会维持和巩固一个地区的社会稳定，而另一方面，宗教信仰的差异性也可能会引起不同群体之间的冲突与仇视。从跨文化的角度研究宗教，人类学家不仅关注宗教的社会作用，而且也注重宗教活动、宗教事件、宗教过程、宗教场所、宗教信徒以及宗教组织的性

---

　　① 龚学增. 坚持和发展马克思主义宗教观的几个问题 [J]. 中共中央党校学报，1997（3）：76～77.
　　② 中共中央马克思恩格斯列宁斯大林著作编译局编译. 马克思恩格斯选集 [M]. 第3卷，北京：人民出版社，1995：666～667.
　　③ 方立天. 论中国化马克思主义宗教观 [J]. 中国社会科学，2005（4）：43.
　　④ 基辛（R. Keesing）著. 陈其南校订. 张恭启，于嘉云译. 文化人类学 [M]. 台北：巨流图书公司，2000：389.

质和内容。①

在一些人看来，超自然界是我们可观察的世界之外的另一个世界。超自然界的神灵及其力量不属于我们这个物质世界，但在许多社会中人们确信他们可以得到这些神灵的庇护，可以在某种情况下操纵超自然力量。根据人类学的研究，宗教信仰存在于一切人类社会，具有普遍性。正如人类学大师马林诺夫斯基所说的那样："不存在没有宗教和巫术的人类族体，不论这些群体有多么原始"。② 马克思主义宗教观认为，宗教是人类一定发展阶段的历史现象，其发生、发展和消亡需要极其漫长的历史过程。或者说，"只要人的主观认识还远未达到科学认识宗教和不信仰宗教的程度，宗教就不会消亡"。③ 也就是说，宗教具有长期性。同时我们必须认识到，在不同的文化中，人们所建构的超自然实体又具有多样性。人类学家的工作就是尽可能客观地阐释这些多样性，为人们了解他人的信仰体系的合理性提供帮助，从而减少族群之间因信仰不同而引起的歧视、冲突或摩擦。

第一节　宗教的起源、功能和表述

科塔克（C. Kottak）认为，任何关于宗教起源的论述或关于宗教性质的描述都是一种纯粹的理论思考。尽管这些思考还有待于进一步检验，但对我们了解宗教的功能、作用和影响具有重要意义。

一、万物有灵论

英国人类学家泰勒（E. Tylor）对宗教人类学的研究做出了重大贡献。他在其名著《原始文化》中认为，在初民社会，由于人类缺乏对大自然和自身的了解，他们对日常生活中诸如死亡、做梦和昏迷等许多现象无法理解，人们在困惑中挣扎和探索，如，人在梦境中会遇见已死的祖先或朋友并与他们进行交流，人们在梦境里会到自己从未去过的地方漫游等无时不在困扰着人们，宗教正是在情况下，在人们的苦苦思索中诞生。恩格斯认为，原始人由于不知道自己身体的构造，并且受梦中景象的影响，于是就产生了一种观念——他们的思维和

---

① Kottak, Conrad P. (1997). *Anthropology: The Exploration of Human Diversity*, p. 336. New York: The McGraw-Hill Companies.

② Malinowski, B. (1948). *Magic, Science and Religion, and Other Essays*, p. 17. Garden City, N. Y.: Doubleday.

③ 何虎生，刘福军. 高校开展马克思主义宗教观教育的若干思考 [J]. 思想理论教育导刊, 2012 (11): 99.

感觉不是他们身体的活动，而是一种独特的、寓于这个身体之中而在人死亡时就离开身体的灵魂的活动；由于十分相似的原因，通过自然力的人格化，产生了最初的神。[①]泰勒认为，人们在企图解释做梦或昏迷等现象时确信人有两个灵魂，一个在白天活动，另一个则在人们睡眠或昏迷时活动。当其中一个灵魂离开人的身体时，人处于睡眠或昏迷状态，一旦两个灵魂都离开了身体，人便会死去。死是灵魂离开人体躯壳的结果。这便是我们的先祖，那些人类早期的思想家们苦苦思索之后得出的答案。"灵魂"（soul）一词源自拉丁语"anima"，泰勒把对灵魂的信仰称为"万物有灵论"或"泛灵论"（animism）。在他看来，万物有灵信仰是人类最早的宗教形态，即世界万物皆有灵魂。在此基础上，人类的宗教信仰才逐渐由多神信仰发展到今天占主流的一神信仰。他还认为，因为宗教起源于人们对无法理解现象的探索，因此，宗教会随着人类知识的增长而日趋衰落，并最终退出历史舞台。但几个世纪以来的实践却证明，随着人类社会的飞速发展，不但原有的宗教没有衰落，而且又有新的宗教信仰产生。

中国的许多乡村社会中至今仍然存在自然崇拜和鬼神信仰。生活于广西大桂山脉深处的土瑶人，生存环境十分恶劣，交通闭塞，与外界往来较少，他们在生活中遭遇难以理解或无法解决或无能为力的事情，往往求助于神灵的护佑。在土瑶山寨，每当家里有人久病不愈，或人们遇到石崩、树枝自然掉落或见到一些奇异的现象时，往往要请"师公"举行请神和送神仪式。举行仪式的人家要准备猪肉、线香、纸钱、水酒、大米等供品。祭坛一般设在正厅的"太翁"（祖先）神龛下方，用一竹簸箕盛祭品，一般摆一碗猪肉、一碗生米、三杯水酒、一杯清水，在猪肉、生米上各插三炷线香，之后，"师公"开始举行请神仪式。首先请天神、地神、水神和阳神，这四位神叫"功曹神"，再请家神，包括主家神龛中供奉的各位祖宗，再请外神，包括各庙的庙神。最后请"师公"的师父准许其施法。举行请神仪式主要是为了祈求各位神灵护佑家人安康、六畜兴旺。

土瑶人对龙神极为崇拜，每年的分龙节这一天，土瑶全寨都不出山上工，人们不戴斗笠，不挑水、不挑粪，不用刀斧和铁锄，也不洗衣。据说，这个节日与雨水有关，分龙节过后，雨水便开始分山头、分地片降落。这山头降暴雨，那山头可能会烈日当头。土瑶民间相传，如果违犯上述禁忌，就会触怒龙神，给人间带来灾祸。过了分龙节，人们不能用手指指彩虹，尤其是孕妇不能用手指落雨的方向，他们认为孕妇身上有"衰气"，如果孕妇指了龙神，她所在的地区便会连年遭受大旱。此外，土瑶人还祭拜雷神和风神。农历三月初一，是雷婆生子的日子，这天土瑶人也不上工。如果有人犯忌，就会引来雷电交加。正

[①] 中共中央马克思恩格斯列宁斯大林著作编译局编译. 马克思恩格斯选集 [M]. 第4卷，北京：人民出版社，2009：277.

月初十、二十日，也不能做工、用刀，不能在房前屋后大喊大叫。如犯忌，大风会掀瓦揭顶，造成灾难。正月初十是"去风"忌日，正月二十是"回风"忌日，相比之下，人们更怕犯忌"回风"。土瑶人至今还清楚地记得，1983 年龙船村有个叫黄苟德的人，他不信风忌，曾在"回风"忌日那天在门前用斧劈柴，那年七月中旬，山里刮大风，整个山寨的房屋安然无恙，而他家的房屋却被大风掀了顶。此事在土瑶山寨家喻户晓，妇孺皆知，人们也就更加不敢犯忌了。

在游牧于新疆伊犁地区喀喇峻草原上的哈萨克牧民中，自然崇拜十分普遍。如哈萨克黑宰部落至今仍信仰天神，人死一年之后，黑宰人要立竿杀马祭天，祈求灵魂升入天堂。此外，他们还有敬日、拜月、敬树、崇火、尚水、尚白等信仰习俗。下面一段有关哈萨克人敬日习俗的描述很好地说明了他们对大自然的崇拜：

在哈萨克语言中，"kün"既有"天"的含义，又有"太阳"的意思。这说明，在他们的观察中，"天"和"太阳"之间有着密切的联系。黑宰人甚至认为太阳是天之子，可见太阳在他们心目中的地位。黑宰先祖中有以"太阳汗"为号的统治者。例如，不古汉之子巴依布卡就被封为"太阳汗"，以显示他的地位，其目的主要是想借助于太阳神的威力震慑各部、维持其王权统治。在现今黑宰部落的牧居地，我们依然可看到不少其先祖崇日的遗迹。例如，在喀喇峻草原上，有不少坟茔的外形呈太阳形状。太阳形坟茔的外围还筑有一层用石块扎入地面的圆形护圈。另外，坟顶上的石堆也是圆形的。居高视之，很像光芒四射的太阳。再如，草原上较高的山上，一般都堆有太阳形的石堆"开勒塔斯"（ķêlitàs），凡到过此类山顶的人，大都自觉或不自觉地捡几块石块扔向"开勒塔斯"之上。这可能是黑宰先民古老的祭日习俗的遗风。黑宰部牧民立毡房时，也尽量使门朝向东方开启。如究其缘由，他们则说门朝太阳升起的地方开启，可以恭迎日出，这是祖上遗下的风俗。黑宰部民间有句谚语"好事自东方来"对此做了精确的概述。可以推测，黑宰先民由崇拜太阳神到祭拜日出，后逐渐演绎出崇尚东方的习俗。从山顶远眺，绿毯般的草原上，一簇簇白色的毡房大都驻扎成圆形，酷似一个个白色的圆点图案被刺绣在绿茵茵的底色之上。这种驻扎形式，是有其实用性的。据黑宰牧民讲，这样一来各户亲戚可以相互照应，二来羊群夜间在圈内休息，可以防贼盗羊。如果我们的推测不错的话，这应是古代黑宰先民太阳崇拜的变异，即由最初的纯太阳的崇拜，演变成今天这种形似太阳崇拜却有实用意义的驻扎形式。黑宰老人清晨喝马奶子时，先将一碗马奶子对着冉冉升起的太阳，双手举过头顶，敬奉太阳，然后才喝。这一习俗至今仍在喀喇峻草原上残留着。生活在喀拉达拉乡的黑宰部和阿勒班部的生活习俗和信仰习俗基本相同。但细心的观察者可能会在较为盛大的集会上发现：阿勒班的老年妇女一般只戴叫作"克依姆切克"（kiymxêk）的头巾，而黑宰部的老年妇女不仅要戴"克依姆切克"，而且在外层还要戴叫作"加吾勒克"（jawlek）的大头巾。即人们常说的"太阳"包头巾。如果究其渊源，必定与黑宰先民敬日习俗有关。[①]

二、玛那与禁忌

马雷特（Robert R. Marett）认为，以泰勒的万物有灵论来解释宗教的起源未免过于复杂。他提出了"泛生信仰"或"泛生论"（animatism）的观点。在泛生论看来，人类生活环境中的许多物体都是有生命的或具有某种特殊的、能与外界沟通的灵力。这些物体具有人的或超人的力量，但通常没有灵魂。他认为"泛生信仰"才是人类最早的宗教形式。[②] 与泰勒所说的万物有灵信仰相类似，南太平洋地区的新几内亚人及其邻近岛屿上的马来西亚人信仰"玛那"（mana），一种宇宙中神秘的超自然力量。玛那可以居于人、动物、植物等的体内。马来西亚人的玛那有点类似西方人所说的"幸运"（luck），他们把自己所取得的成就归功于玛那，带有玛那的东西能够改变一个人的运气。

尽管宗教信仰有很大的差异性，但对与玛那类似的自然力的信仰却遍布世界的各个角落。在马来西亚，一个人可以偶尔或通过努力获得玛那，而在波利尼西亚（Polynesia），玛那却不是每一个人都可以获得的，它通常易被政治人物获得，头人或贵族要比普通百姓拥有更多的玛那。附在头人体内的玛那会对普通人造成危害，甚至他接触过的任何东西都会被感染。因此，对波利尼西亚人来说，接触任何头人接触过的东西都是危险的。头人身上的玛那犹如电流一样，普通人碰到它就好像触电一般。因为头人拥有巨大的玛那，他们的身体以及他们的东西便成为"塔布"（taboo，根据拉德克利夫-布朗的研究，"taboo"一词来源于波利尼西亚语的"tabu"，意思是"禁止做的"或"被禁止的"，可以用于任何种类的禁忌），因此禁止平民与头人之间的接触。因为平民不能像头人那样承受大量的玛那，当人们不小心接触到头人或他的东西，就必须举行净化仪式，否则，他们可能会生病甚至死去。华莱士将玛那与塔布区别开来，指出玛那是

---

① 袁同凯. 新疆哈萨克族黑宰部落原始文化遗迹研究：以特克斯县喀拉达拉乡田野调查为主 [J]. 西北民族研究，1997（1）：25～55.

② 吴泽霖. 人类学词典 [M]. 上海：上海辞书出版社，1991：27.

可以接触的而塔布却是不可接触的，因为塔布的力量具有危害性。① 因此，那些曾接触过塔布的人便会成为塔布。受塔布感染的食物不能吃、塔布经过的地方不能去、具有塔布的动物不能杀，总之，一切与塔布有关的人或物均成为禁忌。如澳大利亚土著人不吃他自己部族的图腾动物，希伯来（the Hebrew）部落禁止触摸来月经的妇女等都是禁忌的典型例子。②

宗教的功能之一就是解释那些人们无法解释的现象。对神灵的信仰解释了人类死亡、昏迷以及做梦等现象。马来西亚人的玛那成功地解释了许多人们通常无法解释的现象。人们狩猎、作战失败或者园圃歉收，不是因为他们懒惰或无能，而是因为所有这一切都在超自然的玛那的控制之下。③ 波利尼西亚农民在园圃周围放些石头，如果庄稼长得好，那么说明这些石头具有玛那；在随后的几年里这些石头可能会失去玛那，庄稼也就自然歉收了。④ 在许多部落民族中都存在对类似于玛那灵力的信仰，尽管这些灵力各自有不同的名称，但它们与马来西亚人的玛那一样，都具有一种不寻常的力量。如美国和加拿大的阿尔衮琴人的“马尼图”、苏族印第安人的“瓦坎”、马达加斯加岛的“巴西纳”、非洲摩洛哥的“巴拉卡”、澳大利亚昆士兰卡比人的“曼古尔”等都是这种灵力。⑤ 在新疆喀喇峻草原上，哈萨克牧民的“吐玛”也有类似的灵力。根据马雷特的界定，“泛生信仰”是一种对超自然灵力的信仰。某种动物死后，其超凡的力量会永久地留存于它的某个部位。人们通过佩戴动物的这个部位，便可获得其超凡的灵力。狼和猫头鹰在喀喇峻草原上被视为凶猛和神奇的动物，具有超凡的力量。哈萨克牧民相信通过佩戴狼髀士（髀士是指动物后腿的大腿与小腿连接处的一块小骨）和猫头鹰的羽毛或利爪便可获得其神奇的力量。

三、神、鬼和祖先

如上所述，人类对超自然力的信仰一般分为两类，一类与人类没有渊源关系，如神灵（gods）、精灵（spirits）等；一类与人类有渊源关系，如鬼魂（ghosts）、祖先（ancestor spirits）等。人们相信，一些神是自生的，有些神是由其他的神创造或生育的。如在古希腊的神话传说中，天空之神乌拉诺斯（Uranus）娶了

---

① Wallace, Anthony F. C.（1966）. *Religion: An Anthropological View*, pp. 60-61. New York: Random House.

② Ember, Carol R. and Melvin Ember（1988）. *Cultural Anthropology*, p. 271. New Jersey: Prentice-Hall International, Inc..

③ Kottak, Conrad P.（1997）. *Anthropology: The Exploration of Human Diversity*, pp. 336-337. New York: The McGraw-Hill Companies.

④ Ember, Carol R. and Melvin Ember（1988）. *Cultural Anthropology*, p. 271. New Jersey: Prentice-Hall International, Inc..

⑤ 吴泽霖. 人类学词典 [M]. 上海：上海辞书出版社，1991：433.

大地之母盖亚（Gaea），生下大地神克洛诺斯（Cronus），克洛诺斯（Cronus）
娶了最高女神赫拉（Hera），又生了天神宙斯（Zeus）。在有些社会中，神灵有
明确的分工，如新西兰的毛利人有三个重要的神灵：海神、森林神和农业神。
毛利人依次祭拜和祈求这三位神灵，并试图使三位神灵共享他们有关宇宙运行
的知识。而古罗马的神灵的分工则更为细致，如播种、锄草、收获、储存、施
肥等每个农事环节都有主管的神灵。在神灵之下，常常还有许多与人们关系非
常密切的无名精灵。有些精灵保护人们而另一些却给人们带来灾祸。[1] 在一些
社会，人们普遍相信，在超自然界也有类似于人世间的社会阶层。神和精灵在
威望和权力上居于不同的地位。如太平洋上的帕捞群岛（the Palau Islands）是一
个阶层鲜明的社会，在岛民的心目中，神也和他们一样，有各自不同的地位。
每个氏族都崇拜与其氏族同名或类似氏族名称的神灵，尽管氏族神灵仅对于其
氏族成员来说是重要的，但村落中不同氏族神灵的地位级序与其氏族在村落中
的地位级序是一样的。因此，社会地位最高的氏族的神灵，会受到村落中所有
氏族的祭拜，其神龛不但被建在村落的中央空地，而且要比其他氏族的神龛大
得多，装修也精巧华丽得多。[2]

　　鬼魂和祖先都是由人转变的。鬼魂信仰在世界各地普遍存在，但有关鬼魂
的界定却没有统一的说法。但有一点各地的看法是相同的，即人死后变成鬼。
传统上，中国人认为鬼如果有了栖息之地，便不会变成危害家人或他人的恶鬼。
日本人类学者渡边欣雄对中国民间的鬼魂信仰进行过深入研究，他在《汉族的
民俗宗教》中曾对鬼魂的形象进行过描述：

> 　　鬼的样子与人基本相同。但是，鬼没有脚，也没有影子，没有体重，
> 走路时也没有声音。鬼还能变幻形象，能够隐身不见。这样的鬼出现时，
> 一般都是人世的夜间。人间之黑夜，在鬼所在的阴间则是白昼；人间之白
> 昼，在阴间则是黑夜。人世和阴间，正是这样相反的两个世界。即人间为
> 阳，鬼则相当于阴。人世间如此这般因阴气的不可知而感到害怕，与此同
> 时，鬼也害怕阳气旺盛的人的存在。[3]

　　在一些汉族百姓的观念中，鬼魂生活在阴曹地府，常常在夜间游离于人间，
寻觅食物或享用祭品。那些未尽"阳寿"而横死的人，其鬼魂往往会难以安宁。

　　① Ember，Carol R. and Melvin Ember（1988）. *Cultural Anthropology*，pp. 271-272. New Jersey：Prentice-Hall
International，Inc..
　　② Barnett，H. G.（1960）. *Being a Palauan*，pp. 79-85. New York：Hot，Rinehart & Winston. 另见：Ember，
Carol R. and Melvin Ember（1988）. *Cultural Anthropology*，p. 273. New Jersey：Prentice-Hall International，Inc.
　　③ 渡边欣雄著. 周星译. 汉族的民俗宗教 [M]. 天津：天津人民出版社，1998：113.

他们会寻找机会到人间来报复仇人。而活着的人为了避免他们的报复，则以祭品来取悦他们。因此，民间有祭鬼的习俗。据说，"恰如现世的乞丐依赖于人们的施舍一样，如果没有人义务性地为这些鬼提供生活资料，鬼就会危害人们的家庭"。[①] 居住在广西壮族自治区罗城县的仫佬人对于死有两种看法，他们将死分为"恶死"和"善死"，凡非正常死亡的"早死""伤死"及难产死都属"恶死"。因年老而自然死亡的属"善死"。仫佬人认为，人死后其灵魂还会存在，还会像活着的时候那样可以对人施加各种影响力。善死的人其鬼魂不会有害于人，而往往成为家仙，其名字可以列在祖宗的灵位上。而恶死的人其鬼魂则往往会徘徊于人间，给人们带来灾祸。为求得安宁，仫佬人在一些特殊的节日，如"七月半"，举行祭鬼仪式。他们端一碗白米饭来到村外，焚燃线香插在田埂上，将米饭抛向夜空。祭鬼的饭碗当夜不能拿回家，要倒扣在院子大门外的门框下，第二天才能取回，仫佬人称此为"撒鬼"。在喀喇峻草原上，牧民也相信鬼魂（jin）会殃祸家人。例如，黑宰人一般不会让幼婴单独留在家中，万一父母都要出门，又没有其他人在家照料幼婴时，他们就会在婴孩身下放一把剪刀之类的利器，以免鬼魂侵害幼婴。再如，黑宰人报丧时不下马，更不进别人的毡房。奔丧之后，也不到亲朋好友家去，否则，他们会生气。奔丧时乘骑的马匹，除走马外，不许拴在毡房的阴凉处，以免将鬼魂引入室内。另外，婚礼中新娘要披戴红色的盖头，障其面目。据说，这种"掩面"习俗也是他们躲避鬼魂的一种遗俗。[②] 关于鬼魂与人之间的亲疏关系，人类学界有不同的解释。武雅士（A. P. Wolf）、王斯福（Setphan Feucht Wang）、渡边欣雄等人对台湾民间宗教的研究认为，在传统中国民间的意识形态里，鬼是危险和有害的东西，人世间所有的疾病、事故等不幸都因鬼魂作祟而起。他们指出，鬼界是人世间的镜像，即神灵代表官宦，祖先代表宗族成员，鬼代表着危险的外人或陌生人。鬼魂就像人世间的盗贼或乞丐一般卑贱，绝不能将他们引入庭院或村落中来。但罗生布拉特（Paul C. Rosenblatt）、沃尔什（Robyn Walsh）和杰克逊（Doss Jackson）等人类学家认为，在大多数社会，鬼魂可能是近亲或朋友而不是陌生人。

祖先祭拜在许多社会中都存在，尤其是在中国。斯旺森（Guy E. Swanson）通过对 50 个不同社会的跨文化研究，发现在那些继嗣群起重要作用的社会里，祖先崇拜尤为突出。继嗣群的成员可能会相继去世，但继嗣群却不断地延续下去。但在这些社会中，死去的人并没有与其群体完全脱离，他们的鬼魂与活着

① 渡边欣雄著. 周星译. 汉族的民俗宗教 [M]. 天津：天津人民出版社，1998：122.
② 袁同凯. 新疆哈萨克族黑宰部落原始文化遗迹研究：以特克斯县喀拉达拉乡田野调查为主 [J]. 西北民族研究，1997（1）：35.

的人一样依然关怀着继嗣群的未来、声誉和发展。正如米德尔顿（John Middleton）描述的非洲乌干达北部的一位卢格巴拉（the lugbara）老人所说的那样："我们的祖先难道不属于我们的世系群吗？他们是我们的父亲，我们是他们的后代，那些死去的人就在我们家园附近，我们祭拜和敬仰他们。难道我们不该赡养我们的老人吗？"卢格巴拉人把祖先分为两大类，一类是那些已经记不清姓名的"a'bi"（祖先），他们被集体供奉在一个神龛里；一类是那些新近死去的、人们仍记得他们姓名的"ori"（鬼魂），每个鬼魂都有各自的神龛。一个父亲去世的人可以召唤鬼魂给氏族成员尤其是那些危害氏族团结的年轻人带来疾病或其他灾祸。[①] 在一些社会里，人们相信祖先"只要在人间不断享受香火的祭祀，就可以给人间带来利益和繁荣或者庇护"。[②] 关于祖先的界定，渡边欣雄认为，只有那些属于正常死亡或"寿终"的人才能成为祖先，而那些非正常死亡或横死的人以及与自己没有血缘关系的人，都不能成为享受祭祀的祖先。

祖先崇拜是宗教的重要内容之一。在流行祖先崇拜的社会中，使社会结构稳定的是世系群的稳定和延续，是形成于几个相关世系群基础之上的更大群体的稳定和延续。人们在敬奉祖先时，受到一个复杂情感体系的控制和激励，这些情感所关注的对象是世系群本身的过去、现在和未来，这种情感体系通过祖先崇拜仪式得到了具体表现。仪式的社会功能是明显的，即仪式赋予感情神圣统一的表现形式，从而修正和加强了社会稳定所依赖的情感体系。[③]

渡边欣雄认为，祖先神祇具有社会统合的象征意义。在以父权家长制为中心的社会里，祖先祭拜是其社会结构和社会组织的基础，起着维持家长权、财产权以及家族稳固的作用。在仫佬人社区，祖先崇拜极为普遍。在他们的意识中，祖先逝世之后，其灵魂就到阴间去了，灵魂在阴间的生活所需由其子孙供奉，一个没有人祭拜的灵魂就会变成流离失所、漂泊不定的孤魂野鬼。[④] 其祭祖方式可分为联宗祭祖和个体家庭祭祖两种。祭祖场所有家宅厅堂、祠堂和墓地。个体家庭祭祖主要在厅堂和墓地进行。银村仫佬人家家户户的厅堂内都设有"公太"（祖先）神龛，除逢年过节、喜庆之日要祭祖外，每月初一和十五都要焚香祭拜祖先。需要特别说明的是，仫佬人家厅堂内，不仅设有祖先之位，而且也设有天地神、土地神（财神）和灶君之神位，因而，一般情况下，在祭祖的同时，也就祭神了。只是供品稍有不同，供品及供桌的摆法有些差异而已。比如，仫佬人结婚时，在男方迎接新娘的迎亲队出发之前，要先拜祖先，后祭

---

① Ember, Carol R. and Melvin Ember（1988）. *Cultural Anthropology*, p. 272. New Jersey: Prentice-Hall International, Inc..

② 渡边欣雄著. 周星译. 汉族的民俗宗教［M］. 天津：天津人民出版社，1998：97.

③ 拉德克利夫-布朗著. 潘蛟等译. 原始社会的结构与功能［M］. 北京：中央民族大学出版社，1999：184.

④ 渡边欣雄著. 周星译. 汉族的民俗宗教［M］. 天津：天津人民出版社，1998：325.

神明。银村人信仰风水，讲究方位，他们的厅堂多为坐北朝南。在他们的观念中，东方为贵，即厅堂的右边为上。因此，基于此种观念，祭祀祖先时，酒杯必须要摆放在祭桌的右边。

　　每年农历七月初七至七月十四日是银村仫佬人和其祖先的阴魂相遇和交流的日子。七月初七的"接祖"和七月十四日的"送祖"，是其祭祖的重要仪式。他们笃信阴间的存在，从而举行特别仪式，以便和死者保持联系。① 在他们的观念中，子孙们如果定期祭祀祖先，祖先就能保佑子孙的繁荣。初七那天，各家杀鸡宰鸭，摆祭桌，奉供品，焚香烧纸，举行"接祖"仪式。此后一直到十四日，每天三餐饭前，均须以饭茶先敬奉祖先，然后才能进食。十四日那天，以鸡、鸭、鱼、肉、粽子等设盛餐，先祭拜祖先神位，然后大家尽情饭宴，名为"送祖"。祭宴之后，将香灰、纸钱灰包在芋头叶中，并在每包上插一炷香，由小孩送到河边将其放于水面漂流，是为送祖"下船"上路。

　　坟墓祭祀，也是仫佬人祖先祭祀的一种古老方式。墓祭多在清明或清明前后进行，同时也举行相应的家祭或祠祭。在仫佬人的心目中，清明节是阴间最为隆重的节庆，相当于人间的春节，因此祭祀礼仪也特别隆重。远居他乡的子孙，必须在清明祭墓前赶回故乡参与家人或族人扫墓祭祖的活动。清明那天，除各家个别祭墓外，凡同宗共祖的要凑钱买猪或猪肉，在祖坟前杀猪宰鸡，祭拜远祖老坟。祭仪之后，全族人要在墓前进行野餐。此时如遇过路人，无论是熟人还是陌生人，都要请来一同吃酒热闹。

　　祠祭在当代银村仫佬人社区已蔚然成风。随着改革开放政策的不断深化，仫佬人不仅起了新房，过上了康乐生活，而且还思想着改善生活于另一个世界的先祖的居所。银村"四冬"宗族于 1996 年集资数万元人民币重建宗族祠堂，以供族人奉祀先祖。银村"五冬"祠堂始建于清末，位于中石村小学附近。破"四旧"运动时期被拆毁，1998 年修复，1999 年立宗族先祖牌位。立牌位之前，先祭土地君，然后将祭桌掉转 360 度，面对祠堂大门，祭拜天地。祭品及祭桌的布置与家祭相同，无筷子、板凳。祭神之后，撤换祭品，举行祭祖仪式。各祠堂每天开一次大门，各"冬"集体祭祠的日期不尽相同。传统的祠祭日一般为每年清明前一天和农历七月十三日。银氏宗祠在银村起着重要的聚合作用。它是银氏子孙增强和保持认同的社会空间，是他们精神之庇护所，同时也是他们进行交流、获取信息的中心和银氏宗族的象征。

　　"七月半"是土瑶人最隆重的节日。前一天就要买猪肉、小鸭、大鱼、豆腐、大米、糍粑、水酒等食品，还要买香、红烛和冥币。"七月半"这天土瑶人不上工。清早起来就把房间院落打扫干净。在下午，各家各户杀鸡宰鸭，首先把鸡

───────────

① 王铭铭. 社区的历程 [M]. 天津：天津人民出版社，1997：397.

肉、鸭肉用开水焯过，先奉祖宗，后敬神祇。奉祖宗时，要在长条桌上摆放整鸡一只、猪肉一大块、酒杯五个，插九根香、两根红烛，摆一壶水酒。祭祀在正堂里举行。祭拜时要斟三次酒，每斟一次，要在祖宗牌位前拜三拜，第三次斟酒祭拜时，要手持冥币，冥币可以是三沓或五沓，须是单数。不放筷子。拜完后要烧冥币，在供品上绕一周，然后放在地上。绕纸币的同时，要在正堂里放鞭炮。之后再拜一次，然后一杯一杯地将酒浇洒在燃烧着的冥币上，但每只酒杯只浇洒一半，另一半要倒回酒壶里。这时，祭品可以收回厨房，祭祀仪式结束。

土瑶人不在清明这天扫墓，而是在清明与立夏之间的这段时间里扫墓。相传立夏之后，阴界就关了大门，再去祭拜就没有意义了。扫墓时只用猪肉，用半条猪肉盛在大海碗里，另备一碗米饭，一双筷子，三炷线香，一根红烛，三杯酒。酒要斟三巡，具体方法与祭祖相同，但燃放三挂爆竹。燃烧冥币时要边燃烧边口中念颂"我年年来拜你，保佑我们的人丁，我们养猪大，养鸡多，人丁天天、月月、年年健康"。最后在饭上放一小块猪肉，把饭放在纸币或树叶上，整个仪式结束。饭是不能带回家的。土瑶山区，家族也举行打醮仪式，一般是每十年举行一次。其目的是请在祖坟游荡的太公魂魄回到家里太公祭坛上，享受其子孙的供奉。土瑶社区中几乎每个家族都要举行打醮仪式，否则家族人丁不兴、六畜不旺。哪个家族办的场面大，在村里邻里中就会享有很高的社会地位和威望。

在某些社会里，关于人死后的概念是模糊不清的，而在另一些社会中却有着极其复杂的关于人死后的理念。如生活在乌干达西北部的卢格巴拉人相信人死后会加入祖先的群体，在庭院附近的某个地方活动。他们依然会关注人世间亲人的行为，可能会护佑也可能会惩罚活着的人们。美国西南部的祖尼人（the Zuni）认为，死者会到位于附近湖底的一个名叫卡特西纳（katcina）的阴间村落去生活。在那里他们过着载歌载舞的生活，为活着的祖尼人带来充沛的雨水。他们还会惩罚不称职的牧师和那些在舞蹈仪式中戴着面具装扮他们的人。查姆拉人（the Chamula）人将古代玛雅日月崇拜和西班牙统治者带来的耶稣和圣母玛利亚结合在一起。因此，他们对来生的看法也综合了两种不同的文化，所有的灵魂都会进入下界，除了不能有性生活之外，他们的生活与人世间没有什么区别。他们相信，太阳白天照耀人间，夜间普照下界，因此死去的人们也有阳光。只有杀人犯和自尽者才会受到惩罚：在他们进入下界的途中会被耶稣或太阳烤焦。许多基督徒确信，人死后分为两类：永远处于炼狱之中的未获得拯救的灵魂和升入天堂的获救灵魂。①

第二节　巫术信仰

人类与超自然力量的沟通方式多种多样。当人们确信他们的行为能够驱使超自然的力量按照他们的意图以某种特殊的方式发挥作用时，人类学家称这种信仰及其相关行为方式为巫术。巫术是人们为达到善意或恶意的目的而操纵超自然力的一种行为方式。许多社会中都有祈求庄稼收成、猎物供给、人畜平安的巫术仪式。根据弗雷泽（J. Frazer）在其名著《金枝》（*The Golden Bough*）中的论述，巫术主要基于两种思想基础。一种是"同类相生"或"结果相似于原因"；另一种是"凡接触过的事物在脱离接触后仍继续发生相互作用"。前者被称为"相似律"（law of similarity），后者被称为"接触律"（law of contact）。基于相似律的法术叫"顺势巫术"（sympathetic magic），基于接触律的叫"接触巫术"（contagious magic）。② 如果巫师想伤害或杀死某人，他会在代表受害者的木偶或布偶上施加法术。传统社会中人们用针尖戳刺"伏都玩偶"（voodoo dolls）即是典型顺势巫术的例子。实施接触巫术的人们则确信，通过对某人的指甲、头发、牙齿或曾经使用或接触过的狩猎工具、衣物等东西施法，便会伤害这个人。

顺势巫术还具有防治病痛的作用。黑宰人相信，围着别人转圈，对方的病痛、灾祸等就会传给自己。因此，他们忌讳围着别人转圈。基于这种信念，在孩子生病时，父亲会在自己脖子上缠一红色条带，围着孩子转圈，希望通过这种法术把孩子的病痛传到自己身上。缠红色条带，可能出于一种防范心理，即在接引孩子病痛的同时，自己也免受伤害。出于同样的想法，他们抓到飞鸟时，会在自己头上绕三圈，然后放飞，随着飞鸟升空，疾病、灾祸等也就随之而去。骆驼草生长于戈壁荒滩，在狂风暴沙中展示出极强的生命力。因而，黑宰人出远门之前，常在盘子里点燃一簇骆驼草，绕头三周。他们认为这样不仅可以防鬼驱魔，而且可以获得骆驼草坚韧的毅力和顽强的生命力。③ 根据顺势巫术的原则，人们还借助死人实施巫术，即用死人的尸骨或任何其他被死人感染过的东西来使别人变瞎、变聋或变哑。比如，在加勒拉里斯人中，当一位小伙子晚

① Ember, Carol R. and Melvin Ember（1988）. *Cultural Anthropology*, p. 275. New Jersey: Prentice-Hall International, Inc..

② M. 缪勒著. 金泽译. 比较神话学 [M]. 上海：上海文艺出版社，1989：3.

③ 袁同凯. 新疆哈萨克族黑宰部落原始文化遗迹研究：以特克斯县喀拉达拉乡田野调查为主 [J]. 西北民族研究，1997（1）：35～39.

上要去求爱时，他就要从坟里取来一把泥土扔向他情人的屋顶，泥土所落之处要正好是她父母卧室的上方。在他的想象中，这就能防止她父母在他与情人幽会时醒过来。因为从坟地里取来的泥土会使他们酣睡如死。在各个时代和许多地方，盗贼都曾把这种巫术作为自己的守护神，这在他们干盗窃勾当时太有用处了。如在爪哇，盗贼要带上坟土撒在他要偷的那家人房子周围以使全屋的人都陷入酣睡。在欧洲，有一种"神奇之手"也被认为具有同样的特性。那是一双已经枯干并被腌制过了的"绞死鬼"的手。如果用一个同样是死于断头台上的人的脂肪制成的蜡烛，点燃后放到作为烛台的"神奇之手"中，就会使所有在场的人失去知觉，如同死人一般丝毫不能动弹。同样塞尔维亚和保加利亚妇女如果因在家庭生活中备受限制而烦恼，她就取下盖在尸体眼睛上的铜币，用酒或水浸洗它们，然后把这种液体拿给丈夫喝，从此丈夫就会对她的各种小过失熟视无睹，如同眼睛上盖上了铜币的那个死人一样。①

对于非洲的阿赞德人（the Azande）来说，巫术是他们日常生活中的一部分。根据埃文思-普里查德（Evans-Pritchard）对阿赞德人巫术信仰的研究，巫术不是用来解释诸如违反了禁忌之类缘由显见的事，而是用于解释日常生活中许多人们无法解释的现象。如果一个人有一天在捕象时受伤，那么，一定是有人向他施展了法术，因为他在其他猎象活动中都没有受过伤。如果一个人夜间去啤酒棚屋，点燃茅草查看他的啤酒，但不慎引起火灾，那么，肯定有人施法，因为他和其他人曾千百次燃着火把在夜间查看都没有发生过火灾。有些人坐在壳仓的墙下纳凉，壳仓倒塌，砸伤了他们。人们确信是法术使壳仓在这些人纳凉时坍塌的，如果不是有人施了法术，为什么别人坐在壳仓下纳凉时，壳仓没有坍塌呢？② 阿赞德人正是基于这样的理念来对他们日常生活中所发生的许多难以理解的现象做出解释。

在许多乡民社会，疾病、死亡、意外事故等都需要解释。由于许多现象无法解释，人们只得求助于超自然力。巫术在偏远的土瑶山区十分盛行。人们由于远离都市文明，很少有机会接受外界的信息，世世代代都以其独有的方式生存着，对于生活中发生的一些突发事件，他们有自己的应变方法：对于他们没有十分把握的事往往求助于巫术。如果遇到早上起来眼皮跳、两条蛇缠绕在一起、小鸟死在路边、山上的石块自然崩塌、树枝被风吹断或自然断裂等他们无法解释的现象，他们都会向精通法术的"赛迭"（法师）求助。袁同凯在土瑶山区进行田野考察期间，曾多次目睹土瑶赛迭为求助的人们施法驱魔的场面。有

---

① 史宗主编. 金泽等译. 20世纪西方宗教人类学文选［M］. 上海：上海三联书店，1995：747.

② Evans-Pritchard, E. E. (1979). "Witchcraft Explains Unfortunate Events". In Lessa and Vogt, eds. , *Reader in Comparative Religion ：An Anthropological Approach*, 4th ed.. New York：Harper & Row, Pub. , pp. 362-366.

一天傍晚，袁同凯正与一位赛选在树下纳凉闲聊，此时来了一个男人，说他妹妹与妹夫近来一直不和，搞得整个家族都不得安宁。他想请赛选施展法术，让他们和好如初。那人带来一件他妹妹的衣服和他妹夫的一条裤子，还有两斤米。赛选将他们的衣物放在他家的太公祭桌上，点了九根线香，三根插在太公牌位上，三根插在那两斤米上，另外三根插在大门的门框上。然后他便在祭桌前的空地上边念咒语并向衣物施展了法术。之后，他捏了一小撮施了法术的米放在一个小塑料袋里，连同衣物一起装回大袋里，随后又捏了一撮米撒向大门外，同时将米上的线香也一同抛出门外敬鬼神。那人满意地提着袋子回去了，据说第二天那小两口就和好了。

生活于老挝北部山区的蓝靛瑶人（the Lanten）在遇到他们无力解决的问题时也往往求助于巫术。袁同凯在老挝北部的一个山寨做调查期间遇到过这样一件事：有一个在万象打工的蓝靛瑶女孩突然赶回山寨，她千里迢迢专程赶回家来只是为了请法师施法。她失恋了，所以她随身带了一张男友的照片，希望法师对这张照片施加法术，使男友回心转意。她对法师的法术充满信心，确信在法师施法之后不久，男友一定会重新回到她的身边。①

一些中国人的信仰中也可以看到"同类相生"这一原则的应用。人们相信一个城市的命运深受其城郭形状的影响，因此城镇的命运必然取决于与城镇形状最相似的东西的特性。据说，在很久以前，泉州府的城郭形状像一条鲤鱼，而相邻的永春县城的城郭形状则似渔网。于是，泉州城就经常成为永春县的掠夺对象，直到泉州城的居民们采纳了一个办法，即在城中心建起两座宝塔，才免除了这种厄运。因为这两座至今还高高耸立在泉州的宝塔阻止了想象中的渔网落下来网住想象中的鲤鱼，从而对这个城市的命运起到了最有效的影响。② 再如在香港没有一座大型建筑物不讲究风水。关于建筑物风水最为经典的故事，莫过于港岛中环的汇丰银行与中银大厦的"风水斗法"。据说香港的"龙脉"起自九龙半岛，穿过维多利亚港，上岸后直上太平山后在中环入海，汇丰总行就在入海口最为"聚财"的方向，是香港"藏金库"的位置。但1985年动工的中银大厦，就像一把三刃利剑，直冲云霄，其中一面刀刃正好指向汇丰银行，坏了汇丰的"风水"，劫了它的"财路"。为解除刀刃之"杀气"，化解厄运，汇丰颇有创意地在楼顶架起两门"大炮"，与中银形成"刀炮之战"。③ 一些现代人对数字很迷信。在民间信仰中，"2"与"易"，"3"与"生"，"6"与"禄"，"8"

---

① 袁同凯. 蓝靛瑶人及其学校教育——一个老挝北部山地族群的民族志研究 [M]. 北京：中国社会科学出版社，2014：250.

② 史宗主编. 金泽等译. 20世纪西方宗教人类学文选 [C]. 上海：上海三联书店，1995：750～751.

③彭琳. 香港金融圈的风水大斗法 [EB/OL] .http://finance. sina. com. cn/zl/international/20130716/11161 61 37830. shtml.

与"发","9"与"久"谐音，这些数字也受到一些现代人尤其是香港人和广东人的崇拜。如在香港最明显的例子是政府官方拍卖的车牌号码：1983 年，"3"号车牌的拍卖成交价为 103 万港元；1988 年，"8"号车牌的拍卖成交价为 500 万港元；1993 年，"2"号车牌的拍卖成交价为 950 万港元；1994 年，"9"号车牌的拍卖成交价为 1300 万港元。①

巫术的逻辑之一是做了某事便会诱发另一事的发生，这是一种积极的行为表现，其目的在于诱发欲求的事情。如近代哈萨克黑宰部落中仍有关于婴儿的脐带和胞衣脱离身体后依然与身体保持"交感"联系的信仰，这里"交感"是指物体与物体即使在相互脱离之后，仍可通过某种神秘的"媒介"远距离地相互作用。某人一生的祸福安危很可能与他的脐带或胞衣的处理有关。如果处理得好，他可能一生幸运；如果他的脐带或胞衣被抛于野地或被狗或其他动物损坏，他可能一生多灾多难。因此，婴儿出生后，黑宰人会非常关注脐带和胞衣的处理：在毡房前或炉灶下挖一深坑，将一枚羊髀士连同脐带和胞衣装入布袋内，一并埋入坑内。正如北美易洛魁印第安切罗基人（the Cherokee）为了使生下的孩子长大后成为好猎手，便将他的脐带吊在森林中的一棵树上一样，黑宰人为了使孩子将来能继承本民族的事业，便在其脐带和胞衣中夹放羊髀士。基于同样的原因，在萨摩亚，如果生的是女孩，要把她的脐带埋在构树下（构树皮可以用来制作桑皮土衣），以保证女孩长大以后能勤勉持家。如果生的是男孩，要把他的脐带抛入大海里，以使他能成为一个征服大海的渔民，或者把他的脐带埋在芋头地里，以赋予他耕耘庄稼的勤劳。② 在加罗林群岛，脐带被放入贝壳中，然后根据对孩子未来的职业规划做出适当的安排，这个职业是由父母选定的。例如，如果父母希望孩子日后成为一个爬树能手，他们就把脐带吊在树上。在切罗基人中，女孩的脐带掩埋于玉米地里，以便她长大后能成为一名出色的面包师。③ 在黑宰部落，如果一个妇女生下的婴孩夭折率高，其丈夫就会用利斧斩断象征婴儿脐带的东西（如毛绳等），确信其妻子日后所生的孩子就不会死了。他们认为孩子夭折是因脐带感染所引起的，而脐带感染则是剪脐带的工具不锋利或处理得不利落之故。

信仰接触巫术的人们确信，一度接触过的事物必将永远保持某种联系，在这样的交感关系中，无论其中哪一方发生了变化，都必将使另一方发生相似的变化。在世界各地，伤害一个人的脚印就能伤及其本人这样一种信念广为流传。

---

① 香港最牛车牌号大曝光，非官即贵［EB/OL］. http: //mt. sohu. com/20150319/n410035726. shtml.

② 玛格丽特·米德著. 周晓虹，李姚军，刘婧译. 萨摩亚人的成年——为西方文明所作的原始人类的青年心理研究［M］. 北京：商务印书馆，2008：31.

③ 史宗主编. 金泽等译. 20世纪西方宗教人类学文选［M］. 上海：上海三联书店，1995：753.

例如，澳大利亚南部的土著居民认为，只要将玻璃或骨头等锋利碎片置于一个人的脚印中，就可以使他跛足。在北非，脚印巫术有时也用于较好的目的，如妇女想要丈夫或情人不离开自己，就从他右脚脚印中取些泥土连同他的一些头发装到一个小袋里，然后把它挂在贴身之处。同样的信念还在世界上许多地方被猎人们用来捕获猎物。例如，德国猎手会把一颗取自棺材的钉子插入猎物刚留下的足迹中，认为这样就能防止它跑掉。①

综上所述，巫术是人们在无助的情况下，力求解决一些依靠他们自身力量无法解决的事情。巫术式的思维逻辑不仅存在于乡民社会，而且也流行于当代都市社会。在如香港等国际大都市里，也不乏占卜吉凶等巫术性质的活动。尽管人类已经步入高科技时代，但"科学的进步并不在于能解释更多的事物，而只是能够更系统化地解释一些更有限的事物"，② 因此，只要人类拥有的知识无法解释人们日常生活中遇到的所有疑虑和困惑，巫术式的思维逻辑就会继续存在下去。

第三节　宗教与巫术的社会功能

马克思主义宗教观认为，宗教既有积极的一面，也有消极的一面。我们应当在消解宗教的消极作用的同时，充分发挥宗教的积极作用。毛泽东、周恩来等中国共产党领导人本着实事求是的科学态度，曾积极肯定过宗教教义中的某些合理因素，这为我们全面、准确评价宗教的功能、作用提供了新的理论视野。如毛泽东认为，佛教教义的解脱思想和中国共产党消灭压迫制度、解除人民痛苦的宗旨有共同的地方，并指出有的佛经表达了劳动人民的愿望、思想。周恩来也明确肯定了宗教教义的某些积极作用，认为宗教教义的某些积极因素，对民族关系也可以起推动作用。邓小平曾高度评价宗教文化对增强国与国之间人民的友谊，维护国家周边地区和平的积极作用。因此，发掘宗教中的积极因素为建设社会主义服务，是顺应时代潮流、适应社会需求、符合人民利益和有利历史发展的。③

马林诺夫斯基指出，宗教之所以具有普遍性是因为宗教为安抚人们的焦躁不安和疑虑提供了理论依据，而这种焦躁不安和疑虑往往会给社会群体造成危

---

① 史宗主编. 金泽等译. 20世纪西方宗教人类学文选 [M]. 上海：上海三联书店，1995：755.
② 基辛（R. Keesing）著. 陈其南校订. 张恭启，于嘉云译. 文化人类学 [M]. 台北：巨流图书公司，2000：389.
③ 方立天. 论中国化马克思主义宗教观 [J]. 中国社会科学，2005（4）：44～46.

害。在他看来，死亡是造成人们焦躁不安的主要因素。宗教使人们确信死亡并不是生命的真正终结，而只是人生的一站，人死后还会以另一种形式存在。马克思也认为宗教具有心理慰藉功能。在他看来，"宗教作为一种世界观、价值观、人生观，教导人们把苦难归结为鬼神的作祟或者惩罚、把幸福感归结为鬼神的帮助或恩赐，使人们把希望寄托在超自然的报偿上，从而成为进行心理慰藉的总根据"。①詹姆斯（William James）、荣格（Carl G. Jung）、弗洛姆（Erich Fromm）以及马斯洛（Abraham H. Maslow）等心理学家把宗教看得更加乐观，他们认为宗教不仅是人们释放焦虑的一种方式，而且也是一种精神或心理疗理过程。詹姆斯认为，宗教为人们提供了一种超越自我而与某种神灵结合的感觉；荣格认为，宗教有助于人们解决内心的冲突；弗洛姆认为，宗教为人们建构价值观提供了依据；马斯洛提出，宗教为人们理解世界提供了一种超出人类经验的架构。所有的心理学理论均认为，无论宗教的起源或目的是什么，也无论宗教信仰或仪式怎样，宗教都具有满足人类共同的心理需求的作用。社会学的理论认为宗教源自于社会和社会需求。②著名社会学家涂尔干（E. Durkheim）指出，区分"神圣"（sacred）和"亵渎"（profane）的是社会而不是个体。事物本身并不神圣，因此，它必须具有象征意义。涂尔干认为，神圣的事物象征着社会认为神圣的社会事实。他以澳大利亚中部的一些部落图腾的象征用法为例来说明宗教象征社会的方式：人们以氏族为组织，每个氏族都有自己的图腾。图腾是氏族宗教仪式的核心，以象征氏族和氏族的神灵。他们赖以生存和依附的是氏族或作为整体的社会，左右他们行为和思维的也是社会。实际上，社会群体在很大程度上规范着个体的行为。我们在家庭、家族和社会中成长，根据一定的规范，社会制度对个体的行为施加着无形的压力。③

　　基辛在探讨人类宗教的作用时指出，首先，宗教能够回答诸如世界是怎么发生的、人类和自然物种及自然力之间如何相互作用、人类为什么死亡、做梦时为什么会遇到已死的亲人或朋友等问题。其次，宗教具有维持和巩固一个民族的道德和社会秩序的作用。祖先、神灵等能为人类遵守社会秩序等行为提供理由和意义。在复杂的阶层化社会体系中，宗教往往为统治者所用，以维系其社会地位和统治权势。最后，在人们遭遇焦虑和危机之时，宗教可以起到安抚

---

① 加润国. 马克思主义宗教观的奠基之作——马克思《〈黑格尔法哲学批判〉导言》的宗教观研究 [J]. 世界宗教研究，2014（6）：30.

② Ember, Carol R. and Melvin Ember（1988）. *Cultural Anthropology*, pp. 269-270. New Jersey: Prentice-Hall International，Inc..

③ Ember, Carol R. and Melvin Ember（1988）. *Cultural Anthropology*, pp. 270-271. New Jersey: Prentice-Hall International，Inc..

心理、获取安全感和生命意义的作用。①

　　所有的社会都有丧葬习俗，尽管人们对于人死后进入阴间的理解不尽相同，但丧葬仪式所起的作用在不同民族中几乎是相同的，即通过宗教专业人员一定的仪式性表演来减缓死者家人的悲伤与痛楚。在仫佬人社区，人死后举行超度仪式极为普遍，尤其是老人去世。死者家人一般会请 3～5 个师公为死者举行超度法事。法事的程序极为复杂，通常要持续两天三夜或三天四夜。其间，师公会不间断地咏唱经文，而死者的家人，无论男女老少都要坚持在场，听从师公的吩咐，参与法事活动。起初由于失去亲人的痛苦，家人会不顾邻里的安慰而号啕大哭，但随着法事活动的进行，他们会慢慢地接受亲人离去的现实，逐渐地恢复平静的心绪。因为师公在超度仪式中所渲染的不是与死的绝然对立，而是生与死、人与鬼、阳间与阴间的相互通达，其超度仪式中所强调的不是生的终结，而是生的起始；不是死亡与虚无的恒常固定，而是生命在嬗变流转中长存永续。正如仫佬人所信仰的那样，人生是周而复始、永生不息的。在仫佬人的认知体系中，生与死亡之间虽然有一条界线，但是这条线始终是处于混沌之中的，判不清，说不明。人们通过一定的仪式，可以逾越此界，进入另外一个世界。当一个人走完了一生，越过此界线便有可能重新踏上另一条新的生命征途。也就是说，人生的终结，并非恒久的绝灭，而是另一个世界中的存在，另一种形式的生存，或是再生的准备阶段，老一辈的生命在后代身上得以延续，生生死死组成一个又一个永无消歇的生命周圈。这也正是仫佬族人民对人生轮转及幽冥宇宙的朴质理解。人类学的研究表明，仪式的一个重要功能就是使人类能够在心理上、在生命过程中比较容易通过。任何人在极度悲伤时，其情感上都需要安慰、平定和弥补。因此，从某种意义上讲，仫佬族丧葬习俗中的超度仪式是消减人们内心悲痛、帮助人们度过生命中的困难阶段的镇痛剂，是维护社会稳定、保证社会正常运行的重要手段，这与人类学大师马林诺夫斯基的心理功能理解，即复杂的葬礼程序，包括哭泣，是人们借以摆脱死亡恐惧感的一种文化机制是不同的。马林诺斯基指出，葬礼为活着的人提供了消除心理恐惧的机会，同时丧葬仪式本身也使人们清楚地意识到死亡是一种自然现象。此外，至亲的死亡常常会扰乱一个人的社会关系，使其家庭关系、经济活动、情感交流以及其他许多曾经与死者生前的生活息息相关的事情因此发生某些微妙的变化。如果我们从社会而不是从个体的角度看这个问题，那么在一个其成员之间有着密切联系的社会里，尤其是在那些鸡犬之声相闻的小型社会里，任何一个人的死亡都可能产生波及整个社会结构的压力点。至于一个人的死到底会

---

　　① 基辛（R. Keesing）著. 陈其南校订. 张恭启，于嘉云译. 文化人类学 [M]. 台北：巨流图书公司，2000：383～384.

在多大程度上引起社会的不安，那就要看死者在这个社会里到底扮演了一个何等重要的角色。[①] 可以说，仫佬族丧葬习俗中的超度仪式不仅仅是种心理现象，而且也是社会的、文化的甚至是经济的活动。

正如有学者指出的那样：

> 宗教是一种文化机制，未解释的（unexplained）或者不可解释的（inexplainable）通过它变成可解释的。人们遇到很多"人文"科学不能恰当解释的自然现象和社会事物。不仅物种和环境的困难以及像不治之症和死亡一类的苦难，而且，由政治压迫和异化、社会不公、不平等和不安定、经济剥削、持久的贫困等等造成的社会和心理痛苦，促使人们借助所有各种人类知识来寻求解释。……当他们提出的问题最终使社会科学黔驴技穷时，他们转向上帝，以超越他们作为凡夫俗子的局限。其实，只有当一个人不能为自己的问题找到正确的答案的时候，他才会陷于绝望。只要他能找到一些理由，他就能忍受无论是多么严重的状况。[②]

科塔克指出，宗教和巫术不仅能解释人类许多的疑难问题，帮助人们完成自己的心愿，而且，宗教和巫术还将他们带入到奇妙的情感世界之中。换句话说，宗教和巫术不仅具有解释或认知功能，而且具有情感功能。如，超自然信仰和仪式能够减缓人们的焦虑，巫术技艺能够驱除超出人们控制范围内的疑虑。同样，宗教有助于人们面对死亡和忍受生活中的苦难。对此，马克思主义宗教观正确地指出："宗教能给人精神安慰，使人获得某种幸福感，但这种感觉是幻想的结果，是虚幻的现象，只能给人一时的安慰，不能解决实际问题"。[③]尽管所有的社会都有应对各类问题的方法，但还是有许多人们无法掌控的问题。根据马林诺夫斯基的研究，人们遇到危险和疑虑时更容易求助于巫术。他发现特罗布里恩德岛民在从事诸如到深海航行之类没有把握的活动时，才会举行巫术仪式。在他看来，宗教在人们面临危机时为人们提供了感情慰藉。他认为，宗教为人们应对诸如出生、青春期、婚姻、死亡等关键时期提供了安抚感情的方法。[④] 当代著名人类学家格尔茨（C. Geertz）在《作为文化体系的宗教》（*Religion as a Cultural System*）一文中也认为，人们"借助宗教内在的格调，来表达情

① 史宗主编. 金泽等译. 20世纪西方宗教人类学文选［M］. 上海：上海三联书店，1995：819.

② 渡边欣雄著. 周星译. 汉族的民俗宗教［M］. 天津：天津人民出版社，1998：395.

③ 加润国. 马克思主义宗教观的奠基之作——马克思《〈黑格尔法哲学批判〉导言》的宗教观研究［J］. 世界宗教研究，2014（6）：31.

④ Kottak，Conrad P.（1997）. *Anthropology: The Exploration of Human Diversity*，p. 338. New York：The McGraw-Hill Companies.

感——心情、情绪、激情、感情"，宗教向人们提供了理解世界的能力，使人们能够在感情的层次上来忍受现实生活中的苦难。[1] 但他也在《仪式与社会变迁：一个爪哇的例子》（*Ritual and Social Change: A Javanese Example*）一文中指出，在一个发生剧烈变迁的社会中，民间传统的丧失、文化和社会的分离以及人与人之间道德关系的削弱等文化颓废现象凸显，宗教仪式可能会成为导致社会分裂而不是社会整合，导致人格紊乱而不是心病治愈的因素。[2]

第四节　宗教与文化生态

自马林诺夫斯基之后，许多人类学家都认为宗教具有减轻人们焦躁和疑虑的功能。虽然人类学家还不能确认宗教是减轻人类焦躁和疑虑的唯一方法，或者个体或社会确实需要某种方法来减轻其焦躁和疑虑，但是某些宗教信仰与仪式似乎与文化生态有着直接关联。印度人崇拜瘤牛（zebu cattle），在印度佛教的教义中，明确规定禁止杀生，牛自然受到保护。西方经济学家常引用印度禁止杀牛的例子来说明宗教信仰对理性经济决策的阻碍作用。因为文化或宗教传统的影响，印度教徒似乎很不理性地忽略了极具营养价值的牛肉。经济学家还断言，印度人不懂得如何饲养适宜品种的牛，认为背部有隆肉的瘤牛不是适宜的品种，这种牛不像西方饲养的牛那样，肉和奶的产量都很高。他们认为，由于文化和传统的束缚，印度人选择了非理性的发展。[3] 但是，为什么这种信仰会流传下来呢？为什么印度人会让牛自由地四处走动而不屠杀它们？实际上，瘤牛在印度的生态体系中起着重要的调适作用。美国人类学家哈里斯（Marvin Harris）通过对印度宗教与文化生态的考察发现，印度人对牛的使用与其他民族不同。他指出，在印度不杀牛可能有极具说服力的经济理由。牛群为印度人提供了许多其他方式不能轻易获取的能源。同时，牛群四处自由觅食并没有对农业经济造成危害。牛群所提供的能源很多，第一，公牛对于印度的许多小型农场来说是耕田的畜力。印度人可以通过少量的奶牛生产所需的公牛，但为此他们得匀出一定量的农产品来饲养牛群。而现在他们却无须饲养牛群，尽管这样做母牛的生产量可能会大大下降，但牛群所生产的公牛仍够使用。第二，牛粪

① Geertz, Clifford（1973）. "Religion As a Cultural System". In *The Interpretation of Cultures*, p. 104. New York: Basic Books.

② Geertz, Clifford（1973）. "Ritual and Social Change: A Javanese Example". In *The Interpretation of Cultures*, pp. 163-164. New York: Basic Books.

③ Kottak, Conrad P.（1997）. *Anthropology: The Exploration of Human Diversity*, pp. 347-348. New York: The McGraw-Hill Companies.

是印度人基本的炊用燃料和农田肥料。据印度国家应用经济研究委员会估计，每年印度所消耗的牛粪相当于 4500 万吨煤。而且，燃用牛粪可以就地取材，无须任何运输费用。而木材之类的其他燃料在印度很少且价格昂贵。另外，大约有 340 亿吨的牛粪用作肥料，这对每年耕种三茬作物的印度精耕农业来说，显得尤为重要。第三，虽然印度人不吃牛肉，但自然死亡或被非印度教徒宰杀的牛肉可由低级种姓的民众食用，他们无须遵守高级种姓不吃牛肉的禁忌。第四，牛皮和牛角为印度的皮革工业提供了所需的原料。瘤牛不但无须人们提供饲料，而且还为人们提供了极其廉价的耕田牵引力、燃料和肥料，因此，宰杀瘤牛的禁忌因其适应性而得以存续至今。①

范贝克（W. van Beek）和班伽（P. Banga）曾描述过非洲西部的多贡人（the Dogon）对于环境知识的了解，尤其是他们对于周围林木资源的感知。在多贡人的观念中，丛林不仅是他们猎取小型动物、采食果实的地方，而且也是他们获取燃料及建筑和护栏材料的地方。此外，他们还可以从树上采集药材，用树叶作为农作物的肥料。在多贡人看来，丛林是精灵的居所，是危险的。同时丛林也是动物、岩石和树木的居所，这些东西是有生命的，具有巨大的力量因而也是可怕的。实际上，丛林是一切力量、知识和生命之源。丛林通过其药物效力和财富赋予人类生命，但如果人类不正确地对待丛林，赋予生命的丛林资源将会消耗殆尽。基于对丛林的这种理解，多贡人尽可能去砍伐树木的小枝杈，从不肆意浪费林木资源。在多贡人的日常生活中，砍伐一棵树木是件很严肃的事情，绝不是一个人所能决定的，砍伐前可能需要举行隆重的献祭仪式。

印第安人关于环境的基本认识就是一切事物都有生命和力量，都有灵魂、意识和人格。唐纳（A. Tanner）和斯科特（C. Scott）曾详细地描述过魁北克克里（the Cree）猎人关于人类与动物之间的互惠关系。克里人把他们猎捕的动物看作是群体的成员，他们与这些动物建立了长期的伙伴关系，并相互认可、互尽义务。礼物在人的社区（居所）和动物的领地（丛林）之间进行交换，即动物将它们自己作为食物赠给克里人，而克里人则以敬献炊烟等方式作为回报——从烟囱里飘出的袅袅炊烟将烧烤中的食物又带回了丛林。克里人的狩猎活动表明，捕杀行为是人类与动物之间在互惠或者平等条件下的一种交换。克里人把他们从环境中获取的力量以举行仪式或其他形式返还给环境，期望环

---

① Harris，Marvin（1966）．"The Cultural Ecology of India's Sacred Cattle"．*Current Anthropology*，7：51-63. 另参见：Ember，Carol R. and Melvin Ember（1988）．*Cultural Anthropology*，p. 283. New Jersey: Prentice-Hall International，Inc..

境会在未来继续为他们提供食物。①

　　在许多乡民社会，社区间的"夸富宴"（potlatch）多是为了宗教目的，尤其是为了祭拜祖先神灵。对于人类学家来说，宗教性的"夸富宴"还有其社会生态方面的意义。科塔克研究了贝齐寮人（the Betsileo）的宗教与生态关系。贝齐寮人认为：活人的居所是暂时性的，而死人的坟茔才是永久的居所。每年的收获是在 4 月和 5 月，人们会举行盛大的庆祝仪式。在仪式期间，贝齐寮人屠杀大量的牛，一小部分牛肉用于祭祀祖先，而大部分则由活着的人享用。祭祀完祖先后，人们再把祭品从祭坛上取下吃掉。在贝齐寮人的村落，没有集市，人们无处购买或交换肉类，而祭祀活动是人们能够享用到牛肉的唯一机会。在人烟稀少的贝齐寮村落，杀一头牛在短期内是吃不完的，而且也没有买卖牛肉的市场，人们只能通过到住在其他村落中的亲属家里参加祭祀仪式才能吃到牛肉。贝齐寮人在葬礼上也杀牛。同样，祖先只是仪式性地"享用"少量的牛肉而真正得到食物补充的是活着的人。这样，人们通过参加亲戚朋友及邻里家举行的葬礼，可以不断地获取蛋白质。值得指出的是，葬礼多集中在 11 月至 2 月，这期间正好是一年当中青黄不接的时期。因此，在贝齐寮文化的适应过程中，葬礼使那些缺粮的人们顺利地度过饥荒。现在，贝齐寮人的聚落早已扩大，也有了集市。仪式依然存在，但已不像以前那样常举行盛宴。在讨论贝齐寮人宗教的调适性功能时，我们常常会问：他们举行仪式时是否意识到这种潜在的调适性功能呢？回答是否定的。他们之所以保留了这些仪式是因为他们尊敬、纪念或慰藉他们的祖先、亲戚、姻亲和邻里。那些田地少的人，在青黄不接时期，成为葬礼上的常客。他们利用一系列的人际关系争取参加所有的葬礼和其他仪式。贝齐寮人的仪式不仅仅维系着社会的稳定，而且也在文化适应过程中起重要作用，如在饥荒季节向人们尤其是那些穷困者提供了生存的机会。②

　　以上案例，从不同的角度充分印证了马克思的宗教作用观，即"宗教具有多重社会功能和作用"。③

专业词汇

　　宗教　泛灵论或万物有灵论（animism）　泛生论或泛生信仰（animatism）

---

① Milton，Kay（1996）. *Environmentalism and Cultural Theory：Exploring the Role of Anthropology in Environmental Discourse*，pp. 119-120，128-129. London：Routledge. 另参见：袁同凯. 人类、文化与环境生态人类学的视角［J］. 第二西北民族学院学报，2008（5）：55～56.

② Kottak，Conrad P.（1997）. *Anthropology：The Exploration of Human Diversity*，pp. 348-349. New York：The McGraw-Hill Companies.

③ 加润国. 马克思主义宗教观的奠基之作——马克思《〈黑格尔法哲学批判〉导言》的宗教观研究［J］. 世界宗教研究，2014（6）：37.

玛那（mana）　塔布（taboo）　渡边欣雄　七月半　祭祖　坟墓祭祀　祠祭　玛雅文明　巫术　弗雷泽（J. Frazer）　《金枝》　顺势巫术（sympathetic magic）接触巫术（contagious magic）　伏都玩偶（voodoo dolls）阿赞德人（the Azandes）埃文思–普里查德（Evans-Pritchard）　交感　图腾　瘤牛崇拜　哈里斯（Marvin Harris）　夸富宴（potlatch）　贝齐寮人（the Betsileos）

思考题

1. 人类学家是如何界定宗教的？

2. 什么是"泛灵论"（animism）？根据泰勒（E. Tylor）的理论，人类宗教的发展经过了哪几个阶段？

3. 什么是"玛那"（mana）？"玛那"与"塔布"（taboo）有什么关系？

4. 在中国传统社会，祭祖主要有哪些方式？

5. 什么是巫术？它与宗教有什么区别？

6. 依据人类学家的研究，宗教与巫术的社会功能是什么？

7. 马林诺夫斯基指出，"宗教之所以具有普遍性是因为宗教为安抚人们的焦躁不安和疑虑提供了理论依据"，试论述。

8. 以你熟悉的某一仪式为例，试论述宗教或巫术在传统社会中的作用。

9. 有人认为宗教起源于人们对无法理解现象的探索，因此，宗教会随着人类知识的增长而日趋衰落，试论述。

10. 运用所学的人类学理论，试分析人类丧葬仪式的作用。

推荐阅读书目

1. 渡边欣雄著. 周星译. 汉族的民俗宗教 [M]. 天津：天津人民出版社，1998.

2. 金光亿. 现代背景下的宗教和仪式 [M]. 周星，王铭铭主编. 社会文化人类学讲演集. 天津：天津人民出版社，1997.

3. 菲奥纳·鲍伊著. 金泽，何其敏译. 宗教人类学导论 [M]. 北京：中国人民大学出版社，2004.

4. 史宗主编，金泽等译. 20 世纪西方宗教人类学文选 [M]. 上海：上海三联书店，1995.

5. M. 缪勒著. 金泽译. 比较神话学 [M]. 上海：上海文艺出版社，1989.

6. Wallace, Anthony F. C.（1966）. *Religion: An Anthropological View*. New York: Random House.

7. Wolf, A. P. ed.（1974）. *Religion and Ritual in Chinese Society*. Stanford: Stanford University Press.

第十章 族群与族群关系

自 20 世纪中叶开始，族群（ethnic group）及族群间的关系（ethnic relation）便成为社会－文化人类学研究的热点之一。当代人类学界关注族群和族群关系的主要原因是两者在许多社会里已经成为不可忽视的现象。20 世纪初期，许多社会理论家认为由于现代化、工业主义和个人主义的兴起，族群和民族主义这一社会现象会逐渐消退，并最终消失，而事实却恰恰相反。二战后，族群和民族主义在世界风云变幻中越加突出和重要。代表现代人问题的族群性（ethnicity）或族群意识或族群特性，更是"近年来使得许多人痛苦忧虑，造成社会矛盾、政治不安，以及国与国之间征战不休的关键问题"。[①] 东欧等地的社会与政治动荡均由族群之间的冲突而起。

第一节 族群与族群性

在人类学界，"族群"和"族群性"是一组颇为新鲜和有争议的概念。尽管目前有关"族群"和"族群性"的定义还不那么令人满意，但其中有些界定却值得我们借鉴和思考。这些界定对于我们正确地看待和分析族群这一复杂的社会现象，有着重要参考价值。

韦伯（Max Weber）曾给族群下过一个经典性的定义：如果那些人类的群体对他们的共同的世系抱有一种主观信念，或者是因为体质类型、文化的相似，或者是因为对殖民和移民的历史有共同的记忆，而这种信念对于非亲属社区关系的延续是至关重要的，那么，这种群体就被称为族群。[②] 这一定义的重要特点在于强调主观信念、记忆及假想的历史因素。

---

① 吴燕和撰. 袁同凯译. 族群意识、认同与文化 [J]. 广西民族学院学报，1998（3）：42.

② 即："those human groups that entertain a subjective belief in their common descent because of similarities of physical type or customs or both, or because of memories of colonization or migration; this belief must be important for the propagation of group formation; conversely, it does not matter whether or not an objective blood relationship exists." 原文见Weber, Max 1968(1922). *Economy and Society: An Outline of Interpretative Sociology*, New York: Bedminster Press, p. 289. 译文转引自：乔健. 族群关系与文化咨询 [M]. 周星，王铭铭主编. 社会文化人类学讲演集. 天津：天津人民出版社，1997：482.

巴斯（Fredrik Barth）认为，族群是那些由当事人自己归属（ascription）和认同（identification）的分类，具有形成族群之间互动（interaction）的特点。因此，研究族群的关键在于界定人群的族群边界（ethnic boundary），而不在于其文化因素。[①] 对于他来说，族群实际上也是社会实体，它们源于两两互动的群体之间的结构区分，如果没有互动，也就没有那种结构对抗或结构区分。[②] 在巴斯看来，族群并不是一个文化承载体，而是一种社会组织或实体。这个社会组织或实体主要由其"边界"来维持，族群成员便是通过这个边界来强化其内部凝聚力的。这个族群"边界"不一定是具体的地理边界，而往往是由各种符号所建构的"社会边界"。凯斯（Charles F. Keyes）在《族群适应与认同：泰国与缅甸接壤地区的克伦人》（*Ethnic Adaptation and Identity: The Karen on the Thai Frontier with Burma*，1979）中认为，族群这个概念习惯上是指享有同一种文化、讲同一种语言、从属于同一个社会的人。他指出，决定族群成员身份的时候，不是所分享的共同文化在起作用，而是当事人的归属和认同在起作用。[③] 詹金斯（Richard Jenkins）也认为族群虽然与文化和共享的意义相关，但同时也是社会互动的结果，而且他认为族群意识不是固定不变的。族群作为一种社会认同，既是集体性的也是个体性的，外显于社会互动，内化于个人的自我认同。[④]

霍尼戈（Emily Honig）在《中国人族群的创造：上海苏北人》（*Creating Chinese Ethnicity: Subei People in Shanghai*，1992）中分析了上海苏北人或江北人族群区分的基础，认为族群性强调族群之间文化上的差异，突出"吾人"与"他人"之别。还有一些学者则认为，族群性是"与生俱来的、靠生物遗传性而扩展的社会关系。这种关系是一个大社会里，有别于其他社会组织关系，但又和其他社会组织特性相伴而生的社会关系"。但吴燕和认为这个定义与非学术性的想法有着共同的缺点，即暗指族群之形成，一定得建立在遗传或血缘之基础上，而忽视以文化形成的族群基础，强调族群依据的"客观指标"（objective criteria）或与生俱来的"自变量"（independent variable），而忽视了族群性是主观经验的，

---

① 即："Ethnic groups are categories of ascription and identification by the actors themselves, and thus have the characteristics of organizing interaction between people…The critical focus of investigation becomes the ethnic boundary that defines the group, not the cultural stuff that it encloses". 原文见：Barth, F.（1969）. "Introduction". In Fredrik Barth, ed. , *Ethnic Groups and Boundaries: The Social Organization of Cultural Difference*, p. 10. Boston: Little, Brown and Company.

② 乔健. 族群关系与文化咨询 [M]. 周星，王铭铭主编. 社会文化人类学讲演集. 天津：天津人民出版社，1997：484.

③ 乔健. 族群关系与文化咨询 [M]. 周星，王铭铭主编. 社会文化人类学讲演集. 天津：天津人民出版社，1997：483.

④ Jenkins, Richard（1997）. *Rethinking Ethnicity: Arguments and Explorations*, pp. 13-14. Landon: Sage Publications.

是依情境而多变的。因此，族群性是族群之特性，是各族群之间相互区分的标志，强调"我群"与"他群"之间的对比。如近代台湾"本地人"与"外省人"之分，或广东、香港和夏威夷的"客家人"与"本地人"之分。①

人们往往会依据不同的情境对这种标志或对比做出不同的解释，因此，族群性是动态的、分层次的。如一个汉人，在国外他可能会说自己是中国人或中华民族，在国内他可能会说自己是汉人或汉族，而在汉人中他又可能会说他是广东人或福建人，等等。再如马来西亚华人族群内部也分为不同的层次。"福建人"（即闽南人）相对于广府人和其他方言群可能强调"福建人"认同，但在福建人中又进一步区分为永春人、安溪人等。即使在这个层面上，通过追溯具体的祖籍，一个福建安溪人可以认同为安溪湖邱人。②

对于"族群"与"民族"概念的界定与区分，国内外学者有许多不同的看法。已故著名人类学家林耀华认为："'族群'（ethnic group）专用于共处于同一社会（国家）中，以起源和文化认同为特征的族体，适用范围主要在一国之内；民族（nation）的定义即'民族国家'，适用范围主要为各国之间。"周大鸣认为，基于这种观点，我国的少数民族和汉族中的不同支系都可以称作族群，而在国家层面上，则可使用民族，也就是说，基于文化的多样性，可使用族群；而基于政治的同一性，则最好使用民族这个概念。台湾著名学者王明珂主张"以民族对应于 Ethos，以'族群'对应于社会人类学家所称的 Ethnic groups"。他认为，"族群指一个族群体系中所有层次的族群单位（如汉族、客家人、华裔美人）；民族则指族群体系中主要的或最大范畴的单位（如汉族、大和民族、蒙古族等）"。而美国人类学家郝瑞则认为，民族的中文概念无法转译为英文，在英文中索性直接使用中文音译"Minzu"。中山大学人类学名师周大鸣也主张用"Minzu"表示中国法定的 56 个民族，而族群作为一个学术词汇，可以涵盖民族和次级群体，如藏族中的康巴、安多人；汉族中的客家、广府人等。③ 南京大学人类学名师范可则认为，与其在这类问题上继续争论，还不如寻求中西文术语上的某种"对位"（counterpoint）来得更具实效性，而且也有助于将注意力转到更为实质性的研究上来。他举例说，如果在行文中直接用汉语"民族"一词的拼音，括号中则是相应的英文术语；或在首次出现时加脚注说明。我们可以据此知道有关学者在这类问题上的见解。④ 鉴于此，范可教授认为，"理解和具体定义族群离不开这么几个要素：认同、互动、外在政治语境。无论从西文 ethnic 的字源或现

① 吴燕和撰. 袁同凯译. 族群意识、认同与文化 [J]. 广西民族学院学报，1998（3）：42～44.
② Lee Kam Hing, Tan Chee-Beng, ed.（2000）. *The Chinese in Malaysia*. Malaysia: Oxford University Press.
③ 周大鸣. 前言 [M]. 周大鸣主编. 中国的族群与族群关系. 南宁：广西民族出版社，2002：7～8.
④ 范可. 他我之间：人类学语境里的"异"与"同" [M]. 北京：中国社会科学出版社，2012：85.

实政治来看，西文里的族群指的一定是特定范围内那些在人口和国家政治上处于绝对劣势的非主体民族。从而，族群一词在西文里本身就带有政治意涵或某种有压迫感的次文本含义。在中文里则不一定，我们可以说客家人或潮汕人是族群，但这与视他们为 ethnic groups 就不一样。客家人由于其特殊的历史境遇，称之为 ethnic groups 尚可。但如果考虑到该西文术语有政治意涵，他们是否愿被如此称呼也未可知。所以，族群概念在操作上有具体与一般之别。可是在西文里，即使一般的泛指，'族群'也永远象征着政治弱势、社会边缘、文化迥异。"①

第二节 族群认同与文化认同

在任何文化中，族群成员因他们共同的历史背景，共享一定的信仰、价值、习俗和规范。他们会因不同的文化特征将自己归属于不同的群体。这些差异基于语言、宗教、历史经历、地理分布及亲属制度等。族群的标志可能会包括族体名称、共同传承的信仰、对特定区域的附属等。伊斯曼（Milton Esman）把族群认同定义为："个体认为自己属于某一族裔群体成员的一套意义体系，包括使他们成为群体一员并使他们有别于周围环境中其他群体的那些特征"。② 不同的族群对于文化的参与程度是不同的。即使是同一个国家的民族，除共享某些文化外，还有各种次一级的文化认同。也就是说，"族群认同是多种认同形式中的一种，它以族群文化特质为基础，用以区别我群与他群，是同他族他群交往过程中对内的异中求同及对外的同中求异的过程"。③ 同时，"族群认同的建构也并非单一因素促成，其主观意识与情感归属是在个人与群体的社会化过程中逐渐形成，并受到各种内外因素的影响。随着社会环境的变化，族群用于表达其主观认同的文化要素也在随之改变，而迁徙经历、族群互动、代际更替、资源配置、社会阶层、民族主义及国家建设等因素则直接或间接地影响群体自我意识、族群边界的彰显与隐匿，及其行动策略之选择。换言之，族群的情感归属与理性选择同时存在于认同建构的过程中，并依据环境的不同或有所侧重、或相互交织、或两相矛盾，甚至体现出不确定之性质。"④ 如在族群研究领域颇有建树的青年人类学者段颖在研究泰国华人的认同问题时发现，特殊的历史背景赋予泰国华人群体复杂、多元的认同倾向：首先，他们更愿意认同自己为汉人

① 范可. 他我之间：人类学语境里的"异"与"同"[M]. 北京：中国社会科学出版社，2012：89.
② 王剑锋. 族群冲突与治理：基于冷战后国际政治的视角[M]. 北京：社会科学文献出版社，2014：7.
③ 周建新. 中越中老跨国民族及其族群关系研究[M]. 北京：民族出版社，2002：284.
④ 段颖. 泰国北部的云南人：族群形成、文化适应与历史变迁[M]. 北京：社会科学文献出版社，2012：23.

（华人），珍视华文教育，视之为安身立命之本，同时重视"云南文化传统"的传承与发展；其次，他们也积极宣称效忠泰皇；最后，他们是原国民党军队的后裔，与中国台湾地区多年来关系密切，包括中国台湾当局在经济、教育方面对他们的资助，也都在影响着他们的族群认同。①

在巴斯之前，人们认为族群具有某种文化特征，是一个文化实体，即主要以文化作为区分族群的主要标志。但自巴斯有关族群的文章发表之后，这种僵死的、静态的观点受到巨大的挑战。学者们开始把研究的重点聚焦于族群边界上，而不再强调共同的文化与族群标志。巴斯的研究可视为族群研究的分水岭，他认为族群是一个社会组织，强调人们是如何自发组织成为一个族群的。他首创了"族群边界"（ethnic boundary）这个术语，特指意识上的边界的重要意义。许多因素都可以成为区分族群的边界，但人们常常用文化作为族群的边界。

族群认同不是固定的、有模式的。莫曼（Michael Moerman）在《谁是泐人？》（Who are the Lue?）中指出："族群在个人、集体和区域上是暂时的，人们会变更自己的认同"，也就是说，族群的认同是会依据情境变化的。同时，莫曼还认为族群认同是主观认同（subjective identification），而不是客观认同（objective identification）。他主张在研究族群认同时，应强调其主观认同。在他看来，泐人就是那些自我认同为泐人的人。② 在我国，贵州的青衣汉人的族群认同即是如此。国家在民族识别时将他们确认为汉族，但他们自己认为他们与汉人不同，他们是青衣汉人。四川大凉山的诺苏人也是如此，国家把他们划归藏族，但部分诺苏人却认同自己为彝族。过去一种流行的观点认为，族群是一群有共同语言、血缘与文化关系的人群，这个观点现在已经受到质疑。在新的族群研究中，我们开始考虑一个人或一群人为什么要宣称某族群认同，尤其要考虑他们与现实资源之间的关系。需要特别注意的是，族群认同所依据的祖源不一定是历史事实，也可能是共同的"历史记忆与想象"。

马来西亚籍华裔人类学家陈志明（Tan，Chee-Beng）在马来西亚做过大量的田野调查，对马来西亚华人的族群认同、文化认同和国家认同等方面进行过创建性的研究。在族群研究方面，他主张应把族群认同与文化认同区分开来，具有相同文化认同的族群不一定相互认同为同一族群，而文化相异的族群也可能认同为同一族群。如马来西亚沙捞越的比达友人（the Bidayuh）和达雅人（the Dayak）使用不同的语言，却认同为同一个族群。③ 根据陈志明的研究，马来西

① 段颖. 泰国北部的云南人：族群形成、文化适应与历史变迁 [M]. 北京：社会科学文献出版社，2012：23～24.

② 巫达. 族群性与族群认同建构——四川尔苏人的民族志研究 [M]. 北京：民族出版社，2010：26.

③ Tan Chee-Beng（2000）. "Ethnic Identity and National Identities: Some Examples from Malaysia". *Identities*, 6（4）：459-460.

亚的峇峇人（the Baba）虽然失去了华人语言，但他们依旧强烈地认同为华人。峇峇人以强调某些华人传统来表述他们的文化认同。如今许多马六甲的峇峇人以旧式的（时间可以回溯到 19 世纪）华人婚礼为荣，一些富有的人家仍然想用这种方式结婚。虽然他们不认识汉字，许多峇峇人仍然在他们家里展示汉字，比如在大门口张贴汉字对联。① 莫曼（M. Moerman）也认为，具有相同文化的族群，可以认同为不同的族群，文化认同与族群认同是两码事。不同文化的族群，也可能认同为同一族群。因此，主观认同是族群认同的一个重要方面，但我们也不能忽视客观原因，如国家的认定等。又如，东裕固人和西裕固人在语言上属于不同的语系，但他们却认同为同一个族体；土瑶人和过山瑶人同属瑶族的一个支系，他们在语言、文化上基本相同，但他们却有着不同的族群认同。如土瑶人是这样区分自己与过山瑶人和其他族群的：

> 我们虽然是瑶族的一个支系，但我们有自己的文化传统，有些人统称我们是瑶人，但我们与其他瑶族有很大的区别，我们有我们的特点。我认为我们土瑶人非常老实，讲话也比较和气，不像过山瑶讲话就像骂人，我不喜欢被外人看成与他们是同类人。他们讲话粗鲁，常带口头禅，稍不顺从他们，就会张口骂人。
>
> 我们土瑶人与外人有明显区别。比如在集市上看到一些人在吃饭，判断哪个是土瑶，只要看他喝酒的样子就可知道。土瑶人会专心地喝酒，而不会去关注周围的事情。如果是妇女，看哪个吃得最快，就一定是土瑶人，一是她们习惯快吃，二是因为她们要赶时间进山回家。②

在族群认同方面，有"原生性"（primordialist）理论和"功利性"（instrumentalist）理论之分。原生性理论认为族群认同主要源于一个人在其群体中所获得的血缘、语言、宗教、习俗等既定禀赋，但是，原生论者并不强调这些既定的客观因素在族群认同方面的决定性而重视主观的文化因素。如一个中国人自称是"炎黄子孙"，并非说他真的是炎帝、黄帝的后代，而是他主观上认为如此；一个在现代大城市长大的蒙古族人不会说蒙古语可他仍然是蒙古族。③也就是说，原生性理论认为族群认同是天生的，是人们发自内心的一种强烈愿望，是一种情感，一种内在的欲望。功利性理论强调族群认同往往会以情境的

---

① 陈志明撰. 巫达译. 涵化、族群性与华裔 [M]. 郝时远主编. 海外华人研究论文集. 北京：中国社会科学出版社，2002.

② 袁同凯. 走进竹篱教室——土瑶学校教育的民族志研究 [M]. 天津：天津人民出版社，2004：300.

③ 周大鸣. 前言 [M]. 周大鸣主编. 中国的族群与族群关系. 南宁：广西民族出版社，2002：13.

变化而变化。周大鸣教授曾对此做过生动的描述：

> 如一个香港的上海人，可能自称上海人、香港人、汉人、中国人。每
> 一个自称都让他与一群人结为一个族群，但用什么自称，要视场合来定。
> 原则上，当我们与人交往时，会用最小的共同认同来增加彼此最大的凝聚。
> 如这个人在美国遇到香港上海老乡时，若说"我们都是中国人"，这就见外
> 了；说"我们都是香港的上海人"，这时两人间的距离才可拉得最近。如果
> 换一个场所，同时有香港人、台湾人、大陆人在场，说"我们都是中国人"
> 便能恰当地拉近彼此的距离。①

此外，功利论者认为国家权威在族群认同方面起着重要作用，强调政治权
力是如何影响族群认同的。需要特别说明的是，原生论和功利论都会因为过于
强调其自身侧重的族群特性与研究策略而忽略其他维度的探讨。如原生论可能
因为过于强调情感而认为族群性"与生俱来"，从而忽略社会化中内外因素对族
群情感的不同影响及作用；与之相反，功利论则因受环境、情境决定论之影响，
而较少考虑族群性乃至人类行为的情感与习惯。②

在一个复杂的社会中，人们不断地在变更自己的社会认同，每个人都戴着
不同的面具。"身份"（status）这个词可以被用来指代这一面具，即决定我们在
社会中的适当位置。社会地位包括父母、教授、学生、工人、民主党派、族群
成员等等。一个人可以有多重身份，如西班牙人、天主教徒、婴儿、弟弟等。
在我们的身份中，有些身份在特定场合中占主导地位，如在家是儿子或女儿，
在教室却是学生。有些身份是归属性（ascribed status）的，即诸如性别、年龄
或出生的家境等个人无法改变的社会地位。有些身份是获致性（achieved status）
的，即不是靠世系继承而是凭自己的努力、能力和取得的成就而获得的社会地
位。在许多社会，获致/归属身份与社会—政治阶层相关。如在一个国家里，有
些族群被称为劣势或少数群体（minority groups），处于从属地位。与主体群体
（majority groups）相比，其在政治、经济等方面均处于劣势境地。这里所说的
少数，并不绝对意味着其人数少于主体群体。南非的黑人在人数上占多数，但
就收入、权威和权力而言，他们却是劣势族体。有时身份尤其是归属身份是相
互排斥的。我们很难抹去黑人和白人或男女之间的差异。但有时身份又是相互
兼容的，一个人可以既是黑人又是西班牙人，或者既是一个母亲又是一个参议

---

① 周大鸣. 前言 [M]. 周大鸣主编. 中国的族群与族群关系. 南宁：广西民族出版社，2002：13.
② 陈志明. 马来西亚华人认同 [J]. 广西民族学院学报，1998（4）：18～19. 段颖. 泰国北部的云南人：
族群形成、文化适应与历史变迁 [M]. 北京：社会科学文献出版社，2012：20.

员，只是因情境而异。此即人们常说的"社会身份的情境调适"（situational negotiation of social identity）。①

第三节 族群主观认同、族属客观标示与族群认同变迁

有学者认为，"由于'族群'是由血统、遗传决定的，任何人都不能自由选择，但'文化'则是可以选择与改变的，所以文化认同比族群认同更为复杂"。② 但在像中国这样一个多民族的国家，某些边缘"族群"并不是基于血统和遗传而形成的，而是在长期历史发展过程与情境中逐步建构起来的，是人们现实生存抉择的产物。例如，广西壮族自治区融水县大苗山是苗族世代聚居的地区，在历史上的动乱时期，有不少汉族、侗族、壮族为避难迁入，他们在新的族群关系中，为了争取生存资源，逐渐遗忘了母居地的祖源与语言以适应新的族群环境、获得新的族群认同，从而造成语言、基因与历史记忆的断裂。③ 因此，在特定的历史条件和情境下，由血缘、遗传决定的"族群"同样可以选择与改变，而过去那种仅以共同语言、血缘与文化关系来界定"民族"或"族群"的观点是值得商榷的。但是，需要特别指出的是，这部分在族属上认同苗族的群体，在民间依然保留着对其原属族体的认同。由于缺乏文献记载，他们只能凭借"历史记忆与想象"来追溯其"族源"，并通过其迁徙史与部分特有的族群文化来强化这一认同。

过去人们认为那些自我认同为同一个"族群"的人往往具有血缘关系，而忽视了人们面对生存和资源问题时"社会历史记忆"在凝聚族群认同和塑造新的族群认同方面的影响作用。依照韦伯的族群界定，族群自我认同在很大程度上依赖于"历史记忆与想象"。正如台湾人类学家王明珂所言：

> 以想象与建构的"过去"来说，真实的"移民"常常是历史失忆与认同变迁的温床；在新的族群关系中，母居地的祖源与语言被遗忘以适应新的族群认同。或者"迁徙"成为一种可假借、想象的祖源记忆，让个人或人群获得新的族群认同。无论在哪一种情况下，都可能造成语言、基因与

---

① Kottak，Conrad P.（1997）．*Anthropology*：*The Exploration of Human Diversity*，pp. 50-53. New York：The McGraw-Hill Companies.

② 符懋濂．族群认同、文化认同和国家认同［EB/OL］．http：//www. zaobao. com/zaobao/chinese/region/singapore/pages/singapore_chinese211299a. html.

③ 王明珂．"起源"的魔力及相关探讨［M］．语言暨语言学. 台北："中央研究院"语言学研究所筹备处，2001：261～267.

历史记忆间的断裂与分歧。①

此外，王明珂在《集体历史记忆与族群认同》一文中另有精辟分析：由于族群是以共同历史记忆来凝聚的，因此族群认同变迁也是以凝聚新集体历史记忆与遗忘旧记忆来达成的。这种健忘情形"经常由于不刻意保存文献及有关文物，或由于口头传承的扭曲与间断所致，而其根本原因经常是现实环境变迁导致的人群认同变迁"。②　例如，最先迁入融水县红水乡定居的是苗族的贾姓和滚姓，在以后的数百年中，又有其他姓氏的族群相继迁入，这些姓氏的先祖实际上是侗族、壮族和汉族。各民族在长期的生产劳动中，相互往来，在生活和生产中相互交流，共同抵御外来的侵扰，生死相扶，相互通婚，不断融合。由于人口稀少等原因，侗、壮、汉等外族与当地苗族通婚后都变成了苗族。正如当地流行的俗话所说："讨苗女、讲苗语、穿苗衣、变苗人。"促成这些民族的融合，国家的意志和民族政策也起到了一定的催化作用。如新中国成立后，国家在生育、教育、经济等方面对少数民族的优惠政策在很大程度上加速了当地汉人融入苗族的进程。那些嫁或娶苗人的汉人，大都成为苗人，尤其是他们的子女，在族属上均归属了苗族。但是，当这些"苗人"在追溯自己的祖先时，仍在一定程度上认同自己原先的族属。从政府的统计资料看，红水村的居民的民族成分都是苗族，但是在民间人们却依然在主观上认同其先祖的族属。如在红水乡就有这样一个传说：红水村上屯原先是一个侗族山寨，由于在红水乡侗族人口少，他们不得不与周邻的苗民交往、通婚，致使许多侗族的风俗习惯，包括语言都逐渐地发生了变化，"苗化"现象十分严重，这使寨子里的老人们感到非常担忧。他们希望拯救即将消失的民族语言。有一年，寨老召集全寨乡亲到红水河边，按侗族的传统宰杀了一头牛，举行祭祖仪式，并要求大家以后不许再讲苗话。聚餐之后，大家开始一边说着侗语一边往寨里走。趟过小河后，寨老发现自己把盛牛憋（牛憋是大苗山苗民非常喜爱的一道地方风味菜肴）的竹筒（苗家人经常用来装米饭）忘在河对岸了。于是他便大声叫仍未过河的人把他的竹筒带过来，但由于早已习惯了讲苗语，他在刚刚宣布禁说苗语后不久，却又大声用苗语喊道："我忘记拿装牛憋的竹筒了，你帮我拿过来"。后来，同村人调侃说，我们刚刚吃完牛憋，宣布不再讲苗语，但是召集我们来并宣布不准讲苗语的寨老却第一个又讲苗语，看来我们要想恢复侗语已经不可能了，干脆还是继续讲苗语吧。从这个故事中我们可以看出，如民族语言之类的文化元

---

① 王明珂."起源"的魔力及相关探讨 [M]．语言暨语言学. 台北：中央研究院语言学研究所筹备处，2001：261～267.

② 王明珂. 集体历史记忆与族群认同 [J]．当代，1993（91）：7～15.

素随着民族的交流与融合，有些被慢慢地同化，有些甚至可能会消失殆尽。

再如，红水乡天友中屯有韦姓和门姓两大家族，2005 年该村共有 85 户、454 人，在官方的族体识别上他们都是苗族。虽然他们在语言、饮食、服饰以及其他方面与周边的苗族基本相同，但在族群的主观认同上，无论韦氏还是门氏都认同自己是壮族，并认定自己的祖先是从贵州首府贵阳迁来的。在他们自己看来，他们与周边的苗人在风俗习惯上是有差异的，如丧葬习俗。另外，周边苗人过的一些传统节日，如新米节，他们是不过的。在他们看来，与他们相隔不远的尧良村的人才是真正的苗民。在生活习惯上，尧良村的苗民与他们有一些差别。如尧良村的苗民在平日里做饭放锅时，锅的"耳朵"必须要顺着阁楼的楼板，而上屯、中屯和下屯村的苗民则是顺着房屋的横梁。只有当家里死人时，前者才将锅的"耳朵"顺着横梁，而后者也才将锅的"耳朵"顺着楼板。

尧良村的苗民在送葬时，放在棺木里的糯米饭是由死者的堂兄弟用竹背篓背到墓地去的。背篓的带子要勒在脑门前。而上屯、中屯和下屯村的人在送葬时，饭是由死者的直系亲属用竹篓挎在手臂上。由于习俗不同，尧良村的人绝对不会吃上屯、中屯或下屯村的人挎在手臂上的竹篓里的饭，因为那是送给死人吃的；同样，后者也不会吃尧良村人用背篓背的饭菜。

人们往往会依据不同的情境对族群认同做出不同的解释，因此，族群认同是因情境而变化的动态过程。上述那些族属标示为苗族的例子说明，单凭血统而产生的认同只是族群认同的一种形式而已。当一个族群面临生存危机或面对生存资源选择时，人们可能会做出有利于自己族体存续的抉择，其族属亦可能发生变化。正如关凯所言，"社会竞争的需要及个体与族群的应对策略，是族群建构的根本动力"，这正印证了资源竞争理论的观点，即在一定的社会条件下，人们会以族群为单位组织起来在社会系统内争夺各种资源，从而建构起来族群之间的社会边界。[①]彝族人类学者巫达曾经研究过"凉山汉家"（即被卖入凉山的汉根奴隶）的族群认同问题。他的调查发现，"凉山汉家"已经"彝化"，多数跟从他们主子的姓，报的民族成分也都是彝族。自从 1958 年民主改革后，他们获得了人身自由。他们对于族群的认同是双重的，一方面，他们已经认同为彝族，彝族和当地汉族也认为他们是彝族，另一方面，他们也认同汉人，认为他们的祖先是汉人，血统是汉族。[②]　同样，许烺光在《祖荫之下》中所描述的西镇人，"在自称白族的同时，仍保存了对'祖籍南京'的遥远'记忆'，体现了族源上认同于汉人的一面"。[③]　同时，上述兼有族群主观认同与族属客观认同

---

① 关凯. 社会竞争与族群建构：反思西方资源竞争理论 [J]. 民族研究，2012（5）：1.
② 巫达. 认同之抉择：四川尔苏人族群认同建构的民族志研究 [D]（博士），香港中文大学人类学系，2004.
③ 庄孔韶. 行旅悟道——人类学的思路与表现实践 [M]. 北京：北京大学出版社，2009：163.

的事实也说明，族群的自我认同与族属的客观标示不是一种绝对的对立关系，在特定的历史时期和特定的社会环境下，两者是可以并存的。而且，这两种认同也不是此消彼长的对立关系。正如符懋濂在《族群认同、文化认同和国家认同》一文中所说的那样，人们强调族群的自我认同，并不等于就是鼓吹种族主义；而红水乡良友村的村民强调他们与尧良村村民在某些文化认同上的差异性，也不是提倡民族自我中心主义。因此，他们所强调的族群自我认同绝对不会影响民族间的和谐与团结，对国家认同也不会产生任何负面的、消极的作用。同时，红水乡苗民族源认同与族属认同的例子也证明，族群认同和文化认同虽属于两个不同的范畴，但两者关系极为密切："前者是后者的基石，后者则是前者的胶合剂"。①

第四节　族群认同与国家认同

正如功利性理论所论述的那样，国家权威在某种程度上决定着族群认同。国家在整合民族认同的过程中，无论在政治上还是在教育方面都有目的、有计划地实施族群整合政策。陈志明在《族群认同和国家认同》（*Ethnic Identity and National Identity*，2000）一文中认为："族群的形成和族群的认同不可避免地会受国内族群之间权力关系的性质和国家权力自身性质的影响。国家通过行政和统治的集权、文化和政治权力的政策以及社会经济资源的配置，对族群的形成和重新组合及其相关特征的变动和再定义发挥着重要的作用。国内族群之间对资源的竞争激起强烈的族群认同感，同时，为了某种政治和经济目的，各族群也需要建构多重认同"。② 他在研究马来西亚华人认同时发现，族群的产生往往基于地方群体，共同的命运及共同的政治和经济利益促使各个原本对立的族体联合起来，组成新的族群，并达到族群内部和外部的一致性认同。东南亚族群认同的例子便有力地说明了这个问题。殖民主义创造了殖民政府，把各个族群置于其统治之下。以前各个独立的族群因共同遭受殖民主义的奴役，这些不同信仰、不同文化背景的群体联合起来，共同反抗殖民统治，新的族群便应运而生。面对政治权力和政治经济机会的激烈竞争，民族运动在族群认同、族群之间的社会关系以及政治运动中扮演着决定性角色。如马来人在独立前就已怨恨

---

① 符懋濂. 族群认同、文化认同和国家认同［EB/OL］. http：//www. zaobao. com/zaobao/chinese/region/singapore/pages/singapore_chinese211299a. html.

② Tan Chee-Beng（2000）. "Ethnic Identity and National Identities：Some Examples from Malaysia". *Identities*，6（4）：443.

华人在商业界的支配地位。在马来西亚独立之后，马来人在民族主义的旗帜下联合起来，以确保他们在马来西亚的统治地位。而马来西亚的中国人也经历了族群产生的过程，早期的中国移民坚持各自的不同区域的群体认同，如福建人、广东人、海南人、山东人等。在马来西亚独立以后，共同的遭遇使来自不同区域的华人联合起来，认同为中国人。这个例子说明，政治进程和经济发展加强了族群的意识。①

　　新加坡华人与马来西亚华人的区分是国家认同影响族群认同的典型例证。1965 年新加坡从马来亚分离出去，成为一个独立的国家。由于分属于不同的国家，马来西亚的华人和新加坡的华人在族群认同上形成了差异。这种差异的形成归因于不同的国家认同意识和不同的"国家文化"。例如，两国不同的语言政策和教育政策造就了不同的华人群体。年青一代的华裔马来西亚人今天说一口流利的马来语，而绝大多数的新加坡华人马来语说得不是很好，因为马来语在新加坡"多元文化"政策中虽然是四种官方语言之一，其地位却有名无实。世界各地华人群体没有形成一个族群，也不属一个统一的民族的事实，雄辩地说明了国家认同对族群认同的影响作用。②

　　陈志明在文章的最后部分总结说："族群认同本身并不具有种族的特性，而是权力关系以及提供人们经济机遇的社会境遇赋予族群认同特殊的意义与内涵。并不是族群认同导致了族群之间的极化和冲突，而是不平等的权力关系以及不公正的社会经济分配才迫使人们按族群划分进行竞争，从而造就了重新定义有关族群间关系以及竞争的认同意识的需要"。③

第五节　国家与想象的共同体

　　美国人类学家安德森（Benedict Anderson）在《想象的共同体》（*Imagined Communities：Reflections on the Origin and Spread of Nationalism* ，1991）一书中探讨了民族和国家之间的关系，首次提出"想象的共同体"这一概念。他认为，国家是想象的共同体，国家和国家主义是一种特殊的文化产物。国家是一种想象的政治共同体，说它是想象的是因为，即使是最小的国家，其大多数公民也不可能相互认识、相见或听说过。但是共同体的形象却深深地根植于他们

---

　　① 根据陈志明教授的讲义整理.

　　② Tan Chee-Beng（2000）. "Ethnic Identity and National Identities：Some Examples from Malaysia". *Identities*，6（4）：469.

　　③ Tan Chee-Beng（2000）. "Ethnic Identity and National Identities：Some Examples from Malaysia". *Identities*，6（4）：473.

每一个人的观念中。尽管每一个国家中都存在不平等和剥削现象，但公民之间却具有很深的、相互平等的同志关系。两个多世纪以来，正是这种同志关系才使得千百万人甘愿为他们想象中的国家捐躯。①

在《想象的共同体》中，安德森探讨了国家这一想象的共同体是如何被创造出来并得到世人的普遍认可的。他从"文化根源"（cultural roots）、"国家意识的起源"（the origins of national consciousness）以及"记忆与遗忘"（memory and forgetting）等方面论述了"想象的共同体"。通过分析宗教信仰的区域化、古代皇室的衰落、资本主义和印刷业之间的互动关系、本土语言的发展以及时间概念的演变等在国家形成过程中的作用，安德森详细阐述了产生于美洲的国家主义是如何通过欧洲的民族运动以及亚洲和非洲的反帝运动等形式传播开来的。

族群的多样性与族群之间的积极互动、和平相处或冲突等密不可分。在许多民族国家包括一些不发达国家，不同文化的民族都能和睦相处。正如安德森所描述的那样，在印度尼西亚，共同的语言和教育体制促进了民族之间的和平相处及国家的认同和整合。印度尼西亚是一个拥有三千多个岛屿的大国，其民族意识压倒了宗教、族群以及语言的差异。如印度尼西亚有伊斯兰教、佛教、天主教、新教、印度－巴厘教和万物有灵信仰等宗教群体。尽管存在这些差异，一百多个操不同语言的群体却视自己为印度尼西亚公民。在荷兰人的统治时期，教育体制推行到各个岛屿。殖民教育体制为印度尼西亚的青年学生提供了统一的教材和毕业证书。学校教育体制所要求的教学语言也为印度尼西亚语发展成为国家官方语言铺平了道路。殖民主义在创立多元民族国家的过程中常常设置了与以前文化边界几乎不相关的边界，但是，殖民统治同时也建构出"想象的共同体"。②

第六节　族群冲突的根源

基于文化相似性和差异性，一个社会或国家的族群性可以通过和平多元文化主义或歧视或族群间的冲突等形式得以表述。对文化差异的感知会严重地影响族群之间的社会互动。因此，政治、经济、宗教、语言、文化或种族等都有可能成为民族之间的区别或潜在的族群冲突的根源。那么，民族之间的区别为

---

① Anderson，B.（1991）. *Imagined Communities：Reflections on the Origin and Spread of Nationalism*，pp. 6-7. London：Verso.

② Anderson，B.（1991）. *Imagined Communities：Reflections on the Origin and Spread of Nationalism*，pp. 120-123，132. London：Verso. 以上内容转引自：Kottak，Conrad P.（1997）. *Anthropology：The Exploration of Human Diversity*，pp. 52-53. New York：The McGraw-Hill Companies.

什么常常会导致冲突和暴乱呢？霍洛维兹（Donald Horowitz）认为，引发民族冲突的原因主要是政治原因和经济原因。他秉承"权力是达到目的的手段"这一西方政治的核心理念，认为政治权力为民族提供两方面的保障：一是承认民族的价值和社会地位；二是为民族的生存和发展提供合法性，从而获取较多的社会公共资源。因此，为了获取政治权力，民族精英要进行政治动员，激活民族群体的内聚性，张扬民族政治诉求。同时，经济利益是引发族际冲突和导致民族分离运动的重要原因。现代化导致了激烈的竞争和人口流动，竞争导致了一些民族成员难以得到较好的就业机会，出现民族结构化，从而激发了民族成员通过集体努力改善境遇的诉求，引发了民族利益与现有社会资源分配制度之间的矛盾和冲突。例如，在现代欧洲，大量外来移民导致原有就业格局发生改变，影响了东道国部分人员的经济利益，于是产生了排外主义。[①] 也就是说，不平等的资源配置、经济或政治竞争以及对歧视、偏见和其他威胁或蔑视的反抗是引起族群之间冲突的主要原因。正如许多有关族群或民族问题的研究表明的那样，在国家形成过程中会出现各个民族在政治资源、经济利益和社会地位上的不平等分配，出现了一些掌控着政治、经济和社会资源的优势民族对国内其他弱势群体的不平等压迫。优势民族为了维护自己的优势地位和既得利益而采取种种措施来使这种不平等结构化、合法化。同时，为了实现国家内部的民族的同化，主体民族将自己的语言、宗教、习俗和价值观强加到少数民族或弱势群体身上，甚至采取民族隔离和种族屠杀等极端措施，从而导致激烈的民族冲突。这些不平等的民族结构和主体民族对少数民族的压迫、歧视，必然引起弱势民族的怀疑和挑战。这些问题持续发展必然造成民族之间的紧张与冲突关系，引发不断的暴力冲突，甚至在一些国家和地区演化为民族分离主义。据美国学者库隆比斯（T. Conlonpace）和沃尔夫（J. Wolf）1987 年的统计，第二次世界大战后由族群冲突诱发的国际战争占战争总数的 70%。从近期国际冲突热点地区的局势来看，这种局面将在很长一段时间内继续威胁世界和平。[②]

在多民族杂居的社区中，族群冲突往往因偏见或歧视而起。巫达曾对四川大凉山彝族地区彝、汉杂居社区的族群关系进行过调查。他认为，不同族群日常生活行为与观念的差异性，往往是导致族群之间产生摩擦的导火索。

历史上犹太民族的遭遇便是族群冲突的典型例子。早在公元前 6 世纪，犹太人就遭巴比伦洗劫，数万人被押往巴比伦，成为历史学上的一个专用名词——"巴比伦之囚"。从公元前 1 世纪开始，罗马人一次次攻陷耶路撒冷，犹太人被大批屠杀，剩下的逃往异国他乡，但几乎到任何一个地方，他们都遭到迫害。

---

① 赵磊. 国际视野中的民族冲突与管理 [M]. 北京：社会科学文献出版社，2013：110.
② 邱显平. 当代世界民族冲突问题研究 [M]. 南昌：江西人民出版社，2009：1～3.

二战时期，希特勒在欧洲杀戮了 600 万犹太人。仅 1943 年在奥斯维辛集中营就处死了 250 万犹太人。

近几十年来，每当我们说起卢旺达，总会将其与种族屠杀联系在一起，卢旺达似乎已成为种族灭绝的同义词。卢旺达由胡图族和图西族组成，前者主要从事农耕，后者则以游牧为生。这两个族群在体质特征上也有较大差异：胡图族肤色较深，鼻阔唇厚，外表比较像尼格罗人种；而图西族肤色较浅，鼻梁高，嘴唇薄，外表接近欧罗巴人种。卢旺达在殖民时期就埋下族群冲突的祸根，到争取独立时，族群冲突问题进一步恶化。胡图族要求的不仅是结束比利时的殖民统治，也同时要终结图西族的优势。1962 年，卢旺达获得独立，在即将独立之际，胡图族人开始通过抗争来推翻图西族的控制，并取得统治权。小规模的暴力逐渐升级成图西族和胡图族之间的冤冤相报，终于形成可怕的种族大屠杀，1 万名图西族人被杀，大批图西族人（约 13 万人）流亡到邻近的乌干达、坦桑尼西亚和布隆迪等国。胡图族在独立后掌控实权，不断打压图西族，造成更多的图西族难民流亡海外。1994 年 4 月 6 日晚，卢旺达总统乘坐的专机被两枚导弹击中，总统意外丧生后，胡图族指控图西族为幕后主谋，下令屠杀图西族人。在 6 个星期内，约有 80 万左右的图西族人成为冤魂。①

尼日利亚自 1999 年结束军事统治、依民主程序选出奥巴桑乔为国家领导人至 2004 年，至少有上万名的尼日利亚基督徒和伊斯兰信徒在双方的流血冲突中丧生。族群加上宗教信仰不同所导致的道德标准、甚至法律制度的差异，是造成尼日利亚族群冲突的主要原因。

1965 年美国洛杉矶发生黑人骚乱，事件虽然很快平息，但事后人们意识到，种族问题这一危机爆发的真正原因是很难克服的。1992 年 4 月 29 日至 5 月 2 日，由于白人警察毒打黑人，洛杉矶再次爆发 20 世纪以来最大的暴乱。成千上万白人、黑人和拉美裔人在市区中南部地区疯狂打、砸、抢，整个洛杉矶城陷入瘫痪和混乱之中。洛杉矶冲突事件发生后第二天，暴力行为迅速蔓延到全国。连续 3 天骚乱期间，有 58 人死亡，2300 多人受伤，11900 多人被捕，5000 多座建筑物被毁。②

前南斯拉夫地区也曾多次发生种族清洗和仇杀事件。尤其是在波黑战争中，交战各方为争夺更多的领土，在相互毗邻的混居地区进行了残酷的种族清洗和仇杀，致使大批平民被迫逃离家园，种族清洗和仇杀在各个民族心中埋下了深

---

① 王剑锋. 族群冲突与治理：基于冷战后国际政治的视角 [M]. 北京：社会科学文献出版社，2014：284～286.

② 盘点美国历史上的 6 次大骚乱及镇压平息过程 [EB/OL]. http：//www. guancha. cn/internation/2014-11-26-301689. shtml.

深的怨恨。在科索沃，塞族人和阿族人之间发生了种族仇杀，尤其是科索沃战争结束后，阿族人对塞族人进行了新的报复，种族迫害事件时有发生。在东南亚的一些国家，华人华侨也曾遭受到野蛮迫害，如 1998 年 5 月，在印度尼西亚首都雅加达等地发生大规模有组织、有预谋的种族迫害事件，5000 多家华人商店和住宅被抢劫和烧毁，1201 人丧生。[①]

一个区域的不同族群之间往往存在一些偏见，这些偏见是一个族群如何看待和处理与另一个族群之间的关系的写照。研究彝族的人类学者巫达在其博士论文《认同之抉择》中列举过一个饮食方面的例子：

彝族对"肉"有一套很复杂的态度，如果一个人看见别人家正在宰杀牲畜，他看见了血，他就要等到吃饭时吃上肉，否则认为会被一种怪病（大脖子病）缠身。宰牲畜的主人家一定要邀请这个人到家吃上肉。如果打着了猎物，所有看到这个猎物的人都有份。在我小的时候，记得有一只麂子被猎狗追进了我们旁边的河里，周围的人们听见狗叫声，都出来追那头麂子，我们几个小孩子也出于好奇赶去看热闹。麂子从河里被抓上岸以后就在河边宰杀，麂子的肉平分给在场的人，不管男女老少，每人分得拳头大小的一块麂子肉。然而，有这种见者有份的吃肉习俗并不意味着每个人到别人家做客时可以放开肚子吃肉，实际上，吃多了肉的人是会被笑话的。有一条不成文的规矩，到别人家做客，主人家如果杀了猪羊等大家畜，客人最多只能吃三块，每块大约有拳头大小，当地汉语叫拳头为"砣子"，因此称这种做法的肉叫"砣砣肉"。如果杀的是鸡鸭等家禽，客人则只能吃一块，甚至只喝一点汤，为的是把肉留给主人家的小孩子吃。多吃肉会被认为是丢脸的事情，为人们所不齿。如果一个人要劝另一个人多吃肉，这个人可能会半开玩笑地说："我又不是汉人，你为什么劝我吃这么多肉？"在彝族的眼里，汉族在吃肉方面很不讲"礼"，不会照顾别人，特别是不会照顾小孩子，这是一种偏见。彝族谚语说："肉是孩子吃的，酒是老人喝的。""一个人值一匹马，一匹马值一瓶酒。"酒在彝族的日常生活中扮演着很重要的角色，探亲、访友、奔丧、接亲、讲和等等几乎一切事情，都少不了酒。因此到处可以看到彝族喝酒的场面，甚至可以看到彝人喝醉后倒头睡在街头的情形。但是彝族最看不起喝醉的人，讲究喝酒时"喝一碗价值一块金子，喝两碗还值一块银子，喝了三碗喝醉的人，连一条狗都不如。"讲究喝酒要有酒德，保持形象，适可而止。而在汉人的眼里，大概他们所见到的彝人几乎都在喝酒，于是汉人对彝人的偏见之一是彝人好酒，滥酒，

① 邱显平. 当代世界民族冲突问题研究 [M]. 南昌：江西人民出版社，2009：49.

如果一个汉人看到一个彝人不喝酒，他会很奇怪地说："哪里有彝族不喝酒的？"言下之意是怀疑这个人不是"真正的"彝族。关于这种彝汉之间的偏见，有人总结了一句顺口溜：彝人见酒，打死不走，汉人见肉，打死不流（"流"是四川汉话"动"的意思）。①

新疆阿勒泰市是一个多民族聚居的地区，从总体上看，各民族之间的关系虽然融洽，但在日常生活中也因习俗与观念不同而常常相互歧视。如 20 世纪 90 年代初期，电视事业刚刚在阿勒泰地区兴起。当时电视播出的频道很少，只有八频道和三频道两套节目。八频道是汉语台，三频道是哈萨克语台。由于种种原因，八频道播出的效果比三频道好，节目内容也较三频道丰富。于是在汉族人中"三频道"便成为少数民族的代称，含有明显的歧视意味，而在少数民族群众中"褐太"（同样含有贬义）则成了他们称呼汉人的通称。

专业词汇

族群（ethnic group）　族群性（ethnicity）　韦伯（M. Weber）　巴斯（F. Barth）族群边界（ethnic boundary）　吴燕和（David Y. H. Wu）　林耀华　民族国家　族群认同　文化认同　陈志明（Tan Chee-Beng）　原生性（primordialist）理论　功利性（instrumentalist）理论　身份（status）　归属性身份（ascribed status）　获致性身份（achieved status）　社会历史记忆　国家认同　安德森（Benedict Anderson）　《想象的共同体》　族群冲突　巴比伦之囚

思考题

1. "Ethnic group" 与 "nationality" 有什么区别？为什么族群研究在 20 世纪中期成为人类学研究的热点之一？

2. 什么是族群？韦伯（M. Weber）的族群定义是什么？有何特点？

3. 为什么巴斯（F. Bath）的研究被视为在族群研究史上具有划时代的意义？

4. 族群认同与文化认同是不是一码事？为什么？

5. 为什么说族群认同具有情境性？

6. 族群冲突的根源是什么？

7. 有些学者认为，族群认同完全基于血缘关系，这种说法对吗？请根据相关族群理论及我国族群认同的实际情况进行论述。

8. 陈志明在《族群认同和国家认同》中认为，国家通过行政和统治的集权、文化和政治权力的政策以及社会经济资源的配置，对族群的形成和重新组合及

---

① 巫达. 认同之抉择：四川尔苏人族群认同建构的民族志研究 [D]（博士），香港中文大学人类学系，2004.

其相关特征的变动和再定义发挥着重要的作用，试论述。

9. 安德森在《想象的共同体》一书中探讨了民族和国家之间的关系，他认为国家是想象的共同体，国家和国家主义是一种特殊的文化产物，试论述。

推荐阅读书目

1. 王明珂. 华夏边缘：历史记忆与族群认同 [M]. 北京：社会科学文献出版社，2006.

2. 范可. 他我之间：人类学语境里的"异"与"同" [M]. 北京：中国社会科学出版社，2012.

3. 巫达. 族群性与族群认同建构——四川尔苏人的民族志研究[M]. 北京：民族出版社，2010.

4. 周建新. 中越中老跨国民族及其族群关系研究[M]. 北京：民族出版社，2002.

5. 段颖. 泰国北部的云南人：族群形成、文化适应与历史变迁[M]. 北京：社会科学文献出版社，2012.

6. 王剑锋. 多维视野中的族群冲突 [M]. 北京：民族出社，2005.

7. Anderson, B.（1991）. *Imagined Communities: Reflections on the Origin and Spread of Nationalism*. London：Verso.

8. Keyes, Charles F. , ed.,（1979）. *Ethnic Adaptation and Identity: the Karen on the Thai Frontier with Burma*. Philadelphia：Institute for the Study of Human Issues.

第十一章　文化变迁

　　人人都会感觉到时代在进步、社会在发展，尤其是比较一下我们和父辈之间的生活，我们会看出显著的变化。在全球化的今天，世界体系的关联性在扩大，以往的边界和差异在逐渐消失。人与人之间、族群与族群之间以及国家与国家之间的联系越加密切。随着科学技术的飞速发展，人们借助现代交通、通信以及网络等高科技手段，加强了相互之间的交往。在现今世界的任何角落，都不再有与世隔绝的"文化孤岛"。外来文化的冲击以及内部生产生活方式的调适等都在预示着文化的变迁趋势。人类社会及其文化虽具有一定的稳定性，但这种稳定性与其发展变化相比，只是暂时的、短暂的，而变化则是永恒的。

第一节　文化变迁的途径

　　根据人类学的研究，文化变迁的途径主要有发现与发明、传播、涵化等。通过这些途径以及民族或族群之间的交往互动，各民族的文化都在某种程度上发生着变化。

一、发现与发明

　　在一个社会里，发现与发明是文化变迁的基本动因，其可以源自社会内部也可以来自社会外部，但发现和发明并不必然引起文化变迁。如果一项发明被人们忽略，那么就不会引起文化变迁。只有当社会接受并长期地使用某一发明，我们才能谈到变迁。新发明的东西可以是某种具体的物体，也可以是一种抽象的观念，如共产主义思想等。发明又分为无意发明和有意发明两种。林顿（R. Linton）认为，有些发明，尤其是史前时期的发明，很可能是无数"无意发明者"集体智慧的成果。这些发明者在无意识中参与了发明的过程，如轮子的发明就是如此。从昔日轮子的雏形到今天完美的汽车、火车、飞机轮胎以及所有与轮子相关的发明物，经历了几个世纪的发展过程，有无数无名者参与了发明过程。而有些发明则是有明确意图的，如在工业革命时期，哈格里夫斯（James Hargreaves）在经济利益的驱动下，着手研制多轴纺纱机，并取得了成功。

二、传播与借用

传播是引起文化变迁的另一途径。一种文化特质会从一个群体传播到其邻近的群体中去，这种传播就是学习或借鉴的结果。传播是社会制度、经济制度、政治制度等向其他群体扩散的手段。在多民族和谐相处的新疆等地区，文化特质传播尤其明显。例如，以肉食和乳制品为主食的哈萨克游牧民先前几乎不吃蔬菜，但在内地汉族人大批迁入后，汉族的饮食文化对他们产生了巨大影响。芹菜、辣椒、豆角等绿色蔬菜开始逐渐出现在他们的餐桌上，而与此相关的烹饪文化也融入他们的饮食文化之中，"切刀"（新疆土话，即"菜刀"）等日常炊具作为汉文化的文化特质也被他们所借用。汉文化传入哈萨克族家庭的同时，哈萨克族的饮食文化特质也传入汉族家庭。如在新疆汉族人家的餐桌上，常常可以看见"羊肉手抓饭""抓饭""拉条子"等具有浓郁哈萨克族、维吾尔族饮食特色的传统佳肴。在当代社会，文化传播的现象比比皆是：在世界的每个角落，我们几乎都能吃到意大利的比萨（Pizza）和美国的麦当劳（Mcdonald），喝到美国的可口可乐（Coca Cola），但它们已吸收了当地的饮食文化元素，有了各自的地方特色和风味。林顿曾对文化传播的结果做过经典性的描述：

> 一个美国人早上从床上醒来，这床的造型源于近东（Near East）。他掀去用印度的棉花或近东的亚麻或中国的丝绸缝制的被子，而这些棉布、亚麻布或丝绸都是由近东发明的纺织技术编织的。他脱去印度人发明的睡裤（pajamas），用古代高卢人（Gauls）发明的香皂洗脸。接着，他开始修面，一种起源于古埃及或古代幼发拉底河流域的自虐仪式（a masochistic rite）。出门吃早饭前，他透过由埃及人发明的玻璃向窗外望了望，如果下雨，就穿上由中美洲印第安人发明的橡胶套鞋，带上东南亚发明的雨伞……去吃早餐的路上，他停下来用古代小亚细亚人（Lydian）发明的硬币买了一张报纸……在餐桌上，他吃饭的盘子是由中国人发明的陶器做的，刀是由印度南部发明的冶金技术提炼的钢做的，叉是由中古时期意大利发明的，勺是罗马发明的衍生品……在吃过非洲的西瓜、喝完阿比西尼亚（Abyssinian）咖啡之后，他一边抽烟（一种美洲印第安人的习惯）一边浏览当天的报纸，报纸上的文字是古代闪米特人（Semites）发明的，纸的材料是中国人发明的，制纸的工序是德国人发明的。如果他是一个保守的良民的话，当他看到有关国外的暴乱事件时，他会用印欧语感谢希伯来（Hebrew）神祇自己

是一个地道的美国人。[①]

传播又有直接传播和间接传播两种。一个社会的文化特质或事象可能会首先传播到相邻社会，再逐渐向外扩展，传到其他社会，造纸术的直接传播即是典型的例子。众所周知，造纸术最先于公元 105 年由中国的蔡伦发明。在半个世纪之内，造纸技术便传入中原许多地区。数百年后，造纸术相继传入撒马尔罕（约 751 年）、巴格达（约 793 年）、埃及（约 900 年）、摩洛哥（约 1100 年）、法国（约 1189 年）、意大利（约 1276 年）、德国（约 1391 年）和英国（约 1494年）。另一个例子是烟草的传播。烟草是"新世界"（New World）的发明物，1558年由费尔南德兹（Francisco Fernandez）介绍到西班牙，1586 年又由罗利（Walter Raleigh）爵士介绍到英国。之后，吸烟的习惯便由西班牙和英国两地迅速传入其他地区，如 1590 年传入荷兰，1634 年英国和荷兰水手将其带到整个巴尔干地区。从西班牙和葡萄牙，吸烟的习惯又传遍所有地中海国家和近东地区。再如，蔗糖的发祥地在新几内亚，在印度首次被加工成糖，后经中东、地中海东部传入欧洲，由哥伦布带入新大陆。[②] 巴西和加勒比海地区的气候极为适宜甘蔗的生长，于是欧洲人在那里建起了种植园，以满足欧洲人对糖的需求。而国际市场对糖的需求的日益扩大又促进了大西洋彼岸奴隶贸易的发展和基于奴隶劳工的新大陆种植园经济的发展。[③]

人口迁徙是文化传播的重要途径之一。相传，金字塔式建筑起源于 1 万多年前的亚特兰蒂斯文明。1 万多年前，在大西洋海域的直布罗陀附近，有一个相当发达的帝国——亚特兰蒂斯。柏拉图在书中曾描述过亚特兰蒂斯的繁盛景象。据记载，公元前 9000 年，亚特兰蒂斯毁于地震和洪水。亚特兰蒂斯文明灭亡后，部分亚特兰蒂斯人漂流到世界各地，并把他们的文化带到了世界各地，致使金字塔式建筑在亚洲的泰国、非洲的埃及以及美洲等地都有。

间接传播是指通过第三者的媒介作用将某一文化特质或事象传入另一社会。商人往往是传播的载体。如字母表由闪米特人（Semitic group）发明，后由腓尼基（Phoenician）商人传入希腊。有时士兵也是文化特质间接传播的媒介，如欧洲的"十字军"把西方的基督教文化带到北非的穆斯林社会，又把阿拉伯文化带回欧洲。19 世纪，西方的传教士遍布于世界各个角落，他们鼓动当地的

---

① Ember, Carol R. and Melvin Ember（1988）. *Cultural Anthropology*, pp. 305-306. New Jersey: Prentice-Hall International, Inc..

② Mintz, Sidney W.（1985）. *Sweetness and Power: The Place of Sugar in Modern History*. New York: Viking Penguin.

③ Kottak, Conrad P.（1997）. *Anthropology: The Exploration of Human Diversity*, p. 395. New York: The McGraw-Hill Companies.

土著人改穿西服，结果使得非洲、太平洋岛屿以及其他地区的土著民的服饰文化发生了显著变化：他们穿卡其布（khaki）短裙、西服、衬衫，打领带。此外，启发性传播（stimulus diffusion）也是一种传播手段。启发性传播是指某一民族的文化启发了另一文化的发明或革新，启发性传播的一个典型例子是切罗基人（the Cherokee）的文字发明。一位名叫赛阔亚（Sequoya）的切罗基印第安人在与欧洲人的接触过程中得到了发明切罗基文字的灵感。他并没有照搬英文的书写系统，而是在借用部分英文字母符号的基础上发明了一种新的书写体系。①

三、涵化

涵化（acculturation）是指不同文化的群体由于长期密切接触而使各自的文化发生变迁的过程。与传播类似，涵化往往因民族或族群之间的互动而起，没有群体之间的互动，就不会有涵化现象。一般而言，在互动社会群体中，总有一个群体处于支配地位，另外的则处于从属地位。从属群体被涵化的程度往往会高于占据支配地位的群体。因此，涵化是在社会之间存在主导－从属关系的情况下发生的大量文化借用的过程。② 借用的过程有时可能是双向的，但通常的情况是，从属群体或处于弱势的群体借用强势群体的文化特质要多一些。但也有相反的情况，如果弱势群体存在强大的文化优势，最终被涵化的是强势群体，如中国历史上强盛的北方民族曾多次侵入中原地区，但其文化却受到汉文化的涵化。我们可以这样理解文化传播与涵化：传播往往是一种自愿的文化借用，而涵化则是由于外部压力而产生的文化借用。外部压力的形式是多种多样的，其最直接的形式是征服或殖民，即强势群体使用武力或威胁引起弱势群体的文化变迁。在历史上，西班牙曾征服墨西哥，西班牙人迫使许多印第安部落皈依天主教。尽管在征服过程中并不一定直接使用武力迫使被征服者接受征服者的文化，但被征服者通常没有更多的选择。虽然美国联邦政府几乎没有采取什么直接的措施迫使印第安人接纳美国白人的文化，但却把许多印第安部落驱逐出他们的家园。这本身就迫使印第安人不得不放弃许多传统的生活方式。为了生存，他们只得接受白人社会的生活方式。当印第安儿童被送往学校接受白人社会的价值观时，涵化的过程就更快了。③

恩贝尔认为，即使没有直接或间接的压力，弱势群体文化也往往会被强势群体文化涵化。为了生存，弱势群体可能会选择性地接纳强势群体的文化。或

① Ember，Carol R. and Melvin Ember（1988）．*Cultural Anthropology*，pp. 306-307. New Jersey：Prentice-Hall International，Inc..

② Bodley，John H.（1982）．*Victims of Progress*，p. 14，43. California：Cummings.

③ Ember，Carol R. and Melvin Ember（1988）．*Cultural Anthropology*，pp. 310-311. New Jersey：Prentice-Hall International，Inc..

者，当看到强势群体的成员有更好的生活条件，弱势群体可能会认同强势群体的文化，期望这样就能够与强势群体共享某些利益。比如，在北极地区，许多爱斯基摩人和拉普兰人（the Lapps）似乎很愿意以雪地摩托替代他们传统的雪橇。但是，有成千上万的人在与欧洲人接触后遭遇的不是被涵化而是死亡，他们有些死于征服者之手，更多的则是死于欧洲人带来的瘟疫，如疟疾、麻风、结核病等瘟疫曾席卷南北美洲和太平洋地区。美国加利福尼亚的亚伊印第安人（the Yahi Indians）即是最好的例证。在与欧洲人接触后的 22 年中，亚伊印第安人几乎灭种。据历史记载，其间每个白人平均屠杀了 30～50 个亚伊人，在其后的 10 年中，60％的亚伊人死于白人带来的瘟疫。[①]

第二节　现代社会的文化变迁

自 15 世纪末开始的"大发现时期"以来，西方世界的殖民势力逐渐渗入世界各个角落。因此，在某种程度上说，西方世界的殖民扩张是造成许多社会文化变迁的外部原因。当然，这并不意味着文化变迁总是由外部原因引起的，而是说，外部压力是造成许多社会文化变迁的重要原因。

一、商品化

西方社会对外扩张所造成的重大变化之一是世界各地商品贸易的相互依赖性日益增大。在传统社会，购买外来商品最初一般只是传统交换方式的一种补充，但随着新的商业行为逐渐占据主导地位，传统社会的经济交换基础便会发生变化，而这一变化又不可避免地会引起社会、政治甚至心理方面的变化。

劳务输出也是商品化的一种形式，村落由于缺少土地而造成劳动力剩余现象，这些剩余劳动力为了谋生而到邻近的村落或城镇去打工。近些年来，全球范围内打工现象尤为普遍。他们多半在农闲季节外出打工，农忙时再返回料理农事。"闯世界"的打工族，带回家乡的不仅是资金，还有新的价值观念、知识和信息。因此，打工现象的出现，不仅促进了农村的经济发展，而且也引起农村传统文化的变迁。英国人类学家利奇（E. Leach）对生活在南太平洋所罗门群岛附近诸岛屿上的提科皮亚人（the Tikopia）外出打工现象的研究即是典型的例子。1929 年，利奇到提科皮亚社会从事人类学研究时，其经济依然是非商品化的自给自足的自然经济，但二战开始后却发生了巨大的变化。战争期间，军队

---

① Ember，Carol R. and Melvin Ember（1988）. *Cultural Anthropology*，p. 311. New Jersey: Prentice-Hall International，Inc..

占领了邻近的岛屿，提科皮亚人便开始进入这些岛屿寻求就业机会。战争结束后，几家大型商业财团的势力渗入所罗门群岛，需要大量的劳动力。1952年当利奇再次考察提科皮亚社会时，他发现其经济结构已发生了根本性的变化。不仅如此，提科皮亚人的生活状况也发生了变化，西方的炊具、盛水器具、蚊帐、防风煤油灯等日常用品也进入了提科皮亚人的家庭。商品化不仅引起了提科皮亚社会的经济变化，而且也影响了他们生活的其他方面。与1929年相比，他们单一的农业耕种模式也发生了变化，除种植芋头（taro）外，还种植树薯（manioc）和马铃薯。此外，人们的传统亲族观念也发生了变化，组成扩大家庭的核心家庭之间的合作已不像以前那样密切了。实际上，土地已被分割，土地的使用权已归属于各个核心家庭。人们已不再像先前那样乐于与扩大家庭的其他成员分享一切，尤其是从所罗门群岛挣来的钱和买来的物品。①

一个自给自足的传统社会如果越来越依赖交换为生计手段的话，也会出现商品化现象，从而引起社会与文化变迁。20世纪中期，墨菲（R. Murphy）和斯图尔德（J. Steward）在研究南美洲亚马孙盆地的蒙杜鲁克（the Mundurucu）社会和加拿大东北部的蒙塔戈奈斯（the Montagnais）社会时发现，一旦通过商贸活动能够获取工业区的商品时，传统社会就会集中人力、物力、财力来开发具有地方特点的经济作物，以求获取更多的工业产品。传统社会原有的社会—经济模式因此发生了显著变化：传统的劳动协作转化为工业化的经济活动，而社区自治则发展成对外部市场体系的依赖。千百年来，农民已习惯于地方社区自治的生活方式，由于商品化的出现，他们不得不面临彻底改变传统生活方式的问题，即适应依赖更大的社会体系，处理好外界压力与内部需求之间的关系。其结果是迫使他们放弃对传统制度和价值观念的依附性，接受新的经济行为和态度。② 新的态度与经济行为就意味着完全放弃自给自足的传统种植模式而转向适应市场需求的种植模式。传统的以物易物交换方式也因此被以货币为流通中介的市场交换所取代。毋庸置疑，在这种大的社会氛围之下，人们的价值观念会发生巨大的变化，货币同等于财富的观念深入人心，人们可以通过货币来提高生活水平。这种观念上的改变无疑会成为社会文化变迁的动力。

商品农业的出现也是造成传统社会商品化的一种形式。在农业已经商品化的社会中，种植农作物的目的不再是自我消费而是市场交换，这必将导致农业体系的工业化，即诸如耕地、播种、灌溉、收获等过程的机械化。同时，传统

---

① Ember, Carol R. and Melvin Ember（1988）. *Cultural Anthropology*, pp. 312-313. New Jersey: Prentice-Hall International, Inc..

② Gulliver, P. H.（1965）. "The Arusha: Economic and Social Change". In Paul Bohannan and George Dalton, eds. , *Markets in Africa*, p. 269. New York: Doubleday.

的义务帮工也会被工业化的雇佣形式所替代。霍布斯鲍姆（Eric J. Hobsbawm）对欧洲商品农业的研究发现，乡民之间那种纯朴的近似一家人的关系已消失，更多的是货币与劳动力交换。土地不再是生活的依托而成为获取经济利益的资源。一般而言，商品农业的出现会带来以下几个方面的重大社会变迁。首先，社会阶层的两极分化，农场主和地主逐渐从农民中分化出来。其次，各种商品流入农村，而农村的劳动力则流入城镇谋取职业。商品农业的转型可能会提高农民的生活水平，但如果农作物的市场价格下跌则会给农民的生活带来困难。[①]

值得思考的是，商品化时代的到来，为人们带来了丰富的物质生活，但同时也导致人类许多传统美德的丧失以及人与人之间情感的淡漠。不可否认，拜金主义往往会造成人性的扭曲，使人类成为货币的奴隶。

二、宗教变迁

讨论文化变迁时，我们不能忽视宗教变迁问题。在世界许多地区，西方殖民势力的扩张导致了宗教的变迁。为了统治殖民地，西方列强派遣了大量传教士进入自己的殖民地进行传教活动，向殖民地的人们传播西方的价值观念和信仰体系。在许多地区，传教士成功地传播了他们的信仰，使大部分当地人皈依了西方的"正统"宗教，而在另一些地区，他们的活动没有引起当地人的关注，有的传教士被驱逐甚至被当地人杀死。人类学的研究还不能解释为什么传教士的活动在一些社会能取得成功而在另一些社会却遭到失败，但有一点是肯定的，那就是在世界许多社会，西方的传教活动是导致社会文化尤其是宗教变迁的一种力量。西方的传教活动除了引起宗教变迁外，还导致一些土著群体的社会结构崩溃、意志消沉和精神颓废。宗教复兴运动的兴起即是当地人重构传统社会生活方式的一种尝试。

因人类学家费思（R. Firth）的研究而闻名于世的提科皮亚社会是西方传教活动成功的典型例子之一。提科皮亚人传统上属于多神信仰，崇拜天地间的各种神祇。继嗣群的头人是他们与各神祇之间的代言人，一切宗教仪式活动自然由他主持。他代表族人与神祇沟通，祈求神祇护佑族人平安、部族繁盛。在族人看来，头人与神祇的沟通直接影响着他们的生活，社区的祸福安危均与头人的祈祷有直接关系。但是自传教士进入提科皮亚社会后，人们的信仰发生了巨大变化。1911 年传教活动侵入提科皮亚社会，到 1929 年，约有一半提科皮亚人皈依了基督教，到 20 世纪 60 年代初期，几乎所有的人都信仰基督教了。问题是，提科皮亚人为什么会皈依基督教呢？费思的回答是：首先，传教活动向人

---

① Ember, Carol R. and Melvin Ember（1988）. *Cultural Anthropology*, pp. 314-316. New Jersey: Prentice-Hall International, Inc..

们提供了通向新生活的途径，通过教会学校的英语教育，人们可以获得更多的就业机会。因此，皈依基督教可以成为他们改变苦难生活状况和向上流动的有效途径。其次是头人的重大影响，一旦头人皈依基督教，其全体族人便会一同加入。传教士成功地帮助提科皮亚人改变了堕胎、杀婴和男子独身等控制人口的传统习俗，但废除人口控制措施却又引起人口压力等问题，以致有限的资源难以满足不断增长的人口的需求。

　　从文化的角度来看，宗教复兴运动也是引起社会文化变迁的因素之一，具有典型性的事例是易洛魁塞内卡人（the Seneca）的宗教复兴运动。宗教复兴运动之前，塞内卡社区是贫穷与耻辱之地，人们酗酒、颓废，因缺少学校教育和职业训练，根本无法与白人竞争。在社区濒临崩溃的情况下，一位名叫莱克（Handsone Lake）的塞内卡人，宣称自己得到神灵使者的委托来复兴塞内卡宗教与社会。他所提出的教义倡导弃恶从善，怀疑教义、酗酒、巫技以及堕胎等都被视为罪恶的行径，死后会下地狱。其主张包括：禁酒、维护社会的和平与团结、保护部落土地、重视学校教育、强调家庭道德等。莱克的教义很快被人们普遍接受，不久社区就发生了变化，人们的生活水平、健康状况以及公共卫生条件等都得到了明显改观，莱克本人也因此赢得了人们的信赖与推崇。① 根据华莱士（A. Wallace）的研究，从理论上讲，就文化系统改造而言，"复兴"通常包括相对稳定、个人张力、文化扭曲、复兴和新的稳定等过程。"本土主义运动""船货崇拜"（cargo cult，新几内亚土著民的一种信仰，认为他们的祖先会乘货轮返回，从欧洲和世界其他地区给他们带来大量的货物，并会协助他们将殖民者驱逐出境）及"千禧年运动"（millennial move，在基督徒中广为流传的一种末世论，认为世界末日到来前的一千年里，整个世界将由基督治理，福音传遍世界，这将是一个充满幸福、自由的时期）等都是特殊的文化变迁现象。②

　　值得指出的是，并不是所有的土著民族都通过皈依基督教或宗教复兴运动拯救了本民族的命运。更常见的情况是，传教活动破坏了土著社会的文化、挫伤了他们的自尊。传教活动所带来的只是与他们的实际生活需求毫不相关的颓废的价值体系。传教士通常对异文化持敌视态度，他们从自己的文化价值观出发，使用黑色代表邪恶、白色象征善与美，这与许多传统社会的认知观相冲突，在某种程度上伤害了所有的黑色人种。他们宣称，只要接受白人的生活方式，

---

① Ember，Carol R. and Melvin Ember（1988）. *Cultural Anthropology*，pp. 284-285. New Jersey：Prentice-Hall International，Inc..

② 安东尼·华莱士. 复兴运动［M］. 史宗主编. 金泽等译. 20世纪西方宗教人类学文选. 上海：上海三联书店，1995：914～930.

黑人就能进入白人社会，而死后也能升入白人的天堂，但现实却证明，无论黑人怎样努力也无法进入白人的领域。

西方势力的扩张所造成的不仅仅是商品化和宗教的变迁，由于外部势力的介入，必定会引起一个社会政治、经济、文化等方面的变化。虽然造成许多第三世界社会文化变迁的外部因素主要来自西方，但其他因素也不可忽视。如 8世纪后，伊斯兰势力向外扩张，引起近东、非洲、欧洲和亚洲等许多地区的文化变迁。[①]

第三节　文化帝国主义与文化的创造性调适

文化帝国主义是指某一文化以牺牲其他文化为代价而迅速扩张或占据优势地位的文化行为。也就是说，由于其经济或政治上的影响作用，强势文化迫使弱势文化接受其文化价值。比如，在独立以前，法属殖民地的儿童需要学习法国的历史、语言和文化。塔希提人（the Tahitians）、马达加斯加人、越南人以及塞内加尔人需要通过背诵法语课本上的"我们的祖先高卢人（Gauls）"来学习法语。具有讽刺意味的是，现代法国知识分子似乎忘记了法国殖民主义的历史，却在抱怨美国的文化帝国主义，甚至连法国文化部长都在担忧美国影视对全球大众文化的影响。但问题并不像现代法国知识分子所想的那么简单：人们不是文化帝国主义的被动受害者，而是具有相当的创造性，他们无时不在修正、重构或抵制外来的文化。

有些批评家担忧包括大众媒体在内的现代技术正在吞噬传统文化，但也有一些批评家认为，大众媒体之类的现代技术正在赋予地方文化以更多的表述机会来传播特殊的次级文化。[②] 比如，现代的无线广播和电视在不断地向大众报道地方文化。北美的新闻媒体在弘扬地方文化中发挥着重大作用。同样，在巴西，包括大众媒体和旅游在内的外部力量正在引起地方活动、节日庆典、文化表演等的变化。[③] 云南之所以能成为中国民俗旅游的胜地，除其具有得天独厚的民族旅游文化资源外，与新闻媒体的宣传是分不开的。通过媒体的宣传，越来越多的人开始关注和了解那些地处偏远地区却具有独特文化风俗的少数民族

① Ember, Carol R. and Melvin Ember (1988). *Cultural Anthropology*, pp. 316-320. New Jersey: Prentice-Hall International, Inc..

② Marcus. G. E. and M. M. J. Fischer (1986). *Anthropology as Cultural Critique: An Experimental Moment in the Human Sciences*, p. 122. Chicago: The University of Chicago Press.

③ Kottak, Conrad P. (1997). *Anthropology: The Exploration of Human Diversity*, pp. 455-456. New York: The McGraw-Hill Companies.

群体。外界政治与经济力量的介入（如政府制订有关优惠政策、外界财团实施旅游开发项目等）无疑会引起当地社会文化的变迁。为吸引更多的外界资源，充分地展示本民族的文化特色，当地人在表述现存文化传统的同时，还会不断地发掘或再造本地许多已消失的文化风俗。

随着文化帝国主义的日益扩展，各民族的文化自觉意识开始复苏和觉醒。20 世纪末，"文化"已经成为一个民族区别于他民族的外显标志，人们从自己的传统风俗中寻找民族认同感，以抵制文化帝国主义的侵蚀。如泰利·特纳所发现的那样，到"20 世纪 80 年代后期，连单一语言的卡亚波人（the Kayapo）也开始借用葡萄牙语汇 cultura 来指称他们传统的风俗，包括应遵循不误的仪式表演，用以保存卡亚波社会的'生命''力量'和'福祉'"。[①] 新几内亚的土著民已经意识到必须坚持本民族的礼俗，以便从中吸取抵制外来文化侵蚀的动力和力量。萨林斯认为，土著民的"第一个商业动机不是想变得和我们（白人）一样，而是变得更像他们自己。他们用外国货服务于本地的思路，从而物化自己的社会关系和实现自己理想中的好日子"。随着他们日益被卷入资本主义经济体系的运行轨迹，他们并没有完全被西化，而是借用诸如烟草、啤酒、罐头等西方商品来举办规模更加盛大、消费更加奢侈的传统仪典，如夸富宴等，丰富他们自己的生活方式。[②] 萨林斯曾对此做过生动的描述：享用完一顿精美的晚餐后，塔希提（the Tahitian）老人埋入一张巨大的沙发椅内，指着放在客厅里的电冰箱，志得意满地看着人类学家汉森（Allan Hanson），操着"洋泾浜"法语说，"食品存放在冰箱里，——这就是塔希提生活方式！"[③] 人类学家发现，20 世纪末，北美爱斯基摩人并没有因日益强大的世界资本主义经济浪潮的冲击而消失，他们还在那里，并依然顽强地保持着爱斯基摩人的传统。尽管他们大规模地采用了外界先进的生产技术和科技产品，但他们仅用这些生产技术来改进他们自己的生存方式，如以摩托动力雪橇替代了传统的狗拉雪橇、以摩托快艇代替了独木舟等等，而且传统的生产和分配关系依然控制着对这些技术的运用。[④]

---

① 马歇尔·萨林斯撰. 李怡文译. 别了，忧郁的譬喻：现代历史中的民族志学 [M]. 王筑生编. 人类学与西南民族. 昆明：云南大学出版社，1998：16.

② 马歇尔·萨林斯撰. 李怡文译. 别了，忧郁的譬喻：现代历史中的民族志学 [M]. 王筑生编. 人类学与西南民族. 昆明：云南大学出版社，1998：32.

③ 马歇尔·萨林斯撰. 李怡文译. 别了，忧郁的譬喻：现代历史中的民族志学 [M]. 王筑生编. 人类学与西南民族. 昆明：云南大学出版社，1998：34.

④ 王铭铭. 文化与21世纪[M]. 纳日碧力格等著. 人类学理论的新格局. 北京：社会科学文献出版社，2001：46.

第四节　文化复兴与再造

　　20 世纪末，深受帝国主义压迫的第三世界民族的文化自觉意识开始觉醒。这些民族发现他们自己原来有"文化"，而千百年来他们竟然没有觉察到。如今，正如一个新几内亚人对一位人类学家所说的那样："要不是我们有'风俗'，我们不就跟白人一样了吗？"① 古德里尔（Maurice Godelier）描述了新几内亚巴鲁亚人的演化：20 年前那些极力反对成丁礼的人们，在 20 世纪 80 年代后纷纷返归故里修订礼俗的缺陷，强调必须坚持自己民族的礼俗，以便从中吸取力量，抵制城市生活方式，并认为应该从自己的风俗中找到动力，从而立足于白人所说的文化之上。有学者认为，所谓的文化复兴，实际上就是"传统的发明"，"因为所有的传统都是在今天'发明'并且为今天之用而'发明'的"。② 对此，萨林斯曾做过精辟的描述。在他看来，无论是毛利人的文化还是夏威夷人的文化，都不是历史意义上的正宗，因为它们不仅包含了外来文化的成分，而且也不再作为一种纯粹的生活方式，而是成为旅游文化中的一种商业行为。如夏威夷人的草裙舞（Hula）现今已成为展演夏威夷民族特性的象征性标示。在此需要特别指出的是，文化复兴并不意味着恢复传统的生活方式，那些文化复兴的倡导者们可能往往是受"文明"熏陶最深的人，因此，他们随时都有可能与占统治地位的文化做出必要的妥协，吸收有益于本土文化发展的因素。

　　任何媒体所承载的文化都可以看成是一种文本，人们可以创造性地阅读、解释这些文本，并在一定程度上赋予其意义。要理解文化变迁，我们必须意识到意义并不是固定或被强加上去的，而是被人赋予的，即人们将一定的意义和价值赋予他们所看到的文本。这些意义反映了他们的文化背景和生活经历。当外来强势文化如快餐、音乐、民居、庆典活动以及政治观念和制度等进入地方社会时，它们会被地方化，即经过调适后适应地方文化。接受外来文化的人们所赋予它的意义可能与其原始意义有很大差异。迈克尔斯（E. Michaels）发现，美国著名枪战影片《兰博》（Rambo）在生活于澳大利亚中部沙漠的土著民中是一部十分受欢迎的影片，但他们给影片赋予了新的意义。他们"解读"的意义与影片制造商或大多数美国人所想象的意义大相径庭。当地土著民把兰博视为

---

　　① 马歇尔·萨林斯撰. 李怡文译. 别了，忧郁的譬喻：现代历史中的民族志学 [M]. 王筑生编. 人类学与西南民族. 昆明：云南大学出版社，1998：15.

　　② 马歇尔·萨林斯撰. 李怡文译. 别了，忧郁的譬喻：现代历史中的民族志学 [M]. 王筑生编. 人类学与西南民族. 昆明：云南大学出版社，1998：17.

与白人政府官员斗争的第三世界的代表人物。这一"解读"表达了土著民对白人家长式作风和种族关系的态度。土著民的"解读"还赋予兰博与他所营救的犯人以部落团结和亲属关系的含义，基于他们的人生经历，所有这些都具有意义。此外，新闻媒体在宣传甚至再造民族认同和国家认同过程中的作用也日益凸显。尤其在跨国民族中，通过媒体人们与其家乡保持着某种联系。[①]

西方商品已被土著人纳入他们自己的文化之中。如不少土著人不仅把烟草和布匹，甚至把基督教都看成是他们自己的"传统"文化。因此，人类学家认为，土著人不是想变得和白人一样，而是想变得更像他们自己。他们以外国货服务于本地的思路，从而物化自己的社会关系和实现自己理想中的好日子。新几内亚人用现代的啤酒和罐头等举办极尽奢侈的传统仪典和盛大的夸富宴。但我们必须清楚的是，这既不是"浪费"，也不是"落后"，而是本地人心目中的"发展"，即在更大规模、更高层次上发展自身的文化，正如一位基瓦人对一位人类学家所说："你知道发展对我们意味着什么？发展，我们指的是制定家族谱系，建筑男人屋和大量地杀猪。而这一切，我们已经完成了。"[②]

民族"传统"文化的复兴与再造，除强调其族群意识外，在很大程度上还蕴含着一定的功利性，旨在唤起外界的关注。如在土瑶社区，除宗教仪式上表演的舞蹈外，民间并无其他传统舞蹈，而那些宗教性舞蹈也只有"赛迭"等宗教人员才会表演，根本不具有群众性。但是，近年来土瑶的"传统"舞蹈却成为外界了解土瑶人的主要途径。需要说明的是，现在表演的"土瑶舞"是由外族人倡导、组织和再造的。生活于偏远山区的土瑶人，世代过着极其单一的、日出而作、日落而息的生活。1995年，一位名叫刘静的过山瑶族青年从中等专业学校毕业后，被分配到大明山寨任小学教师。为丰富当地百姓的业余生活，他着手组织土瑶文艺队，在大明的明洞村成立了第一个土瑶文艺队。1996年11月28日，土瑶人第一次参加了全县的农村文艺汇演。同年，土瑶诸村普遍开始组建文艺队。1997年，明梅、槽碓两乡联合文艺代表队参加贺州市广场文艺汇演，表演了舞蹈《古老的山路》等具有浓郁土瑶文化特色的节目，受到了社会各界人士的极大关注。至此，生活于大桂山深处的土瑶人，开始被世人了解和关注。1999年以暗冲文艺队为主干参加了贺州市国庆五十周年文艺汇演；2000年11月17日，此队又代表土瑶人到南宁参加了2000年国际民歌节。随着土瑶文艺队影响的日益扩大，尤其是当地新闻媒体的渲染性报道，越来越多的外界

---

① Kottak, Conrad P. (1997). *Anthropology: The Exploration of Human Diversity*, pp. 457-459. New York: The McGraw-Hill Companies.

② 马歇尔·萨林斯撰. 李怡文译. 别了，忧郁的譬喻：现代历史中的民族志学 [M]. 王筑生编. 人类学与西南民族. 昆明：云南大学出版社，1998：33.

人士不辞辛劳，跋山涉水走进大桂山，唤醒了沉睡百年的土瑶山寨。但有趣的是，虽然这些节目体现了土瑶人顽强地与恶劣的生存环境抗争的悲壮历程，反映了土瑶人憧憬与追求美好新生活的热望，但它们并不是土瑶人的传统文化，而是根据土瑶人的现状再造的"传统"。但不可否认的是，土瑶文艺队对外界认识土瑶人，了解土瑶人的社会与文化生活，起到了很大推动作用。地方媒体的报道以及外界人士的介入，引起了地方政府有关部门对那些被遗忘多年的土瑶山寨的关注：部分具有"代表性"的山寨与外界的公路得以开通，港台慈善机构关注的部分破败校舍得到了修缮，个别山寨的单一种植模式也得到了适当调整。从土瑶人的例子中，我们看到，新闻媒体赋予了地方族群表述他们传统（尽管是再造的传统）的舞台和机遇，在这个舞台上，他们向外界传播了他们具有特色的地方文化。

专业词汇

　　文化变迁　文化孤岛　发现　发明　传播　借用　亚特兰蒂斯文明　涵化（acculturation）　商品化　宗教复兴运动　塞内卡人（the Seneca）　本土主义运动　船货崇拜（cargo cult）　千禧年运动（millennial move）　文化帝国主义　塔希提人（the Tahitians）　文化复兴　文化再造

思考题

　　1. 文化变迁的途径主要有哪些？
　　2. 什么是"涵化"？"涵化"与"同化"有什么区别？
　　3. 以身边的事例说明商品化对文化变迁的影响。
　　4. 试论述文化的调适性。
　　5. 什么是文化再造？文化再造的社会根源是什么？

推荐阅读书目

　　1. 克莱德·伍兹著. 何瑞福译. 文化变迁 [M]. 石家庄：河北人民出版社，1989.

　　2. Steward，Julian H.（1955）. *Theory of Culture Change*. Urbana：University of Illinois Press.

第十二章　全球化与文化

在当今世界，全球化已成为人文社会学科关注的重点。随着人类科学技术的进步，不再有孤立的社会或文化，全球的社会与文化在不同层面上相互关联。人类学家日益关注全球与地方之间的关系，即全球化是如何渗入地方文化之中的。文化认同是全球化的一个重要方面，人们不再归属于一种文化。我们生活在一个可以被称作"文化超级市场"的时代，人们可以根据自己的需求，自由地选择"属于他的文化"。在文化上，我们既受国家的影响，也受市场的左右：国家在不断地向我们灌输民族传统文化，但同时"文化超级市场"又吸引我们去选择自己喜爱的文化，我们的生活已被卷入全球化的过程中。

第一节　促成全球化的因素

从历史的角度看，自航海家哥伦布（Christopher Columbus）发现新大陆之后，全球化的进程便开始了。航海业的迅猛发展，为西方列强寻求廉价的自然资源和人力资源提供了可能性。1492 年，哥伦布首次从西班牙乘船航行到巴哈马群岛（Bahamas）和加勒比海（Caribbean），之后新、旧大陆之间的人力和物质资源的交流便开始了，与此同时，西方世界的各种疾病和观念也随之传入新大陆。以西班牙和葡萄牙为首的西方列强大力开展殖民活动，榨取当地人的金银财富。一般而言，全球化的发展进程大致可以划分为三个历史阶段：第一个阶段起于地理大发现，止于第二次世界大战。在此阶段，以英国为代表的西方列强通过军事力量在世界范围内进行大规模的拓殖活动，试图把西方的社会制度和文化强加于殖民地。第二个阶段始于第二次世界大战，止于 20 世纪 70 年代。第二次世界大战之后，美国成为世界政治、经济、文化中心，取代了英国的霸主地位，而美国的经济模式、社会制度和文化价值则成为许多国家模仿的对象。全球化的第三个历史阶段从 20 世纪 70 年代开始直到现在，其特点是世界格局的多元化，全球化局面由一元中心转变为"多元推动、多元共存、多元发展"。[①] 人类学在研究世界经济体系时极为关注当地人与国际力量之间的历史

---

① 费孝通. 经济全球化和中国"三级两跳"中的文化思考 [N]. 光明日报, 2000-11-07.

交往过程。在过去五百年中，影响文化交流的主要因素一直是商业扩张和工业资本主义，[①] 随着民族国家的兴起，工业资本主义加速了地方参与全球化的过程。

现代交通工具"缩短"了人们之间的地理距离。全球化发展的历史进程表明，全球化发端于海上交通的技术革新，也就是说，发达的海上交通工具使西方列强对外扩张成为可能。随着现代交通设施的发展，地理距离不再成为人们相互交往的障碍。一个住在西半球的人，十几个小时后就可以坐在东半球的某个国家的咖啡馆里品尝咖啡。今天上市的中国玩具，明天就有可能出现在美国某个超级商场的货架上。现代交通工具不仅缩短了人们之间的地理距离，而且也促进了经济和文化的全球化。

先进的通信技术和大众媒体加速了信息的传播。从 20 世纪后半期开始，人类社会进入了信息时代。因特网成为当代社会的信息载体，人们通过电子网络增进了解，传递信息，足不出户便能了解到世界各个角落所发生的一切事情。

在当今世界，传统上人类学家所研究的相对孤立的群体早已不复存在，市场经济的强劲浪潮将世界中绝大多数人都卷入到商品全球化的进程之中，任何国家的经济发展都在不同程度上依附于全球经济体系。"一方面信息的无限流通使得人们在文化方面的选择日益全球化，另一方面，资本的无限流通则改变了人们的经济生活，使得经济活动完全被全球化了。"[②] 此外，在经济全球化的过程中，现代教育及科学知识的传播也日趋全球化。

第二节　全球化与文化

发端于西方发达国家的全球化潮流实质上是一个以经济全球化为基础的经济、政治和文化诸多方面相互影响、相互制约和相互作用的发展过程。科学技术、信息传播技术的高速发展，各种国际性经济组织的建立，使得生产全球化、贸易全球化和金融全球化成为不可忽视的社会现实，政治和文化的全球化也就成为不可避免的趋势。人类学的研究已经证明，随着世界多极化、经济全球化、信息网络化的迅猛发展，全球化的浪潮正在改变着传统文化的意义。另外，"强势文化对弱势文化（西方文化对东方文化和其他非西方文化，主流文化对非主

---

① Wolf, E.（1982）. *Europe and the People without History*. Berkeley：University of California Press. 另参见：Wallerstein, I.（1982）. The Rise and Future Demise of the World Capitalist System：Concepts for Comparative Analysis. In H. Alavi and T. Shanin, eds. , *Introduction to the Sociology of "Developing Societies"*, pp. 29-53. New York：Monthly Review Press.

② 张姬武. 全球化的文化挑战［EB/OL］. http：//www. douban. com/group/topic/4645557/.

流文化，现代文化对传统文化）的冲击愈加广泛深入。世界各国和地区，不论城市或农村、平原或高山、沿海或内陆、交通便利或不便利的，都在不同程度上受到各种文化的冲击。与之相继而来的，作为对外来强势文化的抗争，一些地区和国家的传统文化和民族主义被复兴或重新创造。"[①]

20世纪下半叶，人类学的研究尤其是学校教育民族志的研究，开始越来越关注全球化与儿童社会化的问题。随着国际文化交流活动的日益增多，极其地方化的儿童社会化过程也在一定程度上受到文化全球化的影响。电视、光盘、网络等在儿童社会化过程的全球化中扮演着重要作用。如，除部分偏远乡村的儿童外，中国绝大多数城乡儿童都或多或少地受到日本动画片的影响。

第三节　全球性问题

近年来，全球化是人类学家越来越关注的一个话题。经济的全球化在为人类带来充裕的物质和精神生活的同时也产生了空前繁杂的全球性问题。诸如环境问题、疾病问题（如艾滋病、"非典"）、吸毒贩毒之类的全球性问题无时不在困扰着人们。

据有关报道，英国空气洁净和环境保护协会负责人理查德·米尔斯（Richard Mills）认为，有证据表明，新的污染源已对环境和人们的健康构成威胁。与交通事故遇难者相比，英国每年死于空气污染的人要多出10倍。现代室内装修所引起的空气污染如甲醛、苯、氡以及氨等已经成为室内最大的"隐形杀手"，会对人体造成极大的伤害，是造成某些常见病症的重要原因之一。目前装修的室内环境污染问题已经直接而且越来越多地影响到人们的居住环境、身体健康以及身心健康。[②] 据不完全统计，仅中国每年就约有11万人死于室内空气污染。[③] 除空气污染外，城市生活污水、垃圾，船舶油污、工业废水，农村禽畜养殖、化肥农药、水面集中养殖等污染源也都会引发各种疾病。

从极其致命的埃博拉和艾滋病，到新近登陆美国的猴天花，以及肆虐各地的非典（SARS）和卷土重来的西尼罗病毒，一个个稀奇古怪的名字伴随着传染性疾病在世界各地不断爆发而深入人心。科学家指出，各类"新病"似乎正在以"加速发展"的态势向人类进犯。今后更多可怕的病原体将会"不断露面"，

---

① 翁乃群. 美英社会文化人类学研究的时空变迁 [M]. 纳日碧力格等著. 人类学理论的新格局. 北京：社会科学文献出版社，2001：81.

② 详见人民网，http://www.people.com.cn/GB/huanbao/56/20021205/881737.html，2002年12月5日.

③ 详见化达高科室内环境研究所室内污染物检测治理中心网站，http://www.cn-go.com/dg_more.asp?id=2927，2012年11月17日.

甚至可能形成一场破坏力惊人的全球性大瘟疫。1976 年，埃博拉病毒出现在非洲的刚果民主共和国，其名字源于刚果境内的一条河流。埃博拉病毒首度爆发就显现出巨大的杀伤力，夺走了 270 条生命，不过当时没有人知道这究竟是何种病毒。此后，这种神秘的病毒先后出现在加蓬、苏丹、象牙海岸、英国等地。埃博拉病毒第二次大爆发是在 1995 年，有 245 人死于非命。在发现埃博拉病毒的 20 多年时间里，全世界死于这种可怕病毒的人大约有 10000 人。1998 年 9 月至 1999 年 4 月，尼巴病毒在马来西亚首次爆发，导致成千上万头猪死亡，并在几周内传染给人，所感染的 276 人中有 105 人死亡。[①]　据估计，有史以来，全世界死于鼠源性疾病如鼠疫、出血热、钩端螺旋体、森林脑炎等的人数远远超过直接死于各次战争的人数。目前，我国出血热、钩端螺旋体等鼠传染发病人数每年达数万人，对人民健康构成很大威胁。借助于快捷便利的现代交通工具，许多被感染的病人和动物可在一天内前往地球上任何一个角落。当"非典"在佛山市突发后便在广东省以极快的速度扩散蔓延，在北京、河北、山西和内蒙古等全国 26 个省市肆虐成灾。此外，滥用毒品一直是人类所面临的全球性社会问题，每年都有数百万人因吸毒或贩毒而葬送了自己的性命。吸毒贩毒造成了一系列社会问题，直接威胁着人们的生命和社会的稳定。

第四节　人类学与全球化

费孝通在展望人类学的研究前景时提出，人类学要为世界文化的多元和谐做出贡献。他所提出的"各美其美，美人之美，美美与共，天下大同"的思想对于我们自觉地探讨文化的自我认识、相互理解、相互宽容等问题，确立世界文化多元共生的理念，促进天下大同的到来具有积极意义。他在《经济全球化和中国"三级两跳"中的文化思考》一文中又进一步深化了他的观点：对于中国人来说，"天人合一"是一种理想的境界。天与人之间的社会规范就是"和"。这个"和为贵"的观念，是中国各种社会关系的基本出发点。在与异民族相处时，出现了"和而不同"的理论。这一点与西方的民族观念很不相同。"和而不同"这一古老的观念仍然具有强大的活力，仍然可以成为现代社会发展的一项准则和一个目标。承认不同，但是要"和"，这是世界多元文化必走的一条道路，否则就要出现纷争。如果只强调"同"而不讲求"和"，纷争到极端状态，那只

---

① 张树义. 重大人类疾病病毒大多来自动物［EB/OL］，详见http：//www．sina．com．cn．张知彬. SARS自然疫源地研究迫在眉睫［EB/OL］，详见http：//www．sina．com．cn．

能是毁灭。所以说,"和而不同"是人类共同生存的基本条件。①

许多人类学家强调世界范围内地方民族志的重要性以及世界经济体系对地方社会的影响。一些批评家认为,现代和全球化的世界具有明显的特征,所有这些特征不仅对人类学家的行为而且对人类学学科本身的理论也产生重大影响。在全球化背景下,人类学家重新审视全球化的文化层面,必须回答两个老问题,即什么是文化?如何研究文化之间的关系?一种普遍的观点认为,全球化并没有必然导致文化的同质性,而是在创造新的文化形貌。正如卡尼(M. Kearney)所说的那样,"当代人类学的全球化理论正在反思有关文化、社会组织以及跨国民族和社区认同等理论"。人们赋予文化的多样性和差异性以新的意义,但是,由于资本主义的影响,人类学家曾经把文化与中心/边缘、我们/他们、生产过程、消费以及认同形成等问题联系在一起,但现在这些问题又在困扰着所谓的中心(西方)世界。文化已超越时空的局限,大众文化的新形式正在出现,有关"现代"、公民和个人的概念都在变化。② 美国人类学家王爱华(Aihwa Ong)认为,理解文化价值与社会形态之间的关系需要首先检视基于文化、国家和公民概念的文化政治概念。早期那种基于现代与原始、个人与社区、世俗与宗教、国家与无国家社会基础之上的分析架构已不适于人们了解当代第三世界的政治制度、经济发展以及文化价值。③

人类学的多地点和全球视角的研究方法,为展现人类丰富多彩的文化提供了可能。部分社会学者认为,全球化正在破坏不同文化之间的边界,正在破坏文化的多样性,④ 但在社会—文化人类学家看来,全球化并不等于同质化,虽然源自美洲的麦当劳或者可口可乐遍布世界各个角落,但各地又有各地的地方特色,是地方化的麦当劳和可口可乐。同时,麦当劳等快餐饮食业之所以能风靡全球,是因为麦当劳的经营者懂得如何去迎合不同社会文化的口味。也就是说,麦当劳等快餐饮食业的全球化并没有改变当地的饮食习俗,而是顺应地方文化习俗的结果。也就是说,"一方面西方资本主义的扩张造成了同一,另一方面世界也因非西方土著社会对全球化的适应而重新分化。在某种程度上,全球化的同质性与地方差异性是同步发展的,后者无非是在土著文化的自主性的名

---

① 费孝通. 经济全球化和中国"三级两跳"中的文化思考 [N]. 光明日报,2000-11-07.

② Kearney,M.(1995). "The Local and the Global: The Anthropology of Globalization and Transnationalism". *Annual Review of Anthropology* 24:551.

③ Moore,Henrietta,L.(1999). "Anthropological Theory at the Turn of the Century". In Henrietta L. Moore, ed. , *Anthropological Theory Today*, pp. 10-12. Cambridge: Polity Press.

④ 凯·米尔顿撰. 仕琦译. 多种生态学:人类学,文化与环境 [M]. 中国社会科学杂志社编. 人类学的趋势. 北京:社会科学文献出版社,2000:309.

义下做出的对前者的反应"。① 不同社会群体之间更多的交流和沟通，尤其是全球化所提供的更多的了解、学习其他文化的机会，将使丰富多彩的文化趋于接近，然而也正是这种交流与学习，凸显了各种文化之特殊性、个性，从而全球化可能并不是取消文化的多样性，相反倒可能丰富文化的多样性。②

瑞典人类学家汉纳茨（U. Hannerz）提出的"激进传播主义"（radical diffusionism）③ 或"全球文化传播主义"（global cultural diffusionism）的概念很好地体现出文化多样性正在消失的观点。④ 基于这两个概念，英国人类学家米尔顿（K. Milton）认为，从理论上讲，文化可能会沿着不同的传播媒体导向不同的方向，但是，激进传播主义者却倾向于选择全球化的世界体系模式，并认为文化传播的方向由世界体系的结构决定。他们认为像政治和经济影响一样，文化影响从中心流向边陲，中心的文化最后会吞噬边陲的文化，最终使其消踪灭迹。这个观点体现在许多用以描述当代文化变迁的术语中，比如"西方化""文化帝国主义""美国化"，以及诸如"麦当劳化""可口可乐化"等更为荒诞的口号。⑤

在米尔顿看来，像世界体系理论一样，激进传播主义与其说是一种一般性的理论，倒不如说是一种历史过程的模式。因此，它倾向于用来评估与现实相对立的解释。它似乎真实地描述了大多数可观察的表层现象，因而也就不难理解它所具有的魅力。美国汉堡包连锁店的分店确实遍布世界各地，非洲村民也确实能够在他们当地的店铺里买到可口可乐，在全球大多数的电视台都可以收看到美国的"系列幽默喜剧"（sit-coms）节目。但是即使从表面上我们也能区分许多看似逆流而行的文化特性，即从边陲流向中心的文化特性。在欧洲、美国和其他"中心"地区，中国、印度和墨西哥的食物，西部印第安音乐以及东方的针灸等都很流行。对文化可以从边陲流向中心也可以从中心流向边陲的观察在逐渐推翻激进传播主义思想的一个重要假说，即中心将会最终代替边陲。但是，这并没有暗示世界正朝着文化同质化的方向发展。正如单边的殖民扩展引起文化同质一样，文化特性的互换至多引起文化的相似性。文化的差异性正在消失的看法是难以成立的，我们有大量的事实可以证明这一点。许多对文化

---

① 翁乃群. 美英社会文化人类学研究的时空变迁 [M]. 纳日碧力格等著. 人类学理论的新格局. 北京：社会科学文献出版社，2001：47.

② 见秋风. 国家、全球化与文化多样性 [EB/OL]. http：//www. sinoliberal. com/globe/globalization.

③ Hannerz，U.（1989）."Culture between Center and Periphery：toward a Macro-anthropology". *Ethnos* 54：206.

④ Hannerz, U.（1990）."Cosmopolitans and Locals in World Culture". In M. Featherston, ed. ，*Global Culture*，p. 225. London：Sage.

⑤ Milton，Kay（1996）. *Environmentalism and Cultural Theory：Exploring the Role of Anthropology in Environmental Discourse*，p. 156. London：Routledge.

同质性的观察都集中在商品以及主要为工业社会消费而生产的物品上，但是，这些商品也被出口到非工业社会或者工业化程度不高的国家，认为这些商品要么成功地与当地生产的商品（文化）进行竞争，要么占据（或许创造）了当地文化没有占据的位置。最显见的例子包括电视节目、电影以及饮食与服装等。但是，对于全世界都能买到相同商品的观察并不能告诉我们太多关于文化同质性或多样性的情况。民族志研究提供的证据表明，当一个社会从别处接受某些商品时，这些商品会成为"地方化"的商品，[①] 这些商品在当地社会的理解中获得一席之地。一个随意的观察者可能会很轻易地注意到，出自巴黎设计师之手的服装已经占领了布拉柴维尔（Brazzaville，刚果的首都）的服装市场。但弗里德曼（J. Friedman）的研究却发现，刚果人穿这些巴黎服装（引人注目地显露出品牌）是赢得声誉的特别策略的一部分。[②] 人类学家对文化输入被当地接纳后所展现出的新意义与新形式已经司空见惯，不仅物质商品而且像意识形态、宗教教义、象征符号等整套体制都可能跨越文化的边界进行交流。每一种所谓的正统宗教都认为它们通过其一成不变的教义得到统一，但由于在世界各地的传播，它们都获得了多重性的特征，所以摩洛哥的伊斯兰教与爪哇的伊斯兰教具有不同的特点，而泰国的佛教由于和当地神灵崇拜的辅助关系而部分地受到影响。面对这些证据，文化传播必然会产生同质性的看法似乎完全站不住脚了。[③]

　　因此，人类学家有充足的理由不去理会全球化条件下必然产生文化同质性的看法。文化同质性的看法与民族志的证据相冲突，这表明某些新的文化差异正在全球条件下滋生，而已有的差异性也在维持。那么，是否有可能在全球背景下找到一种研究文化变迁的人类学视角，一种人类学家能够感到合适而且与他们的民族志证据相符的文化概念呢？面对全球化的强大浪潮，人类学传统的研究方法的局限性日益凸显出来。人类学家必须走出小型的简单社区研究的范畴，扩大自己研究的视野，在更大的时空背景和社会、经济体系中去探讨和分析当今人类所面临的全球性问题。当代人类学的任务在于尽可能忠实地展示各个社会群体在适应全球化的过程中所体现出来的文化多样性，从而促进文化之间的相互了解与尊重，减少人类群体因文化差异而引起的纷争与冲突。

---

① Appadurai, A. (1990). "Disjuncture and Difference in the Global Cultural Economy". *Public Culture*, (2): 5.

② Firedman, J. (1990). "Being in the World: Globalization and Localization". In M. Featherstone, ed., Global Culture, pp. 314-317. London: Sage.

③ Milton, Kay (1996). *Environmentalism and Cultural Theory: Exploring the Role of Anthropology in Environmental Discourse*, pp. 156-159. London: Routledge.

专业词汇

全球化　文化超级市场　世界经济体系　全球性问题　和而不同　文化同质性　文化形貌　文化多样性　激进传播主义（radical diffusionism）　全球文化传播主义（global cultural diffusionism）　米尔顿（K. Milton）

思考题

1. 促成全球化的因素主要有哪些？
2. 全球化给人类带来了哪些主要问题？
3. 全球化的发展进程大致可以划分为哪三个历史阶段？
4. 从人类学的视角看，全球化是否意味着文化的趋同性？试举例说明。
5. 人类学研究在全球化过程中的作用是什么？

推荐阅读书目

1. 史宗主编. 金泽等译. 20 世纪西方宗教人类学文选［M］. 上海：上海三联书店，1995.

2. M. Featherstone，ed. (1995)，*Global Culture*. London：Sage.

参考文献

英文文献

Althusser，Louis（1971）. *Lenin and Philosophy and Other Essays*. London: New Left Books.

Anderson，B.（1991）. *Imagined Communities: Reflections on the Origin and Spread of Nationalism*. London: Verso.

Anderson，Arthur J. O.（1982）. "Sahagún: Career and Character". In Bernardino de Sahagún，*Florentine Codex: The General History of the Things of New Spain, Introductions and Indices*，p. 40. Translated by Arthur J. O. Anderson and Charles Dibble. Salt Lake City: University of Utah Press.

Anyon，J.（1981）. "Social Class and School Knowledge.". *Curriculum Inquiry* 11（1）: 3-42.

Appadurai，A.（1990）. "Disjuncture and Difference in the Global Cultural Economy". *Public Culture* 2，2:1-24.

Barfield，Thomas，ed.，（1998）. *The Dictionary of Anthropology*. Oxford: Blackwell Publishers Ltd.

Barnett，H. G.（1960）. *Being a Palauan*. New York: Hot，Rinehart & Winston.

Barry，Herbert III，Irvin L. Child，and Margaret K. Bacon（1959）. "Relation of Child Training to Subsistence Economy". *American Anthropologist*，61:51-63.

Barth，F.（1969）. "Introduction". In Fredrik Barth，ed.，*Ethnic Groups and Boundaries: The Social Organization of Cultural Difference*. Boston: Little，Brown and Company，pp. 9-38.

Beattie，John（1960）. *Bunyoro: An African Kingdom*. New York: Holt，Rinehart & Winston.

Benedict，Ruth（1934/1959）. *Patterns of Culture*. New York: Mentor.

Benedict，Ruth（1946）. *The Chrysanthemum and the Sword*. Boston: Houghton Mifflin.

Bennett，J. W.（1969）. *Northern Plainsmen: Adaptive Strategy and Agrarian*

Life，pp. 10-11. Chicago：Aldine.

Bernard，H. R.（2002）. *Research methods in anthropology: Qualitative and Quantitative Approaches*，pp. 322-364. Oxford：AltaMira Press.

Boas，F.（1940/1966）. "The Limitations of the Comparative Method in Anthropology". In Franz Boas, *Race, Language, and Culture.* New York：Macmillan.

Bodley，John H.（1982）. *Victims of Progress.* California：Cummings.

Bohannan，Paul（1954）. "The Migration and Expansion of the Tiv". *Africa*，24:2-16.

Carneiro，Robert L.（1970）. "A Theory of the Origin of the State". *Science*，August 21:733-738.

Cazden，C.，V. John，and D. Hymes，eds.，（1972）. *Functions of Language in the Classroom.* New York：Teachers College Press.

Chaiklin，Seth，and Jean Lave，eds.，（1996）. *Understanding Practice.* Cambridge：Cambridge University Press.

Clifford，J.（1986）. "Introduction: Partial Truths". In James Clifford and George Marcus，eds.，*Writing Culture: The Poetics and Politics of Ethnography.* California：The University of California Press.

Conrad P.（1997）. *Anthropology: The Exploration of Human Diversity.* New York：The McGraw-Hill Companies，Inc..

Dubois，C.（1944）. *The People of Alor: A Socio-Psychological Study of an East Indian Island.* Minneapolis：University of Minnesota Press.

Durkheim，E.（1912/1961）. *The Elementary Forms of the Religious Life.* New York：Collier Books.

Edgerton，Robert B.（1971）. *The Individual in Cultural Adaptation: A study of Four African Peoples.* Berkeley：University of California Press.

Ember，Carol R. and Melvin Ember（1988）. *Cultural Anthropology.* New Jersey：Prentice-Hall International，Inc..

Evans-Pritchard，E. E.（1950）. Social Anthropology: Past and Present. *Man*，No. 198:118-124.

Evans-Pritchard，E. E.（1979）. "Witchcraft Explains Unfortunate Events". In Lessa and Vogt，eds.，*Reader in Comparative Religion : An Anthropological Approach*，4th ed. New York：Harper & Row，Pub..

Fabian，J.（1991）. *Time and the Work of Anthropology.* Chur and New York：Harwood Academic Publishers.

Firth, Raymond（1970）. *Rank and Religion in Tikopia*. Boston: Beacon Press.

Fisher, H.（2001）. "An Immodest Proposal". In Phillip Whitten ed. , *Anthropology: Contemporary Perspectives*. MA: Allyn & Bacon.

Foucault, M.（1972）. *The Archeology of Knowledge*. New York: Harper Colophon Books.

Foucault, M.（1977）. *Discipline and Punish: The Birth of the Prison*. New York: Pantheon Books.

Francis, L. K. Hsu（1953）. *American and Chinese: Two Ways of Life*. New York: Henry Schuman.

Freedman, Maurice ed., （1970）. *Family and Kinship in Chinese Society*. Stanford, California: Stanford University Press.

Firedman, J.（1990）. "Being in the World: Globalization and Localization". In M. Featherstone, ed., Global Culture, pp. 314-317. London: Sage.

Fromm, Erich（1950）. *Psychoanalysis and Religion*. New Haven: Yale University Press.

Geertz, C.（1963）. *Agricultural Involution: The Process of Ecological Chang in Indonesia*, p. 8. Berkeley and Los Angeles: University of California Press.

Geertz, Clifford（1973）. "Ritual and Social Change: A Javanese Example". In *The Interpretation of Cultures*, pp. 142-169. New York: Basic Books

Geertz, Clifford（1973）. "Religion As a Cultural System". In *The Interpretation of Cultures*, pp. 87-125. New York: Basic Books.

Gillborn, David（1990）. *'Race', Ethnicity, and Education: Teaching and Learning in Multi-ethnic Schools*. London: Unwin Hyman.

Goodenough, W. H.（1961）. Comment on Cultural Evolution. *Doedolus* 90:521-528.

Gorer, Geoffrey（1943）. "Themes in Japanese Culture". *Transactions of the New York Academy of Sciences*, 5:106-124.

Gorer, Geoffrey and John Rickman（1950）. *The People of Great Russia: A Psychological Study*. New York: Chanticleer.

Gough, E. Kathleen（1959）. "The Nayar and the Definition of Marriage". *Journal of the Royal Anthropological Institute*, 89:23-34.

Gulliver, P. H.（1965）. "The Arusha: Economic and Social Change". In Paul Bohannan and George Dalton, eds. , *Markets in Africa*. New York: Doubleday.

Hannerz, U.（1989）. "Culture between Center and Periphery: toward a

Macro-anthropology". *Ethnos* 54:200-216.

Hannerz, U. (1990). "Cosmopolitans and Locals in World Culture". In M. Featherston, ed. , *Global Culture*. London: Sage.

Hannerz, U. (1992). *Cultural Complexity: Studies in the Social Organization of Meaning*. New York, N. Y. : University of Columbia Press.

Hardesty, D. L. (1977). *Ecological Anthropology*. New York: John Wiley & Sons.

Harris, Marvin(1966). "The Cultural Ecology of India's Sacred Cattle". *Current Anthropology*, 7:51-66.

Hart, C. W. M. , A. R. Pilling, and J. C. Goodale (1988). *The Tiwi of North*. Fort Worth: Harcourt Brace.

Hebding, Daniel E. & Leonard Glick (1992). *Introduction to Sociology*. New York: McGraw-Hill, Inc..

Hendry, J. (1999). *An Introduction to Social Anthropology: Other People's Worlds*, p. 8. London: Macmillan Press LTD.

Ingold, T. (1992). "Culture and the Perception of the Environment". In E. Croll and D. Parkin, eds. , *Bush Base: Forest Farm*, p. 39. London: Routledge.

James, William (1902). *The Varieties of Religious Experience: A Study in Human Nature*. New York: Modern Library.

Jenkins, Richard (1997). *Rethinking Ethnicity: Arguments and Explorations*. Landon: Sage Publications.

Jung, Carl. G. (1938). *Psychology and Religion*. New Haven: Yale University Press.

Kardiner, Abram, R. Linton, C. Dubois and J. West (1945). *The Psychological Frontiers of Society*. New York: Columbia University Press.

Kearney, M. (1995). "The Local and the Global: The Anthropology of Globalization and Transnationalism". *Annual Review of Anthropology* 24:547-565.

Keyes, Charles F., ed., (1979). *Ethnic adaptation and identity: the Karen on the Thai frontier with Burma*. Philadelphia: Institute for the Study of Human Issues.

Kluchnikov, B. K. (1977). *Education Reform: Definition, Critical Synthesis of Major Problem Areas*. Paris: UNESO reports studies.

Kottak, Conrad P. (1997). *Anthropology: The Exploration of Human Diversity*. New York: The McGraw-Hill Companies.

Kuper, Adam (1983). *Anthropology and Anthropologists: The Modern British*

School. London: Routledge & Kegan Paul.

Jenkins, Richard (1997). *Rethinking ethnicity: arguments and explorations*. London: Sage Publications.

LaBarre, W. (1945). "Some Observations on Character Structure in the Orient: The Japanese". *Psychiatry*, 8:326-342.

Landes, R. (1965). *Culture in American Education*. New York: John Wiley and Sons.

Lavenda, Robert H. and Emily A. Schultz (2003). *Core Concepts in Cultural Anthropology*. New York: McGraw-Hill.

Lee Kam Hing, Tan Chee-Beng, ed. , (2000). *The Chinese in Malaysia*. Malaysia: Oxford University Press.

Lessa, William A. , and Evon A. Vogt. , eds., (1979). *Reader in Comparative Religion: An Anthropological Approach*, 4th ed. New York: Harper & Row, Pub.

Lesko, Nancy (1988). *Symbolizing Society: Stories, Rites, and Structure in A Catholic High School*. New York: Falmer.

Lévi-Strauss, Claude (1966). *The Savage Mind*. Chicago: University of Chicago Press.

Lévi-Strauss, Claude (1969). *The Raw and the Cooked*. New York: Harper & Row, Pub.

LeVine, Robert A. and Barbara B. LeVine (1963). "Nyansongo: A Gusii Community in Kenya". In Beatrice B. Whiting, ed. , *Six Cultures*. New York: John Wiley.

Linton, Ralph (1945). *The Cultural Background of Personality*. New York: Appleton-Century-Crofts.

Malinowski, B. (1922/1961). *Argonauts of the Western Pacific*. New York: Dutton.

Malinowski, B. (1927). *Sex and Repression in Savage Society*. New York: Harcourt Brace & Company, Inc..

Malinowski, B. (1932). *The Sexual Life of Savage in North-Western Melanesia*. New York: Halcyon House.

Malinowski, B. (1935/1966). *Coral Gardens and Their Magic*. London: Allen & Unwin.

Malinowski, B. (1939). "The Group and the Individual in Functional Analysis". *American Journal of Sociology*, 44:938-964.

Malinowski, B.(1948). *Magic, Science and Religion, and Other Essays*. Garden City, N. Y. : Doubleday.

Malinowski, B. (1968) . *Sex and Repression in Savage Society*. Cleveland: World.

Malinowski, B. (2007). "Method and Scope of Anthropological of Fieldwork". In Antonius C. G. M. Robben and Jeffrey A. Sluka, eds. , *Ethnographic fieldwork: An Anthropological Reader*, pp. 47-57. Malden, MA: Blackwell Publishing.

Marcus, G. and Dick Cushman. "Ethnographies as Texts". *Annual Review of Anthropology*, 1982 (11) .

Marcus. G. E. and M. M. J. Fischer (1986). *Anthropology as Cultural Critique: An Experimental Moment in the Human Sciences*. Chicago: University of Chicago Press.

Maslow, Abraham H. (1964) . *Religions, Values, and Peak-Experiences*. Columbus: Ohio State University Press.

McDermott, R. (1986). "The Explanation of Minority School Failure, Again". *Anthropology and Education Quarterly* 18 (4): 361-367.

McRobbie , Angela (1992) . *Feminism and Youth Culture*. London : Unwin-Hyman.

Mead, Margaret (1928/1961). *Coming of Age in Samoa*. New York: Morrow.

Mead, Margaret (1935/1950) . *Sex and Temperament in Three Primitive Societies*. New York: Mentor.

Mead, Margaret (1931) . *Crowing up in New Guinea*. London: Routledge & Kegan Paul.

Milton, Kay(1996). *Environmentalism and cultural Theory: Exploring the Role of Anthropology in environmental Discourse*. London: Routledge.

Minturn, Leigh and William W. Lambert (1964) . *Mothers of Six Cultures: Antecedents of Child Rearing*. New York: John Wiley.

Mintz, Sidney W. (1985). *Sweetness and Power: The Place of Sugar in Modern History*. New York: Viking Penguin.

Mintz, Sidney W. (1996) . *Tasting Food, Tasting Freedom: Excursions into Eating, Culture, and the Past*. Boston: Beacon Press.

Morgan, L. H. (1877/1963) . *Ancient Society*. Cleveland: World Publishing.

Moore, Henrietta, L. (1999) . "Anthropological Theory at the Turn of the Century". In Henrietta L. Moore, ed., *Anthropological Theory Today*, pp. 1-23.

Cambridge: Polity Press.

Murdock, George P. (1949). *Social Structure*. New York: Macmillan.

Ong, A. (1989). Center, Periphery, and Hierarchy: Gender in Southeast Asia. In S. Morgen, ed., *Gender and Anthropology: Critical Reviews for Research and Teaching*. Washington: American Anthropological Association, pp. 294-312.

Orlove, Benjamin S. Ecological Anthropology. *Annual Review Anthropology*. 1980 (9): 233-273.

Radcliffe-Brown, A. R. (1922/1964). *The Andaman Islanders*. New York: Free Press.

Radcliffe-Brown, A. R. (1957). *Social Anthropology: A Natural Science of Society*. Chicago: The University of Chicago Press.

Radcliffe-Brown, A. R. (1958). *Method in Social Anthropology*. Chicago: The University of Chicago Press.

Radcliffe-Brown, A. R. (1962/1965). *Structure and Function in Primitive Society*. New York: Free Press.

Rappaport, Roy A. (1967). "Ritual Regulation of Environmental Relations Among a New Guinea People". *Ethnology*, 6:17-30.

Rappaprot, R. A. "Nature, Culture and Ecological Anthropology". In H. L. Shapiro, ed., *Man, Culture and Society*. Oxford: Oxford University Press.

Rosaldo, M. (1980a). *Knowledge and Passion: Notions of Self and Social Life*. California: Stanford University Press.

Rosaldo, M. (1980b). The Use and Abuse of Anthropology: Reflections on Feminism and Cross-Cultural Understanding. *Sign* 5 (3): 389-417.

Rosaldo, M, and Louise Lamphere, eds. (1974). *Women, Culture, and Society*. California: Stanford University Press.

Rosenblatt, Paul. C. , R. Patricia Walsh, and Douglas A. Jackson (1976). *Chief and Mourning in Cross-Cultural Perspective*. New Haven: HRAF Press.

Royal Anthropological Institute (1951). *Notes and queries on Anthropology*. London: Routledge and Kegan Paul.

Salzmann, Zdenek (1998). *Language, Culture, and Society: An Introduction to Linguistic Anthropology*. Boulder: Westview Press.

Sapir, E. (1931). "Conceptual Categories in Primitive Languages". *Science* 74:578-584.

Shostak, Marjorie (1981). *Nisa, the Life and Words of a !Kung Woman*.

Cambridge，MA：Harvard University Press.

　　Spindler，George（1987）. *Interpretive Ethnography of Education: At Home and Abroad.* Hillsdale，NJ.：L. Erlbaum Associates.

　　Spradley，James，and David McCurdy（1997）. *Conformity and Conflict: Readings in Cultural Anthropology.* Boston：Little，Brown.

　　Stephens，William N.（1963）. *The Family in Cross-Cultural Perspective.* New York：Holt，Rinehart & Winston.

　　Stewart，Alex（1998）. The *Ethnographer's Method*，pp. California：SAGE Publications，Inc..

　　Steward，Julian H.（1955）. *Theory of Culture Change.* Urbana：University of Illinois Press.

　　Steward，Julian H.（1955）. "The Concept and Method of Cultural Ecology". In Steward，*Theory of Culture Change.* Urbana：University of Illinois Press.

　　Stites，Regie（1999）. "Writing Cultural Boundaries：National Minority Language Policy，Literacy Planning，and Bilingual Education". In Gerard A. Postiglione，ed.，*China's National Minority Education: Culture，Schooling，and Development*，pp. 95-129. New York：Falmer Press.

　　Swanson，Guy E.（1969）. *The Birth of the Gods: The Origin of Primitive Beliefs.* Ann Arbor：University of Michigan Press.

　　Talmon，Yonina（1964）. "Mate Selection in Collective Settlements". *American Sociological Review*，29:491-508.

　　Tan Chee-Beng（2000）. "Ethnic Identity and National Identities：Some Examples from Malaysia". *Identities*，6（4）：441-480.

　　Turner，Victor（1969）. *The Forest of Symbols: Aspects of Ndembu Ritual*，p. 44. London：Cornell University Press.

　　Tylor，Edward B.（1958/1871）. *Primitive Culture.* New York：Harper Torchbooks.

　　Wallace，Anthony F. C.（1966）. *Religion: An Anthropological View.* New York：Random House.

　　Wallerstein，I.（1982）. The Rise and Future Demise of the World Capitalist System：Concepts for Comparative Analysis. In H. Alavi and T. Shanin，eds.，*Introduction to the Sociology of "Developing Societies"*，pp. 29-53. New York：Monthly Review Press.

　　Wardhaugh，Ronald（1992）. *An Introduction to Sociolinguistics.* Oxford：

Blackwell.

Wax, Murray L. and Rosalie H. Wax（1971）. Great Tradition, Little Tradition, and Formal Education. Murray L. Wax, Stanley Diamond, and Fred O. Gearing, eds., *Anthropological Perspectives on Education*. New York: Basic Books, pp. 3-18.

Weber, Max（1968/1922）. *Economy and Society: An Outline of Interpretative Sociology*. New York: Bedminster Press.

White, Leslie A.（1949）. *The Science of Culture*. New York: Farrar, Straus & Cudahy.

White, Leslie A.（1959）. *The Evolution of Culture: The Development of Civilization to the Fall of Rome*. New York: McGraw-Hill.

Whiting, John W. M.（1964）. "Effects of Climate on Certain Cultural Practices". In Ward, H. Goodenough, ed., *Explorations in Cultural Anthropology*. New York: McGraw-Hill, pp. 511-544.

Whiting, John W. M.（1941）. *Becoming a Kwoma*. New Heaven: Yale University Press.

Whiting, John W. M. and Irvin L. Child（1953）. *Child Training and Personality: A Cross-Cultural Study*. New Haven: Yale University Press.

Whyte, Martin K.（1978）. *The Status of Women in Preindustrial Societies*. New Jersey: Princeton University Press.

Williams, Thomas Rhys（1967）. *Field Methods in the Study of culture*. New York: Holt, Rinehart and Winston.

Wolcott, Harry（1999）. *Ethnography: A Way of Seeing*. Thousand Oaks, CA. : Sage.

Wolf, A. P. ed.（1974）. *Religion and Ritual in Chinese Society*. Stanford: Stanford University Press.

Wolf, E.（1982）. *Europe and the People   without History*. Berkeley: University of California Press.

Wolf, M.（1972）. *Women and the Family in Rural Taiwan*. Stanford: Stanford University Press.

Vayda, Andrew P. and Roy A. Rappaport（1968）. "Ecology: Cultural and Noncultural". In James H. Clifton, ed., *Introduction to Cultural Anthropology*, pp. 477-497. Boston: Houghton Mifflin.

中文文献

A. 古塔，J. 弗格森编著. 骆建建，袁同凯，郭立新译. 人类学定位：田野科学的界限与基础 [M] . 北京：华夏出版社，2005.

阿瑟·沃尔夫撰. 周建新，袁同凯译. 威斯特马克假说 [J] . 广西民族学院学报（哲学社会科学版），1996（1）:37～40.

埃文思-普里查德著.褚建芳，阎书昌，赵旭东译. 努尔人 [M] . 北京：华夏出版社，2002.

包拉什·舍科耶夫. 哈萨克古代畜牧业用语刍议[J]. 哈萨克族古籍，1994（2）.

陈向明. 文化主位的限度与研究结果的"真实" [J] . 社会学研究，2001（2）:1～11.

陈志明. 马来西亚华人认同 [J] . 广西民族学院学报（哲学社会科学版），1998（4）：13～19.

陈志明撰. 巫达译. 涵化、族群性与华裔[M] . 郝时远主编. 海外华人研究论文集. 北京：中国社会科学出版社，2002.

丁毓玲. 浔埔妇女：一个福建渔村的性别身份建构 [D] . 香港中文大学人类学系，2000.

董建辉. 政治人类学 [M] . 厦门：厦门大学出版社，1999.

渡边欣雄著. 周星译. 汉族的民俗宗教[M] . 天津：天津人民出版社，1998.

段颖. 泰国北部的云南人：族群形成、文化适应与历史变迁 [M] . 北京：社会科学文献出版社，2012.

E. 科恩，E. 埃姆斯著. 李富强译. 文化人类学基础 [M] . 北京：中国民间文艺出版社，1987.

范可. 他我之间：人类学语境里的"异"与"同" [M] . 北京：中国社会科学出版社，2012.

方立天. 论中国化马克思主义宗教观 [J] . 中国社会科学，2005（4）：41～52.

费孝通. 经济全球化和中国"三级两跳"中的文化思考 [N] . 光明日报，2000-11-07.

费孝通. 学术自述与反思：费孝通学术文集 [M] . 北京：生活·读书·新知三联书店，1998.

费孝通. 师承·补课·治学 [M] . 北京：生活·读书·新知三联书店，2002.

费孝通. 芳草茵茵——田野笔记选录 [M] . 济南：山东画报出版社，1999.

费孝通. 乡土中国·生育制度 [M] . 北京：北京大学出版社，1999.

费孝通. 人类学与二十一世纪 [J] . 西北民族研究，2002（1）：18～25.

费孝通. 费孝通在 2003:世纪学人遗稿［M］. 北京：中国社会科学出版社，2005.

菲奥纳·鲍伊著. 金泽，何其敏译. 宗教人类学导论［M］. 北京：中国人民大学出版社，2004.

符懋濂. 族群认同、文化认同和国家认同［EB/OL］. http：//www. zaobao. com/zaobao/chinese/region/singapore/pages/singapore_chinese211299a. html，1999-12-21.

高丙中. 《写文化》与民族志发展的三个时代［M］. 詹姆斯·克利福德，乔治·马尔库斯编. 高丙中，吴晓黎，李霞等译. 写文化——民族志的诗学与政治学. 北京：商务印书馆，2006:10.

关凯. 社会竞争与族群建构：反思西方资源竞争理论[J]. 民族研究，2012（5）.

龚学增. 坚持和发展马克思主义宗教观的几个问题［J］. 中共中央党校学报，1997（3）：75～81.

赫兹菲尔德著. 刘珩等译. 什么是人类常识：社会和文化领域中的人类学理论实践［M］. 北京：华夏出版社，2005.

何虎生，刘福军. 高校开展马克思主义宗教观教育的若干思考［J］. 思想理论教育刊，2012（11）：98～102.

何星亮. 关于"人类学"与"民族学"的关系问题［J］. 民族研究，2006（5）：41～50.

和钟华. 生存和文化的选择——摩梭母系制及其现代变迁［M］. 昆明：云南教育出版社，2000.

黄义务编译. 在国外可能给你惹麻烦的七种手势［J］. 读者，2012（11）.

基辛（R. Keesing）著. 陈其南校订. 张恭启，于嘉云译. 文化人类学［M］. 台北：巨流图书公司，2000.

贾合甫·米尔扎汗，阿不都力江·赛依提. 哈萨克族［M］. 乌鲁木齐：新疆美术摄影出版社，1996.

加润国. 马克思主义宗教观的奠基之作——马克思《〈黑格尔法哲学批判〉导言》的宗教观研究［J］. 世界宗教研究，2014（6）：30.

杰里·D. 穆尔著. 欧阳敏等译. 人类学家的文化见解［M］. 北京：商务印书馆，2009.

克劳德·列维-斯特劳斯著. 陆晓禾等译. 结构人类学［M］. 北京：文化艺术出版社，1991.

克利福德·格尔茨著. 韩莉译. 文化的解释［M］. 南京：译林出版社，1999.

凯·米尔顿撰. 仕琦译. 多种生态学：人类学，文化与环境［M］. 中国社会科学杂志社编. 人类学的趋势. 北京：社会科学文献出版社，2000:294～326.

拉德克利夫-布朗著. 潘蛟等译. 原始社会的结构与功能［M］. 北京：中央民族大学出版社，1999:184.

拉德克利夫-布朗著. 夏建中译. 社会人类学方法［M］. 北京：华夏出版社，2002.

李劼. 中国少数民族教育的历程与民族发展［J］. 民族教育研究，2000（3）：49～54.

李霞. 生态人类学的产生和发展［J］. 国外社会科学，2000（6）.

李亦园. 田野图像——我的人类学研究生涯［M］. 济南：山东画报出版社，1999.

林惠祥. 文化人类学［M］. 北京：商务印书馆，2002.

刘其伟. 文化人类学［M］. 台北：艺术家出版社，1994.

刘朝晖. 村落社会研究与民族志方法［J］. 民族研究，2005（3）：101.

路易斯·亨利·摩尔根著. 杨东莼，马雍，马巨译. 古代社会［M］. 北京：商务印书馆，1995.

罗伯特·F. 墨菲著. 王卓君译. 文化与社会人类学引论［M］. 北京：商务印书馆，2009.

罗康隆. 生态人类学述略［J］. 吉首大学学报（社会科学版），2004（3）.

M. 缪勒著. 金泽译. 比较神话学［M］. 上海：上海文艺出版社，1989.

玛格丽特·米德著. 周晓虹，李姚军，刘婧译. 萨摩亚人的成年——为西方文明所作的原始人类的青年心理研究［M］. 北京：商务印书馆，2008.

马广海. 文化人类学［M］. 济南：山东大学出版社，2003.

玛丽·道格拉斯著. 黄剑波，柳博赟，卢忱译. 洁净与危险：对于污染与禁忌概念的分析［M］. 北京：民族出版社，2008.

马林诺夫斯基著. 费孝通译. 文化论［M］. 北京：华夏出版社，2002.

马林诺夫斯基著. 黄建波等译. 科学的文化理论［M］. 北京：中央民族大学出版社，1999.

马林诺夫斯基著. 梁永佳，李绍明译. 西太平洋的航海者［M］. 北京：华夏出版社，2002.

马通. 中国伊斯兰教教派及门宦制度史略［M］. 兰州：西北民族学院研究所，1981.

马歇尔·萨林斯撰. 李怡文译. 别了，忧郁的譬喻：现代历史中的民族志学［M］. 王筑生编. 人类学与西南民族. 昆明：云南大学出版社，1998:13～46.

马文·哈里斯著. 张海洋，王曼萍译. 文化唯物主义［M］. 北京：华夏出版社，1989.

纳日碧力格等著. 人类学理论的新格局［M］. 北京：社会科学文献出版社，2001.

奈吉尔·巴利著. 何颖怡译. 天真的人类学家［M］. 桂林：广西师范大学出版社，2011.

南开大学校史编写组. 南开大学校史资料选（1919～1949）［M］. 天津. 南开大学出版社，1989.

尼古拉·托马斯撰. 王寅通译. 人类学的认识论［M］. 中国社会科学杂志社编. 人类学的趋势. 北京：社会科学文献出版社，2000.

乔健. 漂泊中的永恒——人类学田野调查笔记［M］. 济南：山东画报出版社，1999.

秋风. 国家、全球化与文化多样性［EB/OL］. http：//www. sinoliberal. com/globe/globalization.

邱显平. 当代世界民族冲突问题研究［M］. 南昌：江西人民出版社，2009.

区福宝，莊华峰主编. 中国饮食文化辞典［M］. 合肥：安徽人民出版社，1994.

任国英. 生态人类学的主要理论及其方法［J］. 黑龙江民族丛刊，2004（5）.

单之蔷. 这里的婚姻真精彩：一妻多夫·走婚·横断山考察记［J］. 中国国家地理，2004（7）：42～61.

石奕龙. 书写文化与真实——《林村的故事》读后［J］. 民族研究，2003（1）.

史宗主编. 金泽等译. 20 世纪西方宗教人类学文选［M］. 上海：上海三联书店，1995.

王怀德，郭宝华. 伊斯兰教史［M］. 银川：宁夏人民出版社，1992.

王剑锋. 族群冲突与治理：基于冷战后国际政治的视角［M］. 北京：社会科学文献出版社，2014.

王建民. 中国民族学史（下册）［M］. 昆明：云南教育出版社，1998.

王明珂. 集体历史记忆与族群认同［J］. 当代，1993（11）：7～15.

王明珂. 华夏边缘：历史记忆与族群认同［M］. 北京：社会科学文献出版社，2006.

王铭铭. 想象的异邦：社会与文化人类学散论［M］. 上海：上海人民出版社，1998.

王铭铭. 社区的历程［M］. 天津. 天津人民出版社，1997.

王铭铭. 社会人类学与中国研究［M］. 北京：生活·读书·新知三联书店，

1997.

　　王仁湘. 饮食与中国文化 [M]. 北京：人民出版社，1993.

　　汪宁生. 文化人类学调查——正确认识社会的方法 [M]. 北京：文物出版社，1996.

　　维特·巴诺著. 瞿海源，许木柱译. 心理人类学 [M]. 台北：黎明文化事业股份有限公司，1979.

　　巫达. 族群性与族群认同建构——四川尔苏人的民族志研究 [M]. 北京：民族出版社，2010.

　　巫达. 认同之抉择：四川尔苏人族群认同建构的民族志研究 [D]. 香港中文大学人类学系，2004.

　　吴燕和撰. 袁同凯译. 族群意识、认同与文化 [J]. 广西民族学院学报（哲学社会科学版），1998（3）：42～46.

　　吴泽霖. 人类学词典 [M]. 上海：上海辞书出版社，1991.

　　许前. 哈萨克族礼俗志 [J]. 伊犁师范学院学报，1989（2）:44.

　　续西发. 新疆世居民族概览 [M]. 北京：民族出版社，2001.

　　徐杰舜. 汉民族发展史 [M]. 成都：四川民族出版社，1992.

　　阎云翔. 私人生活的变革：一个中国村庄里的爱情、家庭与亲密关系（1949～1999）[M]. 上海：上海书店出版社，2006.

　　叶汉明. 女性主义史学与中国妇女社会史 [M]. 张如清，叶汉明，郭佩兰等主编. 性别学与妇女研究. 香港：香港中文大学出版社，1995:97～147.

　　叶舒宪. 地方性知识 [J]. 读书，2001（5）：121～125.

　　袁珂. 中国社火传说（上）[M]. 北京：中国民间文艺出版社，1984.

　　袁同凯. 走进竹篱教室——土瑶学校教育的民族志研究 [M]. 天津：天津人民出版社，2004.

　　袁同凯. 教育人类学简论 [M]. 天津：南开大学出版社，2013.

　　袁同凯. 蓝靛瑶人及其学校教育——一个老挝北部山地族群的民族志研究 [M]. 北京：中国社会科学出版社，2014.

　　袁同凯. 新疆哈萨克族黑宰部落原始文化遗迹研究：以特克斯县喀拉达拉乡田野调查为主 [J]. 西北民族研究，1997（1）：25～55.

　　袁同凯. 穆斯林饮食文化中的象征意义——以中国新疆哈萨克游牧民为例 [J]. 西北民族研究，2007（4）：98～105.

　　袁同凯. 人类、文化与环境生态人类学的视角 [J]. 第二西北民族学院学报，2008（5）：53～58.

　　约翰·托什（John Tosh）著. 吴英译. 史学导论 [M]. 北京：北京大学出

版社，2007.

张昀. 试论哈萨克族传统婚礼的象征性［J］. 新疆大学学报，1993（2）：17～74.

赵磊. 国际视野中的民族冲突与管理［M］. 北京：社会科学文献出版社，2013.

郑新蓉，杜芳琴主编. 社会性别与妇女发展［M］. 西安：陕西人民教育出版社，2000.

中共中央马克思恩格斯列宁斯大林著作编译局编译. 马克思恩格斯选集［M］. 第3卷，北京：人民出版社，1995.

中共中央马克思恩格斯列宁斯大林著作编译局编译. 马克思恩格斯选集［M］. 第4卷，北京：人民出版社，2009.

周德祯. 教育人类学导论——文化观点［M］. 台北：五南图书出版公司，1999.

周大鸣. 凤凰村的追踪研究［J］. 广西民族学院学报，2004（1）：33～38.

周大鸣，乔晓勤. 现代人类学［M］. 重庆：重庆出版社，1990.

周大鸣. 前言［M］. 周大鸣主编. 中国的族群与族群关系. 南宁：广西民族出版社，2002:1～50.

周华山. 当代西方女性主义概论［M］. 郑新蓉，杜芳琴主编. 社会性别与妇女发展. 西安：陕西人民教育出版社，2000.

周建新. 中越中老跨国民族及其族群关系研究［M］. 北京：民族出版社，2002.

周星，王铭铭主编. 社会文化人类学讲演集［M］. 天津：天津人民出版社，1997.

周亚成，阿依登，王景起. 哈萨克族定居村落：胡阿根村社会调查周志［M］. 乌鲁木齐：新疆人民出版社，2009.

朱健刚. 国与家之间：上海邻里的市民团体与社区运动的民族志［M］. 北京：社会科学文献出版社，2010.

庄孔韶. 行旅悟道——人类学的思路与表现实践［M］. 北京：北京大学出版社，2009.

庄孔韶主编. 人类学经典导读［M］. 北京：中国人民大学出版社，2008.

后　记

　　文化人类学是研究人类、人类行为与文化的科学，其知识、理论与方法，尤其是人类学独特的研究视角，即整体的（holistic）、比较的（comparative）、基于田野调查的（field based）和发展的（evolutionary）视角为我们进一步认识自身、了解异文化、审视和考察当今社会问题提供了新的思路。在梳理前人研究成果的基础上，本书主要介绍文化人类学的基本概念、基础知识及理论与方法，重点讨论文化的概念与文化的基本特质、文化人类学各个学派的理论与方法，尤其是重要代表人物的理论主张；关注诸如族群认同、族群与族群关系、文化认同、文化与人类行为、文化与生态、文化与性别、政治制度、宗教信仰、婚姻与家庭、全球化等与现代人类社会生活密切相关的主题。

　　本书是作者多年来为本科生和研究生讲授"文化人类学"课程的直接成果。在编写过程中，作者主要参阅了当今人类学界最受欢迎的几本人类学教材，如科塔克（C. Kottak）的 *Anthropology: The Exploration of Human Diversity*（1997年第七版）、恩伯尔夫妇（C. Ember 和 M. Ember）的 *Cultural Anthropology*（1988年第五版）、基辛（R. Keesing）的《文化人类学》（2000 年第四版）、墨菲（R. Murphy）的《文化与社会人类学引论》（2009 年版）等，将其中作者认为有益的养分吸纳、消化，并尽可能地将其与作者自己的田野研究成果结合起来，用通俗易懂的文字表述呈现给读者。为方便掌握学习要点、更好地理解所学内容、拓展课后阅读，作者在每章之后都附有专业词汇、思考题和推荐阅读书目，这对读者进一步学习与思考，会有所助益。最后，作者也希望这本《简论》能开启读者对于人类学研究的兴趣，人类学的知识与视角不仅有助于我们理解异文化和不同社会的内在逻辑，而且也有助于我们相互理解、相互宽容，有助于提高我们应对现实生活问题的能力。

　　经过十多年的孕育与思考，这本《简论》终于可以与读者见面了。在本书出版之际，感谢南开大学"985"项目对本书的出版资助，感谢南开大学周恩来政府管理学院的领导与全体同仁对本书的关心和支持。南开大学出版社的莫建来老师、杨丰坡老师为本书的出版付出了大量心血，在此，笔者向他们表示衷心的感谢!

　　由于笔者才疏学浅，对一些问题的理解和分析难免会有偏颇甚至错误之处，希望学界同仁批评指正！

作 者
2016 年 3 月 22 日